BOOKS on DEMAND

Carsten Gießler

Reformation, Gegenreformation und Bauernkrieg

Die Stadt Teuchern in der ersten Hälfte des 16. Jahrhunderts

Herausgegeben mit Unterstützung und im Auftrag des
Heimatvereins Teuchern e.V.

Bibliografische Information der Deutschen Nationalbibliothek:
Die Deutsche Nationalbibliothek verzeichnet diese Publikation in der Deutschen Nationalbibliografie; detaillierte bibliografische Daten sind im Internet über http://dnb.dnb.de abrufbar.

Illustration: Carsten Gießler, Halle (Saale)

weitere Mitwirkende: Heimatverein Teuchern e.V., Borkener Straße 7,
                       06682 Teuchern
                       www.heimatverein-teuchern.de

Herstellung und Verlag: BoD – Books on Demand, Norderstedt

ISBN: 978-3-7460-3619-9

Inhaltsverzeichnis

Vorwort

Liebe Leserin, lieber Leser,

das Jahr 2017 stand ganz im Zeichen des Reformationsjubiläums. Zahlreiche Veranstaltungen, Ausstellungen und Veröffentlichungen gab und gibt es zu diesem Thema. Die Evangelische Kirche Deutschlands feiert sogar eine gesamte Reformationsdekade. Auch im Heimatverein Teuchern haben wir uns bereits ab 2015 überlegt, wie wir diesen Anlass bei uns würdigen können. Neben der Idee zu einer Dauerausstellung im Museum des Heimatvereins entstand vor über einem Jahr die Idee zu diesem Buch.

Die Hauptarbeit für dieses Buch wurde in Bibliotheken und am Schreibtisch geleistet. Dennoch, die Recherche bzw. Spurensuche führte mich nicht nur in zahlreiche Archive, sondern auch zu bedeutenden Stätten wie zur Wartburg bei Eisenach, nach Weimar, Torgau und im März 2017 sogar nach Jerusalem und Bethlehem. Auch wenn die Reisen heutzutage um ein Vielfaches angenehmer und bequemer sind als vor 500 Jahren, lohnen sie sich auf jeden Fall.

Ich möchte mich an dieser Stelle auch bei allen bedanken, die mich bei der Erstellung dieses Buches unterstützt haben. Besonders habe ich mich über die Mithilfe der Mitarbeiterinnen und Mitarbeiter in den Archiven gefreut, die bei Nachfragen immer mit Rat und Tat zur Seite standen.

Trotz der langen Arbeitszeit sind die Forschungen in diesem Bereich noch nicht endgültig abgeschlossen. Dieses Buch kann daher nur den aktuellen Stand wiedergeben und es ist nicht ausgeschlossen, dass weitere Forschungen noch mehr „Licht ins Dunkel" bringen.

Das Lesen dieses Buch lohnt sich trotzdem. Es zeigt, dass die Reformation mehr war als ein Ereignis in Wittenberg und anderen größeren Städten. Auch in unserer Region waren die Veränderungen spürbar. Dies betraf des Leben der einfachen Menschen, der Pfarrer und auch der adligen Grundherren. In den folgenden Kapiteln habe ich versucht, dies aufzubereiten und darzustellen. Ich wünsche Ihnen beim Lesen viel Vergnügen.

Carsten Gießler
im November 2017

1. Die Reformation in der ersten Hälfte des 16. Jahrhunderts

Es ist eines der bekanntesten und berühmtesten Daten der Geschichte: Am 31. Oktober 1517 schlug der Wittenberger Theologe Dr. Martin Luther 95 Thesen an die damalige Stifts-[1] und spätere Schlosskirche in Wittenberg. Der berühmte Thesenanschlag gilt als Beginn einer Erneuerungsbewegung der Kirche - der Reformation.

Abb. 1.1: Die damalige Stifts- und heutige Schlosskirche in Wittenberg

Ob der Anschlag der Thesen an der Kirchentür tatsächlich stattgefunden hat, ist unter Historikern umstritten. Belegt ist, dass die Tür als schwarzes Brett der erst 1502 gegründeten Universität Wittenberg genutzt wurde. Für die histori-

---

[1]   Die auf dem Schloss in Wittenberg befindliche Kirche wurde vom Allerheiligenstift genutzt.

sche Bedeutung der Thesen, die Luther zumindest in einem am 31. Oktober 1517 datieren Brief an Albrecht von Brandenburg, Erzbischof von Mainz und Magdeburg, und an seine (also Luthers) Anhänger gesandt hat, ist dies ohne Belang. Luther wählte gerade Albrecht als Empfänger aus, da dessen Finanzdeals und Ablassgeschäfte die anderer Fürsten an (negativer) Bedeutung überragten.

Der frühere Jurastudent und Mönch Luther[2] arbeitete damals als Professor für Theologie an der Universität Wittenberg. Er beschäftigte sich intensiv mit dem Studium der Bibel. Luther, der Zeit seines Lebens den Teufel und die Hölle fürchtete, zweifelte dadurch immer mehr an einigen Punkten der katholischen Lehre. So störte er sich an der „Allmacht des Papstes", dem Recht der Kurie über die Auslegung der „Heiligen Schrift" und dem Eheverbot für Priester. Auch das Mönchstum sowie die Heiligen- und Reliquienverehrung wurden von Luther kritisiert. Allein die Bibel sollte die Glaubensgrundlage sein. Am meisten aber störte ihn der Ablasshandel. Durch den Kauf von sogenannten Ablassbriefen sollte es den Gläubigen möglich sein, die sogenannten Sündenstrafen (entgegen der landläufigen Meinung nicht die Sünden selbst) erlassen zu bekommen[3].

Anfang des 16. Jahrhunderts nahm der Handel mit Ablassbriefen schwunghaft zu. Einer der bekanntesten Ablasshändler war Johann Tetzel[4]. Der Dominikanermönch wurde vermutlich um 1460 in Pirna[5] geboren. Wahrscheinlich ab 1504 war Tetzel zunächst für den Deutschen Ritterorden im Ablasshandel tätig[6]. Von 1505 bis 1510 war er in dieser Funktion in Sachsen, konkret auch in den Diözesen Merseburg und Naumburg[7], unterwegs[8]. In Görlitz soll er 1509 erstmals den berühmten Satz *„Sobald das Geld im Kasten klingt, die Seele in*

---

2   Luther wurde als Martin Luder am 10. November 1483 in Eisleben geboren und starb dort am 18. Februar 1546. Seinen Namen änderte er später selbst in die lateinisierte Form Luther. Ab 1501 studierte er in Erfurt. Nachdem er am 2. Juli 1505 von einem Gewitter überrascht wurde, bat er die Heilige Anna um Hilfe und schwor, Mönch zu werden, falls er überleben werde. Sein Gelübde erfüllte er. Luther wurde Mönch, später zum Priester geweiht und studierte – erneut in Erfurt - Theologie. Ab 1512 übernahm Luther den Lehrstuhl zur „Bibelauslegung" an der Universität Wittenberg, vgl. Schorn-Schütte, Die Reformation, S. 27ff.

3   Junghans, Das Jahrhundert der Reformation, S. 40.

4   Zumindest heute gilt Tetzel als Inbegriff des gierigen Ablasshändlers. Dabei ist diese Meinung höchstwahrscheinlich unzutreffend. Sie entstand aus dem Meinungsbild der reformatorischen Geschichtsschreibung. Vgl. auch Bünz/Kühne, Alltag und Frömmigkeit, S. 429.

5   Paulus, Tetzel, S. 2. Auch Leipzig wird teilweise als Geburtsort angegeben.

6   Paulus, Tetzel, S. 6.

7   Paulus, Tetzel, S. 10.

8   Einer seiner Vorgänger war Günther von Bünau zu Schkölen, damals Domherr in Magdeburg und später Domdechant in Naumburg; vgl. Bünz/Kühne, Alltag und Frömmigkeit, S. 442.

den Himmel springt" geäußert haben[9]. Sein Amt führte ihn auch in den süddeutschen Raum und nach Österreich, wo er in Innsbruck angeblich wegen Ehebruchs und Spielbetrugs zum Tode durch Ertränken verurteilt worden sei[10]. Bereits im sächsischen Raum wurde ihn ein sündiges Leben nachgesagt. Aufgrund einer Intervention des Kurfürsten Friedrich von Sachsen bei Kaiser Maximilian I. soll das Todesurteil aufgehoben worden sein. Allerdings ist diese Geschichte eine Erfindung, die aber bereits zu Lebzeiten Luthers verbreitet wurde und so Eingang in zahlreiche Geschichtsbücher gefunden hat[11].

Tatsache ist, dass Tetzel nach Sachsen zurückkam und war wieder als Ablassprediger tätig war. 1516 ernannte das Bistum Meißen ihn zum Subkommissar beim Ablasshandel für den Bau der Peterskirche in Rom[12]. Ab 1517 war er als Generalsubkommissar im Auftrag des Erzbischofs von Mainz Albrecht von Brandenburg in den Bistümern Halberstadt und Magdeburg unterwegs[13]. Dieses Wirken in der unmittelbaren Nachbarschaft Wittenbergs – Luther nennt in seinen Aufzeichnungen konkret Jüterbog und Zerbst[14] - war letztlich der Anlass für die Verfassung der Thesen durch Luther[15]. Selbst Herzog Georg von Sachsen, später einer der erbittertsten Gegner der Reformation, ließ 1517 sogar Luthers Thesen verbreiten, um vor dem „Betrug Tetzels" zu warnen[16].

Tetzel soll ab dem 1. März 1517 für einige Tage in Naumburg gewesen sein[17]. 1519 sei er in Weißenfels gewesen, wobei ihn der Sage nach die meisten Menschen mit Pfiffen begrüßt hätten. Tetzel hätte sogar vor der Menschenmenge beschützt werden müssen. Diese Episode hat so wohl nicht stattgefunden, die Aufenthalte in Weißenfels[18] und Naumburg sind aber bezeugt, wahrscheinlich

---

9   Drößler, Stätte der Reformation I, S. 23. Ob dieser Satz wirklich von Tetzel stammt oder überhaupt von ihm verwendet wurde, ist unklar. Offen gelassen bei Junghans, Das Jahrhundert der Reformation, S. 40.

10 So z.B. auch Sturm, Chronik von Weißenfels, S. 170.

11 Vgl. nur Ludolphy, Friedrich der Weise, S. 382f.

12 Paulus, Tetzel, S. 29f.

13 Paulus, Tetzel, S. 34ff.

14 Paulus, Tetzel, S. 40f.

15 So auch Junghans, Das Jahrhundert der Reformation, S. 40.

16 Junghans, Das Jahrhundert der Reformation, S. 40.

17 Borkowsky, Geschichte der Stadt Naumburg, S. 86. Hoffmann, Naumburg a. S. im Zeitalter der Reformation, S. 52, führt aus, dass für die immer wieder erhobene Behauptung, Tetzel hätte 6.000 Gulden aus Naumburg „gezogen", keine Quellen existieren würden.

18 Sturm, Chronik von Weißenfels, S. 171, schreibt, dass nicht gewiss sei, dass Tetzel in Weißenfels gewesen sei. Allerdings spräche einiges dafür.

ist auch ein Aufenthalt Tetzels in Zeitz[19]. Am 11. August 1519, nach anderen Quellen am 4. Juli 1519[20], starb Tetzel in Leipzig vermutlich an der Pest[21].

Luther kritisierte den Ablasshandel, da er sich um das Seelenheil der Gläubigen sorgte. Der Ablass sei nur eine Illusion bzw. ein „Geldgeschäft". Nur durch Buße, die nicht erkauft werden könne, könne ein Christ sich die begangenen Sünden vergeben lassen[22]. Seine Thesen verbreiteten sich in der darauffolgenden Zeit im gesamten deutschsprachigen Raum. Ebenso wie für die Ablassbriefe war hier die Erfindung des Buchdrucks mit beweglichen Lettern Grundvoraussetzung[23]. Da es so etwas wie ein Urheberrecht nicht gab, gab es auch zahlreiche „unlizenzierte" Nachdrucke. Luthers Thesen wurden zumindest in Leipzig, Nürnberg und Basel gedruckt[24]. Insbesondere die Plakatdrucke von Jakob Thanner, einem Leipziger Buchdrucker, verbreiteten sich Ende des Jahres 1517 schnell[25]. Luther und seine Ideen erlangten damit eine ungewollte Bekanntheit. Einige der Drucke sind noch bis heute erhalten, so auch der sogenannte „Zeitzer Thesendruck". Dabei handelt es sich um einen Plakatdruck, der in den 1880er Jahren in der Bibliothek der Zeitzer Michaeliskirche gefunden wurde. Gedruckt wurden diese Thesen von dem oben genannten Jakob Thanner[26]. Der Thesendruck war Teil eines Sammelbandes, welcher nach einem Vermerk 1613 von „Lucas Scholtz, Bürger und Krämer allhier in Zeitz" der Bibliothek geschenkt wurde. In dem Sammelband befanden sich mehrere Dokumente zum Ablasshandel, eventuell auch ein Brief, der Tetzels Anwesenheit in Zeitz dokumentieren soll. Der Band ist leider nicht mehr vorhanden, nur der Druck der Thesen ist noch erhalten[27].

Während die Kirche die Thesen zunächst nicht widerlegen konnte, vertiefte Luther 1518 in weiteren Schriften seine Ideen. Für Luther stand allein der Glaube im Mittelpunkt. Für Gott seien alle Christen gleich. Insbesondere das Mönchs- und Nonnentum kritisierte Luther mit solchen Aussagen[28]. Als ehemaliger Mönch kannte Luther das Klosterleben. Vielleicht stellte er deswegen die Klöster so vehement in Frage. Auch die Art und Weise, wie in der römisch-

---

19 Drößler, Stätte der Reformation I, S. 24.
20 Paulus, Tetzel, S. 82.
21 Sturm, Chronik von Weißenfels, S. 174f.
22 Junghans, Das Jahrhundert der Reformation, S. 97
23 Vgl. Bünz u.a., Buch und Reformation, S. 21.
24 Patze/Schlesinger, Geschichte Thüringens III, S. 21.
25 Junghans, Das Jahrhundert der Reformation, S. 39.
26 Drößler, Stätte der Reformation I, S. 26.
27 Drößler, Stätte der Reformation I, S. 26.
28 Junghans, Das Jahrhundert der Reformation, S. 43; Schorn-Schütte, Die Reformation, S. 32f.

katholischen Kirche das Abendmahl praktiziert wurde, stand für Luther zur Diskussion. Im Mittelalter war es ungewöhnlich, dass den Gläubigen neben dem Brot auch Wein gereicht wurde. Allein der Pfarrer trank den Wein (Abendmahl in einerlei Gestalt). Ab 1415 war es sogar generell untersagt, den Gläubigen, dass Abendmahl in beiderlei Gestalt (also mit dem sogenannten Laienkelch) zu erteilen[29]. Das Zölibat hielt Luther für überholt, zumal zahlreiche Pfarrer eine (oder mehrere) Geliebte hatten. Weiterhin regte er die „Reduzierung" der Sakramente – Taufe, Firmung, Abendmahl, Beichte, letzte Ölung, Ordination und Ehe – auf zwei, nämlich Abendmahl und Taufe, an[30].

Daneben übte Martin Luther an der Heiligenverehrung und insbesondere am Marienkult Kritik. Nach seiner Lehre stand niemand zwischen den Gläubigen und Gott. Es bedurfte keiner Kirche und auch keiner Heiligen, um mit Gott in Kontakt zu kommen. Damit stellte Luther auch die „Schriftauslegungskompetenz" der Kirche in Frage[31]. Deswegen wurde noch im Juni 1518 in Rom gegen ihn der Ketzerprozess eröffnet[32].

Luther war nicht der erste „Reformator"[33], aber die Umstände bei Luther waren anders. Obwohl der Ketzerprozess lief, folgten zunächst keine Konsequenzen. Die Herrschenden hatten zunächst andere Sorgen, da das Reich von außen durch die Osmanische Armee bedroht war[34]. Damit konnte sich Luthers Lehre auch weiter verbreiten[35]. Aufgrund der Erfindung des Buchdruckes verbreiteten sich Luthers Ideen schnell und er war in der Bevölkerung bekannt und beliebt. Es war klar, dass sich Luthers Thesen durch dessen Verurteilung nicht einfach stoppen lassen würden. Die Humanisten[36], deren Ideen sich bereits in der zweiten Hälfte des 15. Jahrhunderts verbreiteten, hatten zudem den Boden für eine umfassende Bildungsreform geebnet[37]. Luther selbst hatte eine humanistische Vorprägung[38]. Auch er kritisierte das Bildungswesen und trat in sei-

---

[29] Junghans, Das Jahrhundert der Reformation, S. 43.
[30] Junghans, Das Jahrhundert der Reformation, S. 43.
[31] Schorn-Schütte, Die Reformation, S. 33.
[32] Schorn-Schütte, Die Reformation, S. 33.
[33] Beispielhaft soll hier nur Jan Hus genannt werden, der Anfang des 15. Jahrhunderts in Böhmen wirkte und teilweise ähnliche Thesen vertrat. 1415 wurde er als „Ketzer" öffentlich verbrannt.
[34] Schorn-Schütte, Die Reformation, S. 17.
[35] Schorn-Schütte, Die Reformation, S. 33.
[36] Der Humanismus war eigentlich „nur" eine Bildungsbewegung. Ziel war es, die Entfaltung der menschlichen Fähigkeiten durch die Verbindung von Wissen und Tugend zu erreichen.
[37] Schorn-Schütte, Die Reformation, S. 13.
[38] Junghans, Das Jahrhundert der Reformation, S. 38.

nen Schriften für ein besseres Schulsystem ein[39]. Der wichtigste Unterschied zu seinen „Vorgängern" dürfte aber folgender gewesen sein: Martin Luther hatte mit dem Kurfürsten Friedrich von Sachsen[40], genannt „der Weise"[41], einen mächtigen Unterstützer.

Abb. 1.2: Kurfürst Friedrich III. von Sachsen

Obwohl Friedrich der Weise als Inbegriff eines frommen, christlichen Herrschers galt[42], sah er eine Chance, seine eigene Macht auszubauen. Ein

---

[39]   Junghans, Das Jahrhundert der Reformation, S. 117.

[40]   Friedrich III. wurde am 17. Januar 1463 in Torgau geboren. Am 7. Oktober 1486 übernahm er gemeinsam mit seinem jüngeren Bruder Johann die Regierungsgewalt über die kursächsischen Territorien. Vgl. auch Kohnle/Schirmer, Kurfürst Friedrich der Weise, S. 270.

[41]   Der Beiname „der Weise" wurde Friedrich ab der 2. Hälfte des 16. Jahrhunderts zugeschrieben. Siehe Kohnle/Schirmer, Kurfürst Friedrich der Weise, S. 354f.

[42]   Vgl. Bünz/Kühne, Alltag und Frömmigkeit, S. 66 . Allerdings gab es neben der Unterstützung Luthers einen weiteren Punkt, in dem Friedrich von den Idealen der Kirche abwich: Er hatte jahrelang eine uneheliche Geliebte, vgl. Bünz/Kühne, Alltag und Frömmigkeit, S. 83.

„Schutzherr der Reformation" war er aber auf keinen Fall. In vielen Fällen hielt er sich deutlich neutral und unterstützte keineswegs die Lutheraner[43].

Seit 1485 waren die wettinisch-sächsischen Lande gespalten (sogenannte Leipziger Teilung[44]). Die zwei Linien der Wettiner teilten das Land nach längerem Streit unter sich in den ernestinischen (nach Ernst von Sachsen) und albertinischen Teil (nach Albrecht dem Beherzten) auf. Seit 1486 regierte Friedrich III. von Sachsen im ernestinischen Kursachsen[45]. Im albertinischen Sachsen regierte seit 1500 Herzog Georg, genannt „der Bärtige"[46]. Letzterer wurde zu einem der erbittertsten Gegner der Reformation.

Im Sommer 1519 fand in Leipzig ein öffentliches Streitgespräch zwischen Martin Luther (gemeinsam mit seinen Weggefährten Andreas Karlstadt, Nikolaus von Amsdorf[47] und Philipp Melanchthon) und Johannes Eck, einem Ingolstädter Theologen, der zu einem der bekanntesten Gegenspielern von Luther werden sollte, statt (sog. Leipziger Disputation[48]). Selbst die sächsischen Herrscher erkannten die Bedeutung dieser Disputation: Herzog Georg von Sachsen war ebenfalls unter den Zuhörern, Kurfürst Friedrich ließ sich vertreten.

Nach der Wahl Karls V. aus dem Hause Habsburg zum römisch-deutschen König[49] im Jahr 1519 nahm der Ketzerprozess wieder Fahrt auf. In dessen Ergebnis wurde Luther der Bann angedroht. Die entsprechende Urkunde, die sog. Bannandrohungsbulle musste ab Juli 1520 überall im Reich verkündet werden[50]. Hier zeigte sich reichsweit ein unterschiedliches Vorgehen. Teilweise wurde die Bulle mit Nachdruck verkündet, teilweise lediglich öffentlich ausgehängt, in vielen Gebieten aber sogar öffentlich verbrannt, auch in Luthers Wohn- und Wirkungsstätte Wittenberg[51].

---

43 Kohnle/Schirmer, Kurfürst Friedrich der Weise, S. 409; so wohl auch Junghans, Das Jahrhundert der Reformation, S. 224.

44 Junghans, Das Jahrhundert der Reformation, S. 33; Wartenberg, Landesherrschaft und Reformation, S. 21.

45 Junghans, Das Jahrhundert der Reformation, S. 33.

46 Patze/Schlesinger, Geschichte Thüringens III, S. 194.

47 Nikolaus von Amsdorf bzw. Amsdorff (geboren am 03. Dezember 1483 in Torgau; gestorben am 14. Mai 1565 in Eisenach) war ein deutscher Theologe und kirchenpolitischer Reformator. Als (eingesetzter) Bischof von Naumburg (1542–1546) gilt er als der erste evangelische Bischof in deutschen Landen.

48 Junghans, Das Jahrhundert der Reformation, S. 41; Patze/Schlesinger, Geschichte Thüringens III, S. 22; Schorn-Schütte, Die Reformation, S 33f.

49 Ab 1520 trug Karl V. den Titel des „Erwählten Römischen Kaisers".

50 Schorn-Schütte, Die Reformation, S. 34.

51 Patze/Schlesinger, Geschichte Thüringens III, S. 206.

Um den Wirkungen des Bannes zu entgehen, hätte Luther seine Thesen lediglich widerrufen müssen. Da er dies nicht tat, wurde er am 3. Januar 1521 vom Papst exkommuniziert. Dieser sogenannte Kirchenbann hatte zunächst noch keine weiteren rechtlichen Konsequenzen. Die weltliche Macht lag insoweit beim Kaiser. Kurfürst Friedrich musste mit dem Kaiser verhandelt, dass Luther vor dem Reichstag seine Position verteidigen durfte[52]. Das ist insoweit bemerkenswert, da eine Anhörung, die mit einem freien Geleit verbunden war, damals geltendes Recht war[53].

Unter anderem in Begleitung von Nikolaus von Amsdorf reiste Luther 1521 zum Reichstag nach Worms. Doch nicht nur Luther kritisierte dort die Kirche. Obwohl Luthers weitere Thesen von vielen Reichstagsmitglieder als „Ketzerei" angesehen wurden, waren die Missstände in der Kirche neben der „Lutherfrage" ein bedeutendes Thema auf dem Reichstag in Worms[54]. Luther soll sich geschickt vor dem Reichstag verteidigt haben, dennoch verhängte der Kaiser das „Wormser Edikt", die sogenannte „Reichsacht", über ihn[55]. Luther war nun „vogelfrei", d.h. jedermann war verpflichtet, ihn festzunehmen und dem Kaiser zu überstellen. Wer Luther unterstützte, machte sich selber strafbar. Allerdings war das Edikt nicht sofort wirksam, da Luther freies Geleit versprochen wurde[56].

Um Luther zu schützen, „inhaftierte" der Kurfürst Luther auf der Wartburg[57]. Vorausgegangen war ein fingierter Überfall in der Nähe des Schlosses Altenstein[58]. Luther wurde unter anderem durch Hans von Berlepsch auf Seebach[59], Hauptmann der Wartburg sowie von Eisenach und Querfurt am 4. Mai 1521

---

[52] Patze/Schlesinger, Geschichte Thüringens III, S. 206; Schorn-Schütte, Die Reformation, S. 37.

[53] Junghans, Das Jahrhundert der Reformation, S. 223.

[54] Kohnle/Schirmer, Kurfürst Friedrich der Weise, S. 403.

[55] Patze/Schlesinger, Geschichte Thüringens III, S. 206; Schorn-Schütte, Die Reformation, S. 39.

[56] Kohnle/Schirmer, Kurfürst Friedrich der Weise, S. 403.

[57] Der Kurfürst hatte sich allerdings wohl auch juristisch abgesichert. Als der Beschluss zu Luther gefasst wurde, waren viele Fürsten, darunter der Kurfürst selbst, schon abgereist und der Reichstag war offiziell beendet. Nach der Auffassung des Kurfürsten Friedrich war der Beschluss also nicht wirksam gefasst bzw. zumindest ihm nicht offiziell zugestellt worden und musste daher von ihm auch nicht befolgt werden. Vgl. Patze/Schlesinger, Geschichte Thüringens III, S. 206 f.

[58] Patze/Schlesinger, Geschichte Thüringens III, S. 23. Das Schloss Altenstein gehört heute zur Stadt Bad Liebenstein im Wartburgkreis in Thüringen.

[59] Ein Enkel dieses Hans war Heinrich von Berlepsch, der Begründer der Teucherner Linie der Berlepsch'. Heinrich von Berlepsch erwarb 1598 die Wasserburg Teuchern, die in einem schlechten Zustand war. Das spätere Schloss und heutige Ärztehaus im Stadtpark wurde 1713 von der Familie von Berlepsch errichtet.

auf die Wartburg gebracht und dort versorgt[60]. Lediglich Luther und von Amsdorf waren eingeweiht. Ob Hans von Berlepsch den „Überfall" auf Luther tatsächlich angeführt oder nur im Auftrag organisiert hat, ist nicht bekannt[61]. Jedenfalls bewachte Hans von Berlepsch Luther während dessen Aufenthalts auf der Wartburg vom 4. Mai 1521 bis zum 1. März 1522 und soll sich mit ihm auch angefreundet haben. Die Freundschaft soll sogar so weit gegangen sein, dass beide theologische Diskussionen geführt haben, in einer Zeit, in der bestimmte theologische Ansichten zu einem Todesurteil führen konnten.

Abb. 1.3: Die Wartburg bei Eisenach im Oktober 2017

Auch wenn es zahlreiche Gerüchte über Luther gab, glückte es, den tatsächlichen Aufenthaltsort lange geheim zu halten[62]. Dies gelang auch deshalb, weil der Kreis der Eingeweihten sehr klein gehalten wurde. Eventuell kannte selbst der Kurfürst zunächst den Ort des Aufenthalts nicht[63]. Auf der Wartburg änderte Martin Luther sein Aussehen, seine Kleidung und sogar seinen Namen. Als „Junker Jörg" bewohnte er einen Bereich der Burg, der heute als „Lutherstube" weltberühmt ist.

Innerhalb von nur elf Wochen übersetzte Martin Luther auf der Wartburg das Neue Testament von einer lateinischen Fassung unter Zuhilfenahme einiger

---

60 Patze/Schlesinger, Geschichte Thüringens III, S. 155.
61 Tutzschmann, Friedrich der Weise, S. 368f. Langenkamp, Geschichte der Stadt Teuchern, S. 76, meint, dass Hans von Berlepsch den Überfall persönlich angeführt habe.
62 Ludolphy, Friedrich der Weise, S. 438; Patze/Schlesinger, Geschichte Thüringens III, S. 23.
63 Ludolphy, Friedrich der Weise, S. 438.

griechischer Texte ins Deutsche[64]. In der Zwischenzeit stellten sich seine Anhänger immer offener gegen die katholische Kirche. In Wittenberg hatte Pfarrer Andreas Karlstadt bereits zu Weihnachten 1521 das Abendmahl in „beiderlei Gestalt" gereicht und offiziell geheiratet[65]. Auch in Jena soll – in kleinem Rahmen mit nur drei Personen – das Abendmahl so gefeiert worden sein[66]. Luther musste seinen Zufluchtsort verlassen, um „seine" Reformation in geordnete Bahnen zu leiten. Bereits hier zeigte sich, dass „die Reformation" keine einheitliche Bewegung oder Lehre war. Vielmehr gab es zahlreiche Strömungen, die sich in ihren Ansichten zum Teil heftig widersprachen und bekämpften. Im März 1522 kehrte Luther nach Wittenberg zurück und wirkte aktiv bei der Reformation mit. Aufgrund der Popularität Luthers war es faktisch nicht mehr möglich, Luther zu verhaften. Nunmehr konnte er offen in weiten Teilen des Heiligen Römischen Reiches predigen. Seine Ideen verbreiteten sich immer weiter.

Abb. 1.4: Luther predigt während der Gefangenschaft auf der Wartburg. Unter den Zuhörern ist Hans von Berlepsch dargestellt.

---

64 Patze/Schlesinger, Geschichte Thüringens III, S. 25.
65 Emig/Leppin/Schirmer, Vor- und Frühreformation in thüringischen Städten, S. 11; Patze/Schlesinger, Geschichte Thüringens III, S. 25.
66 Emig/Leppin/Schirmer, Vor- und Frühreformation in thüringischen Städten, S. 11.

Obwohl Luthers prominentester Beschützer, Kurfürst Friedrich der Weise, am 5. Mai 1525 starb, behielt Luther fürstliche Fürsprecher. Friedrichs Bruder, Johann[67], der auch sein Nachfolger wurde, war bereits überzeugter Anhänger von Luthers Lehre[68].

Für die Fürsten war die „Lutherfrage" dennoch nicht erledigt. Zunächst wurde es 1526 auf dem Reichstag in Speyer ins Ermessen der jeweiligen Fürsten gestellt, ob sie das Wormser Edikt ausführen wollten. Faktisch entstand so eine Art Handlungsfreiheit[69]. Allerdings war damit die Reformatorische Lehre noch lange nicht abgesichert. Nur drei Jahre später war erneut in Speyer dieses Edikt wieder Thema auf dem Reichstag. Die Reichsfürsten, die sich zur lutherischen Lehre bekannten, protestierten offen gegen die Wiedereinsetzung des Wormser Edikts. Dieser und weitere spätere offizielle Proteste der lutherischen Reichsstände führten zu dem Namen „Protestanten"[70]. Für den Reichstag in Augsburg 1530 hatten sich die beiden Lager sogar mit entsprechenden Schriften vorbereitet. Die Protestanten stellten ihre Ansichten in der „Confessio Augustana" (Augsburger Konfession) dar, der Kaiser hielt mit der „Confutatio Augustana" (Augsburger Widerlegung) dagegen[71].

Auch außerhalb der Reichstage organisierten sich die beiden Lager. Die Protestanten gründeten im Februar 1531 den Schmalkaldischen Bund[72], viele katholischen Reichsfürsten hatten sich im sogenannten Dessauer Bund zusammengeschlossen[73].

Am 16. August 1532 starb Kurfürst Johann, sein Sohn und Nachfolger, Johann Friedrich I., genannt „der Großmütige", übernahm die Regierung im ernestinischen Kursachsen. Auch er war ein begeisterter Anhänger Luthers und Förderer der Reformation[74]. Bereits im Juli des Jahres wurde der Religionsfrieden von Nürnberg, an dessen Aushandlung Johann Friedrich I. maßgeblich beteiligt

---

67 Johann der Beständige (geboren am 13. Juni 1468 in Meißen; gestorben am 16. August 1532 auf Schloss Schweinitz) war Herzog aus dem Haus Wettin und von 1525 bis 1532 Kurfürst von Sachsen.

68 Junghans, Das Jahrhundert der Reformation, S. 51, S. 225; Patze/Schlesinger, Geschichte Thüringens III, S. 210.

69 Junghans, Das Jahrhundert der Reformation, S. 101.

70 Junghans, Das Jahrhundert der Reformation, S. 226.

71 Junghans, Das Jahrhundert der Reformation, S. 227; Schorn-Schütte, Die Reformation, S. 82.

72 Junghans, Das Jahrhundert der Reformation, S. 59; Patze/Schlesinger, Geschichte Thüringens III, S. 222.

73 Junghans, Das Jahrhundert der Reformation, S. 225; Schorn-Schütte, Die Reformation, S. 79.

74 Junghans, Das Jahrhundert der Reformation, S. 225; Patze/Schlesinger, Geschichte Thüringens III, S. 225.

war, vereinbart[75]. Die Verfolgung der Reformatoren war damit zunächst abgeschlossen, das Wormser Edikt de facto aufgehoben.

1534 wurde durch Martin Luther die gesamte Bibel in deutscher Sprache veröffentlicht. Allerdings ist es nicht die erste Übersetzung der Bibel ins Deutsche, aber die berühmteste und verbreitetste. Damit war es allen Lesekundigen und nicht nur dem Klerus möglich, die Bibel zu lesen. Dies führte auch dazu, dass sich die deutsche Sprache mehr und mehr auch als Schriftsprache durchsetzte. Das Besondere an Luthers Bibelübersetzung war die Verwendung des Meißner Kanzleideutschen, einer Form des Frühneuhochdeutschen. Dieses konnten alle deutschsprachigen Menschen lesen (sofern sie des Lesens mächtig waren). Die meisten anderen deutschsprachigen Bibeln erschienen in Ober- oder Niederdeutsch und waren daher nicht für Jedermann verständlich. Luther setzte sich auch für einen deutschsprachigen Gemeindegesang ein[76]. Dafür schrieb er entsprechende Lieder. Aus diesem Grund gilt Luther auch heute noch als Förderer der deutschen (Schrift-)Sprache.

Durch die Reformation veränderten sich aber auch die gesamten Machtverhältnisse in Deutschland und Europa. Somit trug die Reformation stark zur Entwicklung der modernen Gesellschaft der Neuzeit bei.

Die territoriale Zersplitterung des Heiligen Römischen Reiches (Deutscher Nationen) – es bestand damals aus sieben Kurfürstentümern (darunter Kursachsen mit Wittenberg), vier Erzbistümern (darunter das Erzbistum Magdeburg mit Halle), 45 Reichsbistümern (darunter die Hochstifter[77] Naumburg-Zeitz und Merseburg) und 30 Fürstentümern (darunter das Herzogtum Sachsen mit Weißenfels und Teuchern) – führte dazu, dass sich in den jeweiligen Kleinstaaten die Reformation unterschiedlich schnell durchsetzte.

Selbst Sachsen war, wie erwähnt, seit 1485 kein einheitlicher Staat. Während sich im ernestinischen Kurfürstentum Sachsen die Reformation bereits 1528 flächendeckend durchsetzte[78], geschah dies im Herzogtum Sachsen, zu dem das Amt Weißenfels mit Teuchern zählte, erst nach dem Tod des Herzogs Ge-

---

[75] Patze/Schlesinger, Geschichte Thüringens III, S. 227.
[76] Patze/Schlesinger, Geschichte Thüringens III, S. 128.
[77] Bei den Hochstiftern handelte es sich um sogenannte geistige Fürstentümer. Deren Gebiete waren im Regelfall nicht identisch mit den geistigen Bistümern, sondern deutlich kleiner. Vgl. Junghans, Das Jahrhundert der Reformation, S. 29.
[78] Wartenberg, Landesherrschaft und Reformation, S. 34.

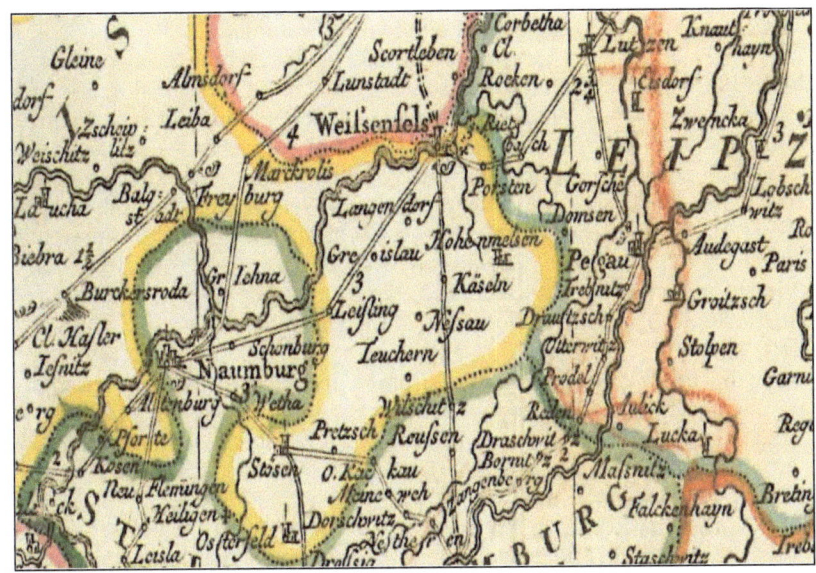

Abb. 1.5: Die Zersplitterung der Territorien im Raum Teuchern. Die gelben Grenzen zeigen das Herzogtum Sachsen, die hellgrünen das Hochstift Naumburg-Zeitz. Nördlich ist das Hochstift Merseburg und südöstlich Kursachsen erkennbar.

org am 17. April 1539[79]. Georgs Nachfolger, Herzog Heinrich, regierte nur 28 Monate. Dennoch wurden in dieser Zeit die Grundlagen für die neue Kirche im Herzogtum gesetzt[80]. Auch nach dem Tod Heinrichs am 18. August 1541 gewann die reformatorische Bewegung weiter an Anhängern. Heinrichs ältester Sohn und Nachfolger im Amt, Moritz von Sachsen, setzte die Bemühungen seines Vaters bei der Reformierung der Kirche und des Reiches fort[81].

Am 3. Juni 1539 wurde in Weißenfels der erste evangelische Gottesdienst durchgeführt[82]. Naumburg, Zeitz und einige Dörfer, die zum Hochstift Naumburg-Zeitz gehörten, waren faktisch noch bis 1542, als Nikolaus von Amsdorf

---

79 Junghans, Das Jahrhundert der Reformation, S. 229; Patze/Schlesinger, Geschichte Thüringens III, S. 101; Wartenberg, Landesherrschaft und Reformation, S. 94; Wießner, Bistum Naumburg I, S. 259.

80 Wartenberg, Landesherrschaft und Reformation, S. 94f.

81 Junghans, Das Jahrhundert der Reformation, S. 78.

82 Gerhardt, Geschichte von Weißenfels, S. 121; Sturm, Chronik von Weißenfels, S. 190.

als evangelischer Bischof eingesetzt wurde, katholisch. Allerdings soll bereits 1520 – nach anderen Quellen erst 1525[83] – der erste reformatorische Gottesdienst in Naumburg durch Dr. Pfeffinger[84] der St. Wenzelskirche[85] durchgeführt worden sein[86]. Noch später setzte sich die reformatorische Lehre z.B. in Lützen durch. Lützen gehörte zum Hochstift Merseburg – ein kleines weltliches Herrschaftsgebiet des Bischofs von Merseburg, das erst 1565 an Kursachsen kam. Dort setzte sich die Reformation erst nach dem Tod des Bischofs 1561 flächendeckend durch. Der erste Ort im Hochstift Merseburg, der die Reformation einführte, war Lützen. Am 2. Adventssonntag 1542 fand nach einer Unterstützung des Kurfürsten, dem weltlichen Oberherrn des Hochstifts, der erste evangelische Gottesdienst in Lützen statt.

Obwohl mit Heinrich und Moritz nunmehr Anhänger der lutherischen Lehre auf dem Thron im Herzogtum Sachsen saßen, schloss sich das Herzogtum nicht dem Schmalkaldischen Bund an. Im Gegenteil, im Schmalkaldischen Krieg von 1546 bis 1547, in dem Kaiser Karl V. nun die reformatorischen Landesfürsten bekämpfte, trat Moritz von Sachsen im Oktober 1546 auf der Seite des Kaisers in den Krieg ein. Ausgehend von Süddeutschland verlagerten sich die Kämpfe zum Ende des Jahres 1546 immer mehr nach Thüringen bzw. Sachsen[87].

Auch in unsere Region drangen die kaiserlichen und herzoglich-sächsischen Truppen vor. Am 23. November 1546 musste sich Naumburg der katholischen Seite ergeben. Zwar durfte die Stadt evangelisch bleiben, aber Herzog Moritz setzte den evangelischen Bischof Amsdorf ab und ersetzte ihn durch Julius

---

83 Wartenberg, 1000 Jahre Zeitz, S. 14. Nach Hoffmann, Naumburg a. S. im Zeitalter der Reformation, S. 55 und Wießner, Bistum Naumburg I, S. 154, wäre es Magister Johann Langer, der 1525 in der Wenzelskirche evangelisch predigte, nachdem er dies schon seit 1521 in der Domfreiheit in Naumburg getan hatte.

84 Johannes Pfeffinger (geboren am 27. Dezember 1493 in Wasserburg am Inn; gestorben am 1. Januar 1573 in Leipzig) war ein bedeutender evangelischer Theologe und Reformator. Er bekannte sich früh zu Luthers Ideen und wurde deswegen als Ketzer verfolgt. Er studierte in Wittenberg, predigte die evangelische Lehre und wurde später Superintendent in Leipzig.

85 Krebs, Zeitzer Chronik, S. 82; Philipp, Geschichte des Stifts Naumburg und Zeitz, S. 228.

86 Bei Lepsius, Kleine Schriften I, S. 99 ist von „Mag. Pfennig" die Rede, allerdings – wie so oft bei Lepsius – ohne Angaben von Quellen. Auch bei Zergiebel, Chronik von Zeitz II, S. 205, wird dies wiedergegeben. Bislang gibt es für diese Behauptung aber keine Quellenangaben, so Hoffmann, Naumburg a. S. im Zeitalter der Reformation, S. 56 sowie Wießner, Bistum Naumburg I, S. 154, der annimmt, dass Lepsius hier einem Irrtum unterliegt und Johann Pfennig in Annaberg meint

87 Patze/Schlesinger, Geschichte Thüringens III, S. 239.

Pflug[88]. Amsdorf kritisierte später, dass sich insbesondere Naumburg, Zeitz und Zwickau zu leicht den Gegnern ergeben hätten[89]. Der katholische Bischof Pflug übernahm am 23. Mai 1547 sein Amt. Die Reformation war aber nicht mehr aufzuhalten[90]. Nach Pflugs Tod 1564 wurden auch die letzten Reste des Hochstifts evangelisch[91]. Obwohl der Schmalkaldische Bund zwischenzeitlich einige Siege erringen konnte, unterlagen die evangelischen Fürsten schließlich in der Schlacht bei Mühlberg an der Elbe am 24. April 1547[92]. Der Kurfürst Johann Friedrich wurde gefangen genommen und musste, trotz Begnadigung und Freilassung im Jahr 1552, Teile seines Gebietes und die sächsische Kurwürde an die Albertiner abtreten[93]. Nach der Schlacht bei Mühlberg zog der Kaiser mit seinem Gefolge am 24. Juni 1547 in Naumburg ein[94]. Trotz dieses militärischen Sieges konnte der Kaiser die Reformation nicht auslöschen. Die evangelischen Fürsten schlossen sich erneut zusammen, diesmal unter der Führung von Moritz von Sachsen, und besiegten den Kaiser im Fürstenkrieg 1552. Auf dem Reichstag in Augsburg 1555 wurde schließlich jedem Fürsten die freie Religionsausübung zugestanden (Augsburger Religionsfrieden). Dieses Datum gilt aus der vorläufige Abschluss der Reformation[95].

Das Zeitalter der Reformation war allerdings viel mehr als nur eine Zeit der Veränderungen in der Kirche. Neue Erfindungen und Entdeckungen, das aufkommende kapitalistische Wirtschaftssystem sowie die Bildung von mehr und mehr modernen staatlichen Strukturen[96] führten zu gravierenden Veränderungen. Die politischen Veränderungen zogen auch veränderte soziale Strukturen nach sich; das Bildungssystem wurde revolutioniert. Auch in der Architektur und in der Kunst setzte sich ein Wandel durch: Die Renaissance löst die Spätgotik ab[97].

Die Reformation war nicht Ursache, zum Teil nicht einmal Auslöser dieser Veränderungen. Vielfache Ursachen führten dazu, dass das 16. Jahrhundert ein Zeitalter der Veränderung wurde. Aber diese jeweiligen Veränderungen beein-

---

88 Dingel, Nikolaus von Amsdorf, S. 179, FN; Patze/Schlesinger, Geschichte Thüringens III, S. 239; Wartenberg, 1000 Jahre Zeitz, S. 23.
89 Dingel, Nikolaus von Amsdorf, S. 181.
90 Wartenberg, 1000 Jahre Zeitz, S. 23.
91 Patze/Schlesinger, Geschichte Thüringens III, S. 126.
92 Patze/Schlesinger, Geschichte Thüringens III, S. 240.
93 Dingel, Nikolaus von Amsdorf, S. 181; Patze/Schlesinger, Geschichte Thüringens III, S 241, 244.
94 Patze/Schlesinger, Geschichte Thüringens III, S. 242f.; Wartenberg, 1000 Jahre Zeitz, S. 42.
95 Schorn-Schütte, Die Reformation, S. 88f.
96 Junghans, Das Jahrhundert der Reformation, S. 30.
97 Junghans, Das Jahrhundert der Reformation, S. 153.

flussten einander und können daher kaum losgelöst betrachtet werden. Mit dem Zeitalter der Reformation endet das Mittelalter endgültig und die frühe Neuzeit beginnt.

2. Unsere Region im Zeitalter der Reformation

2.1 Teuchern in der Zeit von 1500 bis 1555

Anfang des 16. Jahrhunderts war Teuchern ein kleines Landstädtchen. Es war nicht nur von Feldern, sondern auch von Wäldern[98] umgeben, in denen damals noch Wölfe und vereinzelte Bären gelebt haben sollen[99]. Der Schellbach, die Rippach und der Schortaubach waren aufgrund der waldreichen Gegend viel wasserreicher. Das Rippachtal war sumpfig. Mehrere Fischteiche befanden

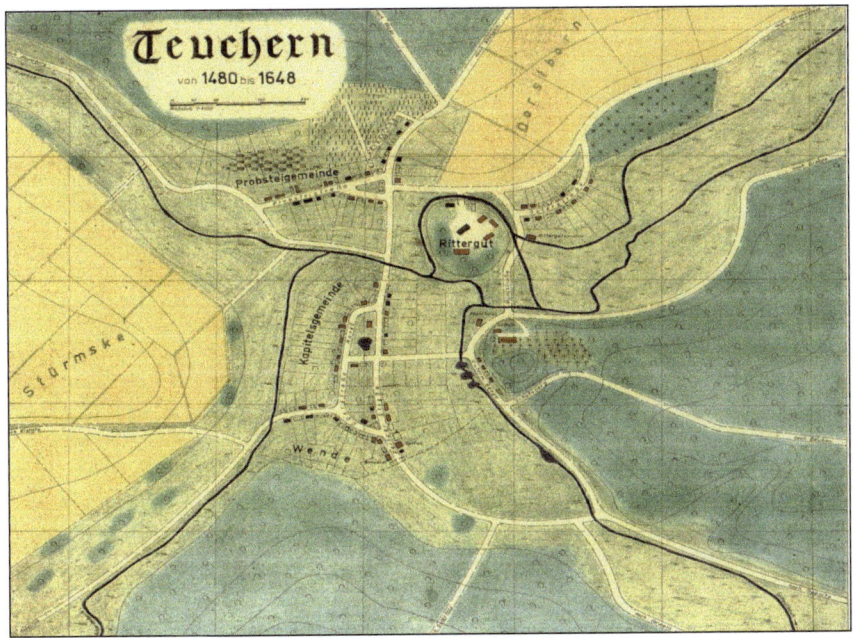

Abb. 2.1: Teucherns Gestalt zur Reformationszeit

---

98 Im Raum Teuchern gab es damals beispielsweise das Schortauer Holz, das Ranische Holz und das Pfaffenhölzchen bei Teuchern, die Ellerichte an der Rippach, das Rittergutsholz bei dem Vorwerk Lagnitz, das Hölzchen bei Naundorf, das Wildschützer Holz, das Lohholz bei Gröbitz sowie das Mönchs- oder Dechantholz bei Prittitz, vgl. Otto, Pflege Weißenfels, S. 630ff. Das Recht zur Jagd in den Wäldern auf der Flur Zschepplitz – Wüstung zwischen Oberschwöditz und Lagnitz – hatte zumindest 1589 die Stadt Teuchern.

99 Langenkamp, Geschichte der Stadt Teuchern, S. 71; Zergiebel, Chronik von Zeitz IV, S: 382.

sich im Teucherner Gebiet[100]. Insbesondere Schmerlen, Gründlinge und große Krebse sollen in der Rippach gefangen worden sein[101].

In Teuchern lebten fast überwiegend Bauern und Handwerker – sogenannte „Ackerbürger"; Kaufleute gab es kaum[102]. Mit Beginn der frühen Neuzeit änderte sich aber das Wirtschaftsgefüge. Das Geld spielte eine immer größer werdende Rolle[103], dies beweisen auch Münzfunde in Teuchern, die bei Ausgrabungen gemacht wurden[104]. Neue Berufe etablierten sich. Ein Bauer hatte neben seinem Haus und Hof einige Felder; wer einem Gewerbe nachging, aber noch ein Stück Gartenland für den eigenen Bedarf hatte, wurde Gärtner genannt; Häusler, wer nur ein Haus hatte und ein dazugehöriges Grundstück. Wer nur Mieter war, wurde Hausgenosse genannt[105]. Mieter gab es in Teuchern nur wenige, um 1600 sind es 19[106].

Die Landwirtschaft war aber immer noch der wichtigste Wirtschaftszweig, nicht nur für die Bauern, sondern auch für den niedrigen Adel. Der Ertrag der Landwirtschaft erhöhte sich durch eine bessere Bewirtschaftung der Felder. Um 1500 konnte ein Bauer etwa zwei Personen ernähren.

Abb. 2.2: „Dreier", sächsische Münze (ernestinische Linie) von 1534, Freiberg

Um 1500 sanken allerdings die Getreidepreise, womit der Getreideanbau als wichtigster Aspekt der Landwirtschaft immer weniger Geld einbrachte. Neben Getreide (Roggen, Weizen, Hafer, Hirse und Gerste[107]) wurde in Teuchern da-

---

100 Langenkamp, Geschichte der Stadt Teuchern, S. 70.
101 Otto, Pflege Weißenfels, S. 599.
102 Langenkamp, Geschichte der Stadt Teuchern, S. 65.
103 Junghans, Das Jahrhundert der Reformation, S. 18.
104 Beispielsweise wurde bei den Ausgrabungen am Markt 14 vom 4. Juni bis zum 22. August 2002 ein Spitzgroschen aus Kursachsen des Jahres 1475 und ein Schneeberger Zinsgroschen, der aus den Jahren 1508 – 1525 stammt, gefunden, siehe LDA-FPA, Grabungsdokumentation Teuchern, FSt. 16, G 2003/144.
105 Junghans, Das Jahrhundert der Reformation, S. 25.
106 Langenkamp, Geschichte der Stadt Teuchern, S. 71.
107 Langenkamp, Geschichte der Stadt Teuchern, S. 64.

mals zumindest Wein[108], Safran[109], Waid (welches zum Färben verwendet wurde) und Flachs (zur Herstellung von Leinen) sowie Klee als Futterpflanze angebaut[110].

Ich aber bin von Art ein Bauer /
Mein' Arbeit wird mir schwer und sauer /
Ich muss ackern, säen und eggen /
Schneiden, mähen, heuen dagegen /
Holzen und einführen Heu und Getreide /
Gülte und Steuer macht mir viel Herzleid /
Trink' Wasser und ess' grobes Brot /
Wie denn der Herr Adam gebot.

Abb. 2.3: Der Bauer – Holzschnitt von Hans Sachs

Noch bis Anfang des 19. Jahrhunderts hatte der jährliche Flachsmarkt in Teuchern eine größere Bedeutung. Auch die Viehzucht, insbesondere die Schweine-, Rinder- und Schafzucht, war noch weit verbreitet. Grundlage der Landwirtschaft war immer noch die Dreifelderwirtschaft[111]. Dabei wurden die Felder abwechselnd mit Winter- und Sommergetreide bestellt. Der dritte Teil lag

---

108 Der Weinberg befand sich nördlich der Propsteigemeinde, neben dem Pfaffenholz. Der Wein soll von keiner guten Qualität gewesen sein, so Otto, Pflege Weißenfels, S. 647. Noch im Flurbuch von 1787 wird der *„Herrschafftliche Weinberg"* erwähnt, LASA, Altes Magdeburger Rep. LIX C, Nr. 34, fol. 29v.

109 Gießler, Geschichtlicher Abriss, S. 14; Langenkamp, Geschichte der Stadt Teuchern, S. 49.

110 Langenkamp, Geschichte der Stadt Teuchern, S. 64f.

111 Junghans, Das Jahrhundert der Reformation, S. 18.

brach und wurde als Weidefläche genutzt, später wurden gezielt Futterpflanzen angebaut. Allerdings konnte nicht jeder Bauer bestimmen, was er anbauen will. Damit genügend Getreide angebaut wurde und es gleichzeitig genügend Weideflächen gab, herrschte der sogenannte Flurzwang. Die Gemeinschaft legte also fest, was wo angebaut wird. Nur so war die Versorgung der Gemeinde zu gewährleisten. Aber auch das Vieh wurde gemeinsam gehütet. Daher nannte man diese Gemeinschaften „Hutungsgemeinden". Davon gab es in Teuchern im 16. Jahrhundert zwei. Jede Hutungsgemeinde besaß ein Hirtenhaus, in welcher der Hutmann oder Gemeindehirte wohnte. Das „Städtleins Hirthen-Hauß" befand sich innerhalb der Stadt[112], das „Gemeine Hirthen-Hauß" in der Osterstraße[113].

Auch wenn es das klassische Handwerk in Teuchern schon im 16. Jahrhundert gegeben haben muss, sind nicht viele Berufe erwähnt. Bekannt ist, dass Teuchern eine Schäferei[114] und eine Mühle, die Rittergutsmühle, besaß. Es handelte sich dabei um eine Wassermühle. Wie viele Mühlen es in den umliegenden Dörfern gab, ist nicht bekannt[115]. Zumindest in Kuhndorf bestand damals eine weitere Wassermühle[116]. Die Runthaler Wassermühle wurde wohl zwischen 1550 und 1580 erbaut und gehörte zum Rittergut Meineweh. Die freie Wahl, in welcher Mühle die Bauern ihr Korn mahlen ließen, gab es damals nicht; es herrschte Mühlenzwang. Alle Teucherner Einwohner hatten ihr Getreide in der Rittergutsmühle zu mahlen. Das galt auch für manche Bauern auf den Dörfern. Dabei kam es nicht immer darauf an, welche Mühle am günstigsten zu erreichen war. Ließen die Bauern ihr Getreide in der „falschen" Mühle mahlen,

---

[112] LASA, Altes Magdeburger Rep. LIX C, Nr. 34, fol. 73v, 101r.

[113] LASA, Altes Magdeburger Rep. LIX C, Nr. 34, fol. 30r. Zumindest im Flurbuch von 1787 wird die Osterstraße bereits als solche namentlich bezeichnet.

[114] LASA, Altes Magdeburger Rep. LIX C, Nr. 34, fol. 35v. Auch für Gröbitz ist eine Schäferei erwähnt, die 1590 abbrannte, vgl. Büttner, Handschriftliche Chronik, S. 416; Otto, Pflege Weißenfels, S. 394.

[115] Wassermühlen werden im 18. Jahrhundert noch in Bonau, Runthal, Gröbitz und in Lagnitz erwähnt, Windmühlen in Krauschwitz und Zaschendorf, Otto, Pflege Weißenfels, S. 494, 496, 499, 619, 626. In Gröben soll dagegen schon im 16. Jahrhundert eine Windmühle „auf dem hohen Berg im Felde" gestanden haben, vgl. Otto, Pflege Weißenfels, S. 427. Auch über die Größe der Mühlen erfahren wir aus der Reformationszeit nichts. 1795 jedenfalls hat die Teucherner Rittergutsmühle ein stattliches Mahlwerk mit zwei Gängen und war in einem guten Zustand, wogegen die Kuhndorfer Mühle ziemlich heruntergekommen war und nur einen Gang besaß, die Runthaler Mühle ebenfalls nur einen Gang und „reichliches Mahlen", Otto, Pflege Weißenfels, S. 616. Büttner, Handschriftliche Chronik, S. 54, erwähnt die Wassermühlen in Lagnitz, Runthal und Kuhndorf, wobei die beiden Mühlen an der Rippach zwei bis drei Gänge besessen haben sollen. Zu den Gröbitzer Mühlen führt er aus, dass die Teichmühle erst 1603 errichtet wurde, die Mühle im Grunde dagegen 1585, allerdings habe vorher an einer anderen Stelle eine Mühle gestanden, vgl. Büttner, Handschriftliche Chronik, S. 414, 416.

[116] Otto, Pflege Weißenfels, S. 485.

kam es zum Streit. Zum Rittergut gehörte auch noch ein Backhaus, welches sich neben der Baderei[117], in der heutigen Baderstraße, befand[118]. Auch dort herrschte ein „Nutzungszwang".

Der Hafner.

Den Leymen tritt ich mit meim Fuß
Mit Har gemischt/ darnach ich muß
Ein klumpen werffen auff die Scheiben
Die muß ich mit den Füssen treiben/
Mach Krüg/ Häffen/ Kachel vñ Scherbe
Thu sie denn glassurn vnd ferben/
Darnach brenn ich sie in dem Feuwer/
Corebus gab die Kunst zu steuwer.

Den Lehm tret' ich mit meinem Fuß
Mit Haar gemischt / danach ich muss
Ein Klumpen werfen auf die Scheiben
Die muss ich mit den Füßen treiben /
Mach' Krüge / Tassen / Kacheln und Scherben
Tu sie dann glasieren und färben /
Danach brenn' ich sie in dem Feuer /
Corebus gab die Kunst zu Steuer.

Abb. 2.4: Der Töpfer („Hafner") – Holzschnitt von Hans Sachs

Töpfer gab es im 16. Jahrhundert in Teuchern ebenso, auch wenn die berühmte Töpfer-Innung, die Ursache für den Namen „Top(f)-Teuchern" war, erst im 18. Jahrhundert errichtet wurde. Die für die Keramikherstellung notwendigen Grundstoffe waren um Teuchern zahlreich vorhanden. Keramik war gerade für Haushaltswaren der wichtigste Werkstoff. Gusseiserne Pfannen oder Töpfe gab es nur wenig[119].

---

117 Vermutlich bestand die Baderei auch im 16. Jahrhundert schon. Die Baderei war strenggenommen nur ein Badehaus. Allerdings betätigte sich der Bader oft als Arzt, Chirurg, Zahnarzt, Barbier und Ähnliches. Teilweise galten die Badstuben auch als Ort der Prostitution. Für Teuchern ist nur die Existenz des Gebäudes belegt. Dieses befand sich auf Rittergutsgelände, vgl. LASA, Altes Magdeburger Rep. LIX C, Nr. 34, fol. 95v.

118 LASA, Altes Magdeburger Rep. LIX C, Nr. 34, fol. 18r.

119 Dies belegen auch die zahlreichen Keramikfunde bei der Ausgrabung am Markt 14 vom 4. Juni bis zum 22. August 2002, siehe LDA-FPA, Grabungsdokumentation Teuchern, FSt. 16, G 2003/144. Auch bei der baubegleitenden Untersuchung am Markt 16 wurde eine Vielzahl an Keramikfunden aus dem 14. und 15. Jahrhundert gemacht, LDA-FPA, Ortsakte Teuchern, OA-ID 2327, fol. 179r.

Der Müller.

Wer Korn vnd Weiß zu malen hat/
Der bring mirs in die Mül herab/
Denn schütt ichs zwischen den Mülstein
Vnd mal es sauber rein vnd klein/
Die Kleyen gib ich treuwlich zu/
Hirsch/Erbeiß /ich auch neuwen thu/
Dergleich thu ich auch Stockfisch bleuwn/
Würtz stoß ich auch mit gantzn treuwen .

Wer Korn und Weizen zu mahlen hat /
Der bring' mir's in die Mühle herab /
Dann schütt' ich's zwischen den Mühlstein
Und mahl' es sauber, rein und klein /
Die Kleie geb' ich treulich zu /
Hirse / Erbsen / ich auch zerkleinern tu /
Dergleichen tu ich auch Stockfisch
schlagen /
Gewürze stoß' ich auch mit ganzer Treue.

Abb. 2.5: Der Müller – Holzschnitt von
Hans Sachs

Neben den „ehrlichen" Handwerksberufen gab es nachweislich auch „unehrli-che" Berufe in Teuchern. Allerdings waren dies keineswegs Diebe, Betrüger oder andere Verbrecher, sondern lediglich Berufe, deren Inhaber in den Augen der Gesellschaft als „ehrlos" galten. Dazu zählte beispielsweise der Bader und auch der Abdecker. In der Abdeckerei oder Feldmeisterei wurden Tierkadaver verwertet. Alle Bauern waren verpflichtet, verendete Tiere dorthin zu bringen. Die Teucherner Feldmeisterei befand sich auf dem weitläufigen Gutsgelände außerhalb der Stadt[120].

Das Stadtrecht für Teuchern bestand erst seit einigen Jahren[121]. Auf Bemühen der Gebrüder Günther und Heinrich von Bünau zu Teuchern gab der römisch-deutsche König und Kaiser Friedrich III. in einer auf dem Reichstag in Nürn-berg am 26. Juni 1487 ausgestellten Urkunde den beiden Brüdern und ihren Erben das Recht, *„in ihrem Markte Tewchern alle Jahre zwey Jahrmärkte, ei-*

---

[120] LASA, Altes Magdeburger Rep. LIX C, Nr. 34, fol. 36r.

[121] Zumindest das Marktrecht bestand bereits 1135. In einer Urkunde vom 6. Februar 1342 wird Teuchern wohl als Stadt bezeichnet, vgl. Wießner, Bistum Naumburg II, S. 837f.

nen am Dinstag in den Pfingstfeyertagen, den andern zu Simon und Juda, und alle Wochen am Freytage einen Wochenmarkt zu halten". Am 23. März 1488 bestätigte der sächsische Herzog Albrecht das Marktprivileg[122]. Die wirtschaftliche Bedeutung des Marktes war aber gering und beschränkte sich nur auf die umliegende Region. Dies lag auch daran, dass keine Fernhandelsstraße mehr durch Teuchern verlief[123].

Die Handelsgüter wurden der Einfachheit halber oft nach Stück oder Volumen bemessen. Aufgrund der unterschiedlichen Gewichtseinheiten war das Wiegen nicht immer vorteilhaft. Allerdings belegt der bei der Ausgrabung am Markt 14 gefundenen Gewichtsstein, der wahrscheinlich aus dem 16. oder 17. Jahrhundert stammt, dass auch hier Waren abgewogen wurden. Der Stein hat ein Gewicht von 9,995 Kilogramm und ist mit einer arabischen „20" sowie dem römischen Äquivalent „XX" beschriftet[124]. Ob es sich aber hier um einen „privaten" Gewichtsstein oder ein auf dem Markt eingesetztes Gewicht handelte, kann nur gemutmaßt werden.

Das Markt- und Stadtrecht betraf allerdings nur die sogenannte Kapitelsgemeinde[125]. Die Kapitelsgemeinde war eine eigenständige Gemeinde, bestehend aus freien Bauern, die direkt dem Hochstift Naumburg-Zeitz und nicht den Grundherrn unterstanden[126]. Diese Siedlung bestand aus 22 Häusern[127] und befand sich im Bereich des heutigen Marktplatzes[128]. Es handelte sich vermutlich um einfache, zweigeschossige Gebäude, wobei das Erdgeschoss ganz oder teilweise zu landwirtschaftlichen Zwecken genutzt wurde. Dennoch waren die Häuser wohl besser als die der einfachen Bauern in den anderen Teucherner Gemeinden. Das älteste überlieferte Verzeichnis der Bewohner der Kapitelsgemeinde stammt aus dem Jahr 1583. Danach bewohnten die Familien von Urban Walter, Zacharias Görge, Peter Tauchen, Franz Rantzen, Peter Hopfe,

---

122 SHStA Dresden, Rep. A 24 a I, Nr. 562; Schattkowsky, Die Familie von Bünau, S. 181.

123 Im Hochmittelalter war dies noch anders. Damals verliefen die Salzstraße und die Heeresstraße direkt durch Teuchern. Die Bezeichnung Straße darf aber nicht missverstanden werden. Es handelte sich jeweils nur um unbefestigte Wege.

124 Siehe LDA-FPA, Grabungsdokumentation Teuchern, FSt. 16, G 2003/144, Fund-Nr. 293.

125 Der Umfang der Stadtrechte war zwischen den Städten unterschiedlich. Von den unabhängigen und freien Reichsstädten auf der einen Seite, bis zu einer lediglich geringen Besserstellung im Vergleich zu den Dörfern gab es alle Konstellationen.

126 Langenkamp, Geschichte der Stadt Teuchern, S. 43.

127 Daraus kann man schließen, dass die Kapitelsgemeinde etwa 100 – 150 Einwohner hatte.

128 Langenkamp, Geschichte der Stadt Teuchern, S. 44; Voigt, Capitulsgemeinde, S. 32.

Peter Jennicke(n)[129], Michael Grefenthal, Hanss Lusche, David Lehmann, Barthel Kellerin, Jacob Krauschwitz, Michael Hempel, Melchior Tischer, Paul Schultze, Andreas Kulpiss und Velten Heuppt die Kapitelshäuser. Letzterer besaß noch zwei weitere Häuser, ein Mietshaus am heutigen Steinweg und ein Haus im Bereich der heutigen Straße des Friedens[130].

Ein genereller Unterschied zwischen Dörfern und Städten waren zwei Handwerkszweige: die Tuchmacherei und das Brauwesen. Tuchmacher gab es in Teuchern damals vermutlich nicht. Aber die Kapitler besaßen zwei Brauhäuser am Markt, wovon eins in den Kapitelsprotokollen des Jahres 1551 erwähnt wird[131]. Eigentümer waren Urban Walter und Gallus Lusche. 1564 war mindestens eines dieser Gebäude, wahrscheinlich das 1551 erwähnte, baufällig[132]. Daraus kann geschlossen werden, dass es schon länger bestand. Man beschloss ein Grundstück von Rudolf von Bünau am Platz vor dem „Zeitzer Tor" zu erwerben und dort ein neues Brauhaus zu errichten[133].

---

[129] Voigt, Capitulsgemeinde, S. 36, berichtet von einem Streit des Jennicke mit dem Alten von Bünau. Der von Bünau hatte Jennicke im Verdacht, seinen Hund mit heißem Pech übergossen zu haben, durfte aber dessen Haus nicht betreten. Die Gerichtsbarkeit endete an der Traufe des Hauses. Dies war ein Sonderrecht, dass nur den Kapitlern zustand. Um welchen Bünau es sich handelte, ist unklar. Auch der Zusatz, dass es sich um den Bünau handelte, der in Gröbitz von einem Erker erschlagen worden wäre, hilft nicht weiter. Voigt identifiziert den besagten Bünau mit Rudolf von Bünau, der 1539 gestorben sein soll. Tatsächlich starb 1539 Heinrich von Bünau zu Gröbitz. Auf der anderen Seite klagte die Kapitelsgemeinde wohl über zahlreiche Auseinandersetzungen mit Rudolf von Bünau. Die von Voigt genannten Akten sind nicht mehr vorhanden, so dass der Sachverhalt auch nicht weiter aufgeklärt werden kann.

[130] Voigt, Capitulsgemeinde, S. 60.

[131] Voigt, Capitulsgemeinde, S. 70; ders., Die Kirche zu Teuchern, S. 50. Otto; Pflege Weißenfels, S. 250, schreibt, dass um 1795 dort ein gutes Braunbier gebraut worden sei. Zu dieser Zeit war aber das Bierbrauen nicht mehr nur Sache der Städte. In Prittitz (S. 395) und in Gröbitz (S. 393) erwähnt Otto Brauhäuser. Auch dort soll gutes bzw. wohlschmeckendes Braunbier gebraut worden sein.

[132] Möglicherweise wurden sogar beide Brauhäuser durch ein Hochwasser beschädigt und konnten nicht wieder aufgebaut werden, vgl. Voigt, Die Kirche zu Teuchern, S. 50.

[133] Langenkamp, Geschichte der Stadt Teuchern, S. 70. Das „Zeitzer Tor" muss etwa im Bereich der heutigen Einmündung der Oberstraße in die Straße des Friedens gewesen sein. Im Flurbuch von 1787 wird das Brauhaus als „der Bürger-Commun-Brau-und-Malz-Hauß" erwähnt; LASA, Altes Magdeburger Rep. LIX C, Nr. 34, fol. 35v.

Der Bierbreuwer.

Aus Gerste sied' ich gutes Bier /
Feist und süß / auch bitter Monier /
In einem Braukessel weit und groß /
Darein ich dann den Hopfen stoß' /
Lass den in Bottichen auskühlen /
Damit füll ich danach die Fässer
Wohl gebunden und gedichtet /
Dann gärt er und ist zugerichtet.

Auß Gerſten ſied ich gutes Bier /
Feißt vnd Süß / auch bitter monier/
In ein Breuwfeſſel weit vnd groß/
Darein ich denn den Hopffen ſtoß/
Laß den in Brennten külen baß/
Damit füll ich darnach die Faß
Wol gebunden vnd wol gebicht/
Denn giert er vnd iſt zugericht.

Abb. 2.6: Der Bierbrauer – Holzschnitt
von Hans Sachs

Trotz der Bezeichnung „Zeitzer Tor" gibt es keine Anhaltspunkte, dass Teuchern ganz oder teilweise ummauert war[134]. Tatsächlich waren die wenigsten der Landstädte in den sächsischen Landen ummauert[135]. Teilweise waren kleine Landstädte aber mit einer dichten Hecke, dem sogenannten „Verhack" um-

---

[134] Eventuell wurde Teuchern später ummauert. Darauf deutet ein Hinweis im Amts-Blatt der Königlichen Regierung zu Merseburg vom 5. Januar 1829 in dem Häuser, Scheunen und Gärten „innerhalb der Ringmauer der Stadt Teuchern" erwähnt werden. Andererseits schreibt Sommer, Archäologische Wanderungen, S. 295, dass Teuchern keine Ringmauern, Gräben, Tore und Stadttürme besaß. Auch die Formulierung bei Otto, Pflege Weißenfels, S. 246, dass das Städtchen „überall offen" ist, muss wohl so verstanden werden.

[135] Junghans, Das Jahrhundert der Reformation, S . 27.

geben. Auch diese bot einigermaßen Schutz. Für Teuchern ist aber auch ein solches „Verhack" nicht belegt.

Südlich der Kapitelsgemeinde bzw. der Stadt befand sich das frühere Wendendorf. Die Bewohner besaßen deutlich weniger Rechte und hatten oft höhere Abgaben zu leisten, waren aber nicht unfrei oder leibeigen.

Hinzu kam die Probsteigemeinde oder Probsteivorstadt im Bereich der heutigen Probsteistraße[136]. welche in den Chroniken oft als „Kleinteuchern" bezeichnet wurde[137]. Sie wurde wahrscheinlich im 13. Jahrhundert gegründet und war rechtlich ein eigenständiges Dorf, welches dem Hochstift Naumburg-Zeitz bzw. konkret der Dompropstei in Zeitz[138] - daher auch der Name - unterstand. Sie bestand aus freien Bauern[139]. Der Schulze[140] der Probsteivorstadt war auch für die Wenden zuständig[141], was die geringere Rechtsstellung des Wendendorfes belegt. Aufgrund der gemeinsamen Verwaltung wurden Probsteigemeinde und Wendendorf auch einheitlich als „Gassengemeinde" bezeichnet, obwohl die Bewohner noch viele Jahre einen rechtlich unterschiedlichen Status besaßen.

Unmittelbar dem Lehnsherrn unterstellt waren die Einwohner der Ostergasse und im Bereich der heutigen Straße „Unterm Berge". Dort wohnten die Bediensteten des Rittergutes.

Die Grund-, Ober- und Erbgerichtssachen über Teuchern (ohne die Kapitels- und Probsteigemeinde) mitsamt der Flur waren mit dem Rittergut verknüpft[142]. Um 1500 hatte die Familie von Bünau die Wasserburg bzw. das Rittergut in ihrem Besitz. Damit waren die Bünaus die Grundgerichtsherren. Verhandelt wurde auf dem Hof der Wasserburg. Gegen die Entscheidung des Gutsherrn gab es kein Rechtsmittel. Die meisten Urteile wurden sofort vollstreckt. Stra-

---

[136] Auch wenn heute die Schreibweise „Propstei" korrekt ist, hat sich die alte Schreibweise im Straßennamen erhalten.
[137] Büttner, Handschriftliche Chronik, S. 239; Otto, Pflege Weißenfels, S. 247; Voigt, Die St. Johannis-Kapelle, S. 4.
[138] Zergiebel, Chronik von Zeitz IV, S. 493.
[139] Langenkamp, Geschichte der Stadt Teuchern, S. 44.
[140] Der Schulze oder Schultheiß war der örtliche Vertreter des Grundherren und nahm in dessen Auftrag seine Rechte war.
[141] Langenkamp, Geschichte der Stadt Teuchern, S. 44.
[142] Langenkamp, Geschichte der Stadt Teuchern, S. 69.

fen waren meist in Geld festgelegt[143], wobei die tatsächliche Begleichung oft noch in Naturalien erfolgte. Erst nach und nach setzte sich im 16. Jahrhundert das Geld als reales Zahlungsmittel durch. Bis dahin war es nur eine Recheneinheit. Prügelstrafen, Haft oder Todesurteile (diese durfte der Gutsherr nicht allein festlegen) waren die Ausnahme.

Die Kapitelsgemeinde hatte nicht nur eine selbständige Verwaltung, sondern übte auch die Grundgerichtsbarkeit (Zivilrecht, Freiwillige Gerichtsbarkeit, kleinere Straftaten) selbst aus. Die Obergerichtsbarkeit (insbesondere schwerwiegende Straftaten)[144] lag beim Hoch- bzw. Domstift[145]. Die Gemeinde hatte ein eigenes Stadtoberhaupt (Rat und Bürgermeister) und ein eigenes Gericht (Schöffenkollegium mit Stadtrichter).

Die Bewohner kamen wohl ursprünglich aus Franken (wahrscheinlich aus der Gegend um Würzburg) und brachten auch fränkische Rechtstraditionen mit nach Teuchern. Die Regeln der Rechtsprechung waren seit dem Hochmittelalter nahezu unverändert und blieben auch im Zeitalter der Reformation gleich. Sie wurden mündlich weitergegeben. Auch wenn es Rechtsbücher, z.B. den berühmten Sachsenspiegel gab, in denen das Gewohnheitsrecht schriftlich festgehalten wurde, gab es davon nur wenige Exemplare. Soweit nicht der Stadtrichter zuständig war, gab es einen festen Gerichtstag, an dem ein Vertreter des Domkapitels nach Teuchern kamen. Dies war immer an St. Burkhardt (11. Oktober)[146]. An diesem Tag wurde auch das Kapitelsgericht, welches neben dem Stadtrichter aus zunächst sechs, später aus fünf bzw. vier „Schöppen" (Schöffen), einem Gerichtsdiener und dem Ladenschreiber[147] bestand[148], gewählt.

Die Gerichtstage liefen nach einem festen Protokoll ab: Der Gerichtsdiener lud die Angeklagten bzw. Parteien und alle männlichen Erwachsenen[149] der Kapi-

---

143 Aus einer sächsischen Urkunde aus dem Jahr 1461 ergibt sich der „Wert" der Opfer bei Tötungsdelikten. So mussten für einen getöteten Vater 400 und für einen erschlagenen Ehemann 300 Gulden gezahlt werden. Die Geldbuße ging zur Hälfte an die Hinterbliebenen des Opfers und zur anderen Hälfte an den Gerichtsherren.
144 Patze/Schlesinger, Geschichte Thüringens III, S. 168.
145 Voigt, Capitulsgemeinde, S. 33.
146 Voigt, Capitulsgemeinde, S. 32.
147 Der Ladenschreiber war oft der Pfarrer oder ein anderer kirchlicher Bediensteter, da nur diese des Schreibens mächtig waren. Insoweit hatten die Kapitler wenig Auswahl. Erst gegen Ende des 16. Jahrhunderts änderte sich dies nach und nach. Vgl. Voigt, Capitulsgemeinde, S. 35.
148 Voigt, Capitulsgemeinde, S. 34f.
149 Frauen waren vor Gericht, sofern sie nicht be- bzw. angeklagt waren, nicht zugelassen.

telsgemeinde (diese nannten sich „Nachbarn"[150]) zu dem Termin. Das Erscheinen war für alle Pflicht, Nichterscheinen, Zuspätkommen oder vorzeitiges Gehen wurde bestraft. Nachdem das Gericht den Raum betrat, wurde die Gerichtslade (ein Kasten, in welchem die Gerichtsutensilien verstaut waren) in den Raum getragen. Dazu herrschte Schweigen und die Anwesenden hatten ihr Haupt entblößt. Der Richter entnahm aus der Lade den Gerichtsstab; damit war der Verhandlungstag offiziell eröffnet. Auch die Reihenfolge der zu verhandelnden Sachen war festgelegt. Zuerst wurde über Käufe von Kapitelshäusern verhandelt. Wer ein solches Haus kaufen wollte, musste vortreten und wurde vereidigt. Nach der Zahlung des Kaufpreises war der Kauf vollendet. Im Anschluss wurden die Strafsachen verhandelt. Als letztes erfolgte die Wahl des Gerichts, welche von dem anwesenden Vertreter des Domkapitels bestätigt werden musste. Mit dem Schließen der Gerichtslade war der Gerichtstag offiziell beendet. Der Ladenschreiber protokollierte das Ganze. Leider sind diese Kapitelsprotokolle, die Anfang des 20. Jahrhunderts noch teilweise vorhanden waren[151], heute verschwunden[152]. Die sonstigen Gerichtstage, ohne Anwesenheit des Domkapitels, fanden je nach Bedarf, aber zumindest an Himmelfahrt, statt[153]. 1501 war Johannes Rantze Stadtrichter, als Schöffen („Schepphen") werden Heynrich Peter, Symon Smedt, Petrus Kramer, Peter Terpen und Peter Prewter erwähnt[154].

Die Probsteigemeinde, die formal ebenfalls unabhängig vom Rittergut war, hatte im Gegensatz zur Kapitelsgemeinde keine eigene Grundgerichtsbarkeit. Diese lag vollständig beim Domstift. Allerdings ließ sich das Stift insoweit vom Lehensinhaber vertreten, so dass faktisch die Bünaus die Grundgerichtsbarkeit innehatten. Da bereits im 14. Jahrhundert die Wendengemeinde gerichtstechnisch zur Probsteigemeinde zugefügt wurde, besaßen die Bünaus auch hier die Grundgerichtsbarkeit.

Diese unterschiedlichen Gerichtsbezirke sorgten für Streitigkeiten über die Zuständigkeit. Bereits 1462 wurde eine Grenzziehung vorgenommen[155] und erneut 1569, als sich die Kapitelsgemeinde über die „Anmaßungen" der Bünaus beschwerte. Der Herzog griff ein und verordnete am 23. Juli 1569, dass die

---

[150] Die Kapitler mussten ihren Eid neben dem „ehrwürdigen Domkapitel zu Naumburg" auch auf den Gutsbesitzer sowie darauf leisten, sich gegen die „Nachbarn" treu nachbarlich und unschädlich zu verhalten, vgl. Voigt, Capitulsgemeinde, S. 32.

[151] Langenkamp, Geschichte der Stadt Teuchern, S. 43.

[152] Voigt, Capitulsgemeinde, S. 45ff., erwähnt das älteste Gerichtsbuch der Kapitelsgemeinde, welches den Zeitraum 1464 bis 1582 umfasst hatte.

[153] Voigt, Capitulsgemeinde, S. 39.

[154] Voigt, Capitulsgemeinde, S. 69.

[155] Langenkamp, Geschichte der Stadt Teuchern, S. 50.

Zwistigkeiten beigelegt werden sollen. Auch wenn die Probleme dadurch zeitweise gelöst wurden, die unterschiedlichen Gemeindebereiche und Gerichtsbezirke sollten noch Jahrhunderte bestehen.

Insgesamt hatte Teuchern wahrscheinlich weniger als 500 Einwohner[156]. Aufzeichnungen über die Einwohnerzahl aus der Zeit gibt es nicht. Allerdings kann aus verschiedenen Anhaltspunkten auf die ungefähre Größe Teucherns geschlossen werden. So ist anzunehmen, dass sich die Zahl der Bauernstellen eines Dorfes während der Zeit von 1300 bis 1550 kaum verändert hat. Abgesehen von der Kapitelsgemeinde dürften Teucherns Bewohner überwiegend Bauern gewesen sein. Die Wettinischen Lande nahmen Anfang des 16. Jahrhunderts einen wirtschaftlichen Aufschwung, die Bevölkerung wuchs[157]. Dieser Bevölkerungszuwachs musste aber einen vorherigen Bevölkerungsrückgang, z.B. durch die Pest, ausgleichen. Die Pest führte oft dazu, dass bis zu ein Drittel der Ortsbevölkerung verstarb[158]. Teilweise wurde die Bevölkerung durch den Zuzug aus aufgegebenen Dörfern ausgeglichen (spätmittelalterliche Wüstungsperiode).

Als derartige Wüstungen um Teuchern kommen hier Böhlen[159], Gebsdorf[160], Gerendorf[161], Kornau[162], Ranau[163] und Wischroda[164] in Betracht[165].

Auch im Reformationszeitalter brach die Pest immer wieder aus, hatte aber nicht mehr diese fatalen Folgen. Für Teuchern konkret sind Pestepidemien nicht belegt, aber 1519, 1520 und besonders 1522 wütete sie im Raum Weißenfels[166], für Zeitz sind Pestausbrüche für 1507[167] und 1532 überliefert.

---

156 Zum Vergleich: Weißenfels hatte damals wahrscheinlich etwa 2.500, Naumburg ca. 5.000 – 6.000 und Zeitz 3.000 Einwohner. Vgl. Wießner, Bistum Naumburg I, S. 212.
157 Junghans, Das Jahrhundert der Reformation, S. 17.
158 Junghans, Das Jahrhundert der Reformation, S. 17.
159 Wießner, Bistum Naumburg I, S. 638.
160 Wießner, Bistum Naumburg I, S. 639.
161 Wießner, Bistum Naumburg I, S. 637.
162 Otto, Pflege Weißenfels, S. 547.
163 Wießner, Bistum Naumburg I, S. 645.
164 Otto, Pflege Weißenfels, S. 545.
165 Langenkamp, Geschichte der Stadt Teuchern, S. 47, geht davon aus, dass die letztgenannten Dörfer zur „Reformationszeit" noch existierten. Allerdings werden sie allesamt nicht mehr in den Visitationsprotokollen genannt. Deswegen ist davon auszugehen, dass sie nicht mehr bestanden.
166 Sturm, Chronik von Weißenfels, S. 175.
167 Krebs, Zeitzer Chronik, S. 356; Zader, Naumburgische und Zeitzische Stiffts-Chronika, Rz. 2824.

Über ein Wappen verfügte die Stadt Teuchern damals mit sehr hoher Wahrscheinlichkeit noch nicht. Zwar war es ab dem 16. Jahrhundert üblich, dass immer mehr Städte sich ein Wappen zulegten. Dies betraf aber größere Städte und nicht die kleinen Landstädtchen. Bemerkenswert ist, dass die Kapitelsgemeinde im 19. Jahrhundert ein Wappen führte, welches sich vom Stadtwappen deutlich unterschied. Es zeigte aufrecht stehend Justitia mit einer Waage in der einen und dem Schwert in der anderen Hand. Die Umschrift lautete „XXII. Cap. Nachbarn zu Teuchern. 1810". Ob dieses 1810 von Johann Gottfried Weber in Zeitz erstellte Siegel auf historischen Vorlagen beruhte, ist nicht bekannt[168]. Unklar ist auch, aus welcher Zeit das spätere Stadtwappen von Teuchern, mit einem stehenden Ritter in voller Rüstung mit Heiligenschein, einem Banner in der rechten und einem Schild in der linken Hand, stammt. Die älteste überlieferte Fassung stammt aus der zweiten Hälfte des 17. Jahrhunderts[169]. Die Vermutungen, das Wappen könnte von Wiprecht von Groitzsch[170] oder von der Adelsfamilie von Teuchern verliehen worden sein[171], lassen sich nicht bestätigen.

Um 1500 hatte die Familie Bünau die Wasserburg Teuchern in ihrem Besitz. Die Wasserburg stand an der Stelle des späteren Schlosses und heutigen Ärztehauses. Über das Aussehen ist nicht viel bekannt. Allerdings dürfte die im 12. Jahrhundert errichtete Burg anfangs nur ein einfacher Zweckbau gewesen sein. Die Burg soll Türme und eine Torbrücke besessen haben. Es ist anzunehmen, dass die Wasserburg um 1500 nicht mehr im ursprünglichen Erbauungszustand war und auch die Bünaus, wie viele Adlige, ihren Sitz zu einem repräsentativen Adelssitz umgebaut haben[172]. Zum Ausbau ihrer Gebäude konnten die Bünaus auch auf die von ihnen abhängigen Bauern zurückgreifen, da diese auch sogenannte „Baudienste" zu leisten hatten. Ab dem 15. Jahrhundert bauten viele Niederadlige ihre Sitze zudem zu kleinen Wirtschaftsunternehmen aus, die Rittergüter entstanden[173]. Oft entstand auch ein sogenanntes Vorwerk, also der Ort, wo die Gutsarbeit verrichtet wurde. Vielleicht entstand das Vorwerk

---

168 Voigt, Capitulsgemeinde, S. 59f.
169 Voigt, Das Wappen von Teuchern, S. 4. Ältere Urkunden mit dem Teucherner Wappen sind bislang nicht aufgefunden worden. Ob die im „Inventarium oder Vorzeichnis, was in der Kirchen, Sacristen, Singe Chor des Städtleins Teuchern zu finden ist" vom 17. Dezember 1617 erwähnten Pergamentbriefe mit Wappen auch das Teucherner Wappen zeigten, ist nicht mehr nachprüfbar, da diese Briefe nicht mehr existieren; vgl. Voigt, Die Kirche zu Teuchern, S. 16.
170 Langenkamp, Geschichte der Stadt Teuchern, S. 51.
171 Voigt, Das Wappen von Teuchern, S. 8.
172 Aus der Bezeichnung Wasserburg lässt sich nicht viel schlussfolgern, zumal in der damaligen Zeit die Worte Burg und Schloss noch als Synonym gebraucht wurden.
173 Junghans, Das Jahrhundert der Reformation, S. 25.

Lagnitz auch in dieser Zeit. Vorwerke wurden oft in Fluren ehemaliger Siedlungen bzw. Wüstungen errichtet. Dass auch das Vorwerk Lagnitz in einer solchen Wüstungsflur entstand, ist nicht belegt. Dagegen spricht auch die Verwendung des Ortsnamens Lagnitz anstelle des Namens einer Wüstung.

Um ihre Einkünfte weiter zu erhöhen, haben viele Adlige versucht, die Frondienste ihrer Untertanen zu erweitern[174], oft kam es zu gerichtlichen Auseinandersetzungen. Auch in Teuchern sind derartige Streitigkeiten zwischen den Bauern und der Familie von Bünau belegt. Welche Fron- und Erbdienste den Bünaus zur Reformationszeit zustanden, ist nicht belegt. Das älteste noch erhaltene Erb- und Zinsbuch des Rittergutes beginnt erst 1586[175], mithin zwei Jahre bevor die Familie von Bünau Teuchern verkaufte.

Allerdings waren die Herren von Bünau nicht, wie teilweise berichtet, die Patronatsherren über die Teucherner Kirche[176]. Das Patronatsrecht lag allein beim Propst in Naumburg, wie sich aus den Visitationsprotokollen von 1539, 1540 und 1555 ergibt[177]. Die Bünaus übten es aber faktisch aus, zum Teil aufgrund von Personenidentität.

Um das Jahr 1500 hatte Teuchern eine Kirche, die etwas außerhalb der damaligen Stadtgrenze an der Stelle der heutigen Kirche – diese wurde zwischen 1610 und 1614[178] an der Stelle der alten Kirche unter Verwendung eines Kirchturms errichtet – stand[179]. Wann die Vorgängerkirche errichtet wurde, ist unklar. In einer Urkunde vom 1. März 1312 ist erstmals ein Weihename der Kirche erwähnt[180]. Höchstwahrscheinlich handelte es sich dabei um die Kirche, die um 1500 noch bestand. Der Weihename war, wie sich aus der genannten

---

174 Junghans, Das Jahrhundert der Reformation, S. 25.
175 LASA, H 228, Nr. 1, fol 1.
176 So aber Langenkamp, Geschichte der Stadt Teuchern, S. 48, der meint, das Patronatsrecht muss durch Kauf, Tausch etc. auf die Wasserburg übergegangen sein.
177 LASA, A 29a, II Nr. 1b, fol. 624r (1539); LASA, A 29a, II Nr. 1c Bd. 2, fol. 103r (1540); LASA, A 29a, II Nr. 28a, fol. 172v (1555).
178 Der Bau war im Wesentlichen bereits 1611 vollendet, wie eine Aufschrift auf einer noch vorhandenen Glocke aus dem Jahr 1611 beweist. Der Innenausbau hat sich aber vermutlich bis 1614 hingezogen.
179 Voigt, Die Kirche zu Teuchern, S. 2.
180 Domstiftsarchiv Naumburg, Urk.-Nr. 208.

Urkunde ergibt, „St. Gertrudis"[181]. Die Kirche war nicht größer, eher etwas kleiner als die heutige Kirche[182]. Bereits im 16. Jahrhundert muss die Kirche erneuerungsbedürftig gewesen sein, da zwischen 1555 und 1569 vom damaligen Pfarrer Inventarien „zur Erbauung der neuen Kirche" verkauft wurden.

Abb. 2.7: Die Heilige Gertrud von Nivelles

1504 wurde der heute noch stehende Nordostturm errichtet[183]. Dieser war mit einer Uhr versehen, und hatte zwei große und zwei kleine Glocken[184]. Über die

---

181 Auf welche heilige Gertrud sich der Weihename bezieht, ist nicht überliefert. Denkbar sind Gertrud von Nivelles (626 – 659) oder Gertrud von Helfta (1256 – 1301/1302). Auch wenn Letztere aus der Region stammte, spricht gegen sie, dass sie erst 1678 ins Martyrologium Romanum, also dem Verzeichnis der Märtyrer und Heiligen, aufgenommen wurde. Gertrud von Nivelles gilt u.a. als Schutzpatronin der Reisenden, Pilger, Armen und Witwen. Hospitäler wurden ihr daher häufig geweiht. Da das Teucherner Hospital wahrscheinlich ebenfalls „St. Gertrud" hieß, würde auch dies für Gertrud von Nivelles sprechen.

182 Bei archäologischen Untersuchungen des Baugrundes der jetzigen Kirche im Juni 1997 wurden keine Fundamente oder Reste eines Vorgängerbaus gefunden. Die Vorgängerkirche kann damit keinesfalls größer gewesen sein als der jetzige Bau; vgl. LDA-FPA, Ortsakte Teuchern, OA-ID 2327, fol. 201v.

183 Büttner, Handschriftliche Chronik, S. 235; Langenkamp, Geschichte der Stadt Teuchern, S. 48; Otto, Pflege Weißenfels, S. 248; Voigt, Die Kirche zu Teuchern, S. 2; ders., a.a.O., S. 55, zweifelt aber an dem Neubau neben einer alten Kirche und vermutet nur eine Renovierung des Turmes. Eine Baugrunduntersuchung an der Kirche im Juni 1997 ergeben, dass der Turm über ein eigenständiges, nicht mit der Kirche verbundenes Fundament verfügt; vgl. LDA-FPA, Ortsakte Teuchern, OA-ID 2327, fol. 201r.

184 Langenkamp, Geschichte der Stadt Teuchern, S. 48; Voigt, Die Kirche zu Teuchern, S. 3.

Glocken gibt es keine weiteren Informationen[185]. Überhaupt ist über die Innenausstattung der Kirche nahezu nichts bekannt. Allerdings waren die damaligen Kirchen, selbst auf den kleinsten Dörfern, regelmäßig bunt ausgeschmückt. Nach der Einführung der Reformation wurden für viele Kirchen Taufsteine neu geschaffen[186], so auch in Teuchern. 1542 wurde ein neuer Taufstein, der heute noch existiert, angeschafft. Er wurde von einem unbekannten Meister geschaffen und zeigt die Jugendgeschichte Christi, darunter befindet sich ein Puttenreigen[187]. Der Fuß ist nicht mehr original, sondern wurde später ergänzt. In anderen Kirchen drückten die Bünaus ihr Glaubensbekenntnis unter anderem durch kunstvoll geschaffene Taufsteine aus[188]. Vielleicht war dies auch hier der Fall. Hinweise darauf gibt es leider nicht, da die damaligen Unterlagen nicht mehr vorhanden sind.

Abb. 2.8: Der Taufstein von 1542

Bemerkenswert ist, dass die Kirche damals bereits eine Orgel besaß. Eigentlich war es im 16. Jahrhundert noch nicht üblich, dass Landkirchen oder kleinere

---

185 Anders beispielsweise in Gröben: Dort soll 1497 Hans Obentbrot die Glocken gegossen haben, vgl. Wießner, Bistum Naumburg I, S. 507f. Falls Obentbrot identisch mit Hans Abendbrot aus Erfurt ist, handelte es sich um einen Meister des Glockengusses.

186 Junghans, Das Jahrhundert der Reformation, S. 174.

187 Die acht Seiten zeigen die Verkündigung der Empfängnis Mariä, Maria und Elisabeth, die Anbetung des Jesuskindes in Bethlehem, die Beschneidung, die Anbetung der Könige, die Darstellung im Tempel, die Flucht nach Ägypten und schließlich die Taufe im Jordan.

188 Schattkowsky, Die Familie von Bünau, S. 383.

Stadtkirchen über eine Orgel verfügten[189]. In den Visitationsakten von 1539 wird aber ein „Calcant", also ein Balgtreter für eine Orgel, erwähnt[190]. Das 1543 von Pfarrer Andreas Winther angelegte „Inventarium"[191] erwähnt die Orgel[192]. 1601 wird ein „Positiv", also ein kleines Orgelwerk mit wenigen Registern, genannt[193].

Auch die heute noch erhaltenen sechs Bünauischen Grabsteine stammen aus der damaligen Kirche[194]. Es handelt sich um 1,94 Meter hohe und 0,82 Meter breite Epitaphe, die mit einem sieben Zentimeter breitem Schriftrahmen umgeben sind. Die Inschriften bestehen aus fünf Zentimeter großen lateinischen Majuskeln (Großbuchstaben). Leider sind die Inschriften nicht mehr vollständig erhalten. Die figürliche Darstellung auf Grabsteinen oder Grabplatten mittelalterlicher Adliger war üblich. Insoweit entsprechen die Bünauischen Grabsteine dem damaligen „Standard". Auch die mittelalterlichen „Rollenbeschreibungen" sind gut erkennbar: Ritter mit Waffen und im Harnisch, Kleriker im

Abb. 2.9: Epitaph eines 1533 verstorbenen Günther von Bünau in der Teucherner Kirche

---

[189] Wießner, Bistum Naumburg I, S. 505.

[190] LASA, A 29a, II Nr. 1b, fol. 624v.

[191] Das Inventarium von 1543 selbst ist leider nicht mehr vorhanden. Es wird nur im „Inventarium oder Vorzeichnis, was in der Kirchen, Sacristen, Singe Chor des Städtleins Teuchern zu finden ist" vom 17. Dezember 1617 erwähnt. Vgl. Voigt, Die Kirche zu Teuchern, S. 16f.

[192] Voigt, Die Kirche zu Teuchern, S. 17.

[193] Voigt, Die kKirche zu Teuchern, S. 36.

[194] Es ist anzunehmen, dass es in der Vorgängerkirche noch weitere, insbesondere ältere Steine gab. So Voigt, Die Kirche zu Teuchern, S. 40.

Chorrock sowie Damen mit langen Gewändern und gefalteten Händen[195]. Die Grabsteine bzw. Epitaphe stammen vermutlich – mit Ausnahme des jüngsten Steins[196] – aus der selben Werkstatt. Diese befand sich wahrscheinlich in der näheren Umgebung, also in Naumburg oder Zeitz[197].

Neben der Kirche gab es in Teuchern noch die Kapelle „St. Johannis". Sie befand sich in der Probsteigemeinde[198] und war Johannes dem Täufer geweiht. Erstmals wird sie in einer Urkunde aus dem Jahr 1317 erwähnt[199]. Als Kapelle der Probsteigemeinde gehörte sie vermutlich ebenfalls direkt dem Domstift[200]. Die Johanniskapelle stand einer Sage nach bereits im das Jahr 1080[201]. Im 17. Jahrhundert wurde das Alter der Kapelle zumindest auf 400 Jahre geschätzt[202]. Neben der Johanniskapelle gab es in der Wendengemeinde noch ein Hospital mit einer Hospitalskapelle[203]. Diese war, wie die Hauptkirche, wahrscheinlich „St. Gertrudis" geweiht. Bei dem Hospital und der Kapelle soll es sich um eine Stiftung der Familie von Bünau gehandelt haben[204].

In beiden Kapellen wurde damals regelmäßig die Messe gehalten und die Sakramente wurden gereicht[205]. Soweit teilweise noch von einer Martinskapelle

---

195 Bünz/Kühne, Alltag und Frömmigkeit, S. 183.

196 Jäger, Inschriften, S. 95.

197 Jäger, Inschriften, S. 87.

198 1835 wurde die Johanniskapelle abgerissen, vgl. Voigt, Die St. Johannis-Kapelle, S. 12. An der Stelle befindet sich heute das Wohnhaus Bahnstraße 21.

199 Domstiftsarchiv Naumburg, Urk.-Nr. 230.

200 Voigt, Die St. Johannis-Kapelle, S. 4.

201 Nier, Das Sagenbüchlein des Kreises Weißenfels, S. 42f., schildert die Sage ohne Angabe einer Jahreszahl. Voigt, Die St. Johannis-Kapelle, S. 1, erwähnt das Jahr 1084. Die Sage schildert verschiedene Umstände, die aus unterschiedlichen Zeitepochen stammen, so dass der Inhalt als nichtzutreffend angesehen werden muss.

202 Otto, Pflege Weißenfels, S. 303; Voigt, Die St. Johannis-Kapelle, S. 6.

203 Langenkamp, Geschichte der Stadt Teuchern, S. 47. 1634 verzeichnen die Kirchenrechnungen Ausgaben für das Hospital und die Kapelle. Die Kirchenrechnungen 1648 verzeichnen keine Ausgaben mehr. Um 1700 wird dagegen das Hospital wieder in den Rechnungen erwähnt. Ob es zwischenzeitlich geschlossen war oder später wieder genutzt wurde, kann nicht mehr nachvollzogen werden. Spätestens 1716 existierten Hospital und Kapelle nicht mehr. Das Flurbuch von 1787 nennt nur noch den „Spittel-Garten"; LASA, Altes Magdeburger Rep. LIX C, Nr. 34, fol. 39r.

204 Langenkamp, Geschichte der Stadt Teuchern, S. 46f. Im „Inventarium oder Vorzeichnis, was in der Kirchen, Sacristen, Singe Chor des Städtleins Teuchern zu finden ist" vom 17. Dezember 1617 ist noch ein „Vortragk wegen des Hospitalß, wie daßelbe erstlich auffgericht" erwähnt; vgl. Voigt, Die Kirche zu Teuchern, S. 16. Leider existiert dieser Vertrag, wie sämtliche früheren Unterlagen, nicht mehr.

205 Bünz/Kühne, Alltag und Frömmigkeit, S. 329; Dietmann, Chursächsische Priesterschaft I, Teil 3, S. 1116; Voigt, Die St. Johannis-Kapelle, S. 11.

berichtet wird, ist dies ein Irrtum[206]. Allerdings soll sich in Obernessa neben der Kirche noch eine Kapelle befunden haben, die bis zur Reformation gestanden haben soll. Der Straßenname „Kapellenende" soll da herrühren. Die Kapelle soll sogar über einen eigenen Gottesacker verfügt haben. Der Rittergutsbesitzer Hans von Posern zu Obernessa, neben dessen Hof sich die Kapelle befunden haben soll, habe diese nach der Reformation abreißen lassen. Zur Strafe sollte er 1555 ein neues Pfarrhaus errichten oder eine Geldstrafe leisten[207].

Der wahrscheinlich einzige Friedhof für die damaligen Teucherner Gemeinden und alle eingepfarrten Ortschaften[208] befand sich um die (Haupt-)Kirche[209]. Die Toten sollten möglichst nah an der heiligen Stätte begraben sein[210]. Daher war es noch bedeutender, wenn man in der Kirche, möglichst nah am Altar, bestattet wurde. Möglicherweise befand sich in der Teucherner Kirche eine Krypta unterhalb des Chores. Vielleicht waren dort die Teucherner Bünaus ursprünglich bestattet. Der Friedhof um die Kirche war zumindest teilweise ummauert[211], wobei es sich angeblich um Mauerreste der alten Höhenburg gehandelt haben soll[212]. Dies ist aber ziemlich unwahrscheinlich, da die damalige Burg vermutlich nur eine hölzerne Wallburg war. Aufgrund der Größe des Kirchspiels war der Friedhof spätestens 1578 zu klein. Versuche, einen neuen (größeren) Friedhof anzulegen, scheiterten aber auch an den umliegenden Ortschaften, die zur Finanzierung hätten beitragen müssen.

---

[206] Auch Zergiebel, Chronik von Zeitz IV, S. 490, erwähnt die Martinskapelle. Aus dem Kontext – erwähnt bei Otto, Pflege Weißenfels, S. 292, und stand noch 1800 – ergibt sich aber, dass hier die Johanniskapelle gemeint sein muss.

[207] Büttner, Handschriftliche Chronik, S. 289; Heydenreich, Kirchen- und Schul-Chronik, S. 292f.

[208] Langenkamp, Geschichte der Stadt Teuchern, S. 61.

[209] Voigt, Die St. Johannis-Kapelle, S. 4, vermutet, dass auch um die Johanniskapelle früher ein eigener Friedhof lag. Dafür gibt es aber bislang keine Nachweise.

[210] Archäologische Ausgrabungen im Juni 1997 haben eine einheitliche Friedhofsschicht um die Kirche ergeben; vgl. LDA-FPA, Ortsakte Teuchern, OA-ID 2327, fol. 201r. Es kann also angenommen werden, dass das Gebiet über viele Generationen als Friedhof diente.

[211] 1617 befanden die Mauern sich in einem stark reparaturbedürftigen Zustand. Der Ausbruch des Dreißigjährig Krieges verhinderte wohl eine Erneuerung; vgl. Voigt, Die Kirche zu Teuchern, S. 63.

[212] Langenkamp, Geschichte der Stadt Teuchern, S. 48.

Das Kirchspiel Teuchern, zu dem um 1500 die Filialkirchen Gröben[213], Priesen, Schelkau[214] und Unterwerschen[215] gehörten, war eines der größten (und ältesten[216]) im Bistum Naumburg[217] und gehörte zum Archidiakonat der Dompropstei Naumburg und zum Dekanat Zorbau (Gösen)[218]. Allein die Größe des Kirchspiels Teuchern zeigt dessen Bedeutung. Dabei muss bedacht werden, dass schon das Vorhandensein einer Pfarrkirche, erst recht mit mehreren Filialkirchen, für die damalige Zeit ein „Qualitätsmerkmal" für einen Ort bedeutete[219].
Wie bedeutend die Teucherner Kirche war, ergibt sich auch aus dem Visitationsprotokollen[220]. Das Protokoll der ersten evangelischen Kirchenvisitation aus dem Jahr 1539 hat folgenden Inhalt:

„Teucherns Pfahr.
Collatio[221]: Probst in der Neuenburgk (Naumburg) und haben die von Bünaw
(von Bünau) die Vorbit[222] gehabt.

15 Altschock Erbzins
15 scheffel korn
15 scheffel habern, weißenfelsischmas
2 Schock korn
2 Schock habern
6 huffenlandes
1 wiesen zu 2 fuder haws (1 Wiese zu 2 Fuder Heu)
2 garten

---

213 Wie das noch stehende, stark verwitterte Portal an der Nordseite der Kirche zeigt, muss der Bau der Gröbener Kirche aus der 1. Hälfte des 13. Jahrhunderts stammen.

214 Über die damalige Schelkauer Kirche ist nichts bekannt. Die heutige Kirche wurde am Ende des 17. Jahrhunderts vermutlich an der Stelle des Vorgängerbaus errichtet.

215 In Unterwerschen stand eine gotische Kirche, da im heutigen Kirchenbau noch ein gotischer Kern erkennbar ist.

216 Erstmals wird in Teuchern eine Kirche in einer Urkunde vom 01. August 976 erwähnt, als „basilika im Gau Teuchern". Man geht davon aus, dass diese Gaukirche – womöglich die einzige Kirche im ganzen Gau – im Hauptort des Gaues, also in Teuchern, stand, vermutlich an der Stelle oder im Bereich der jetzigen Kirche und der damaligen Burg. Diese Kirche wurde vermutlich mehrfach umgebaut, erweitert oder neugebaut.

217 Das Bistum hieß, anders als das Hochstift, nicht Naumburg-Zeitz sondern seit 1028 nur Naumburg. Vgl. Wießner, Bistum Naumburg I, S. 109f.

218 Blaschke, Kirchenorganisation, S. 42.

219 Blaschke, Kirchenorganisation, S. 15.

220 Die Kirchenvisitationen waren Inspektionen der Kirchspiele. In den ersten Visitationen wurden vor allem die bestehenden Zustände erfasst und dokumentiert.

221 Die Kollatur ist das Recht, eine geistliche Stelle mitsamt den Pfründen zu vergeben.

222 Ein Vorschlagsrecht.

2 kleine bußholter (Buschhölzer)[223]
2 Neuschock von etzlichen wöchentlichen messen

Diese Pfahr hat 16 Dörffer, darunter vier filialia, die Kirchen haben, als: Prisen, Schecka, Gröben (und Unterwerschen). Zu Schelcken und Groben mus der Pfarher uber den andern Sontag, in den andern zweyen als Bersen (Unterschwerschen) und Prisen uber den dritten Sontag das Evangelium bestellen. Nachvolgende Dorffer haben kein kirchen, als Lagenitz, Schudwitz (Oberschwöditz), Trebenitz, Bona (Bonau), Schotta (Schortau), Rauhental (Runthal), Caudorf (Kuhndorf), Oberwerschen, Nedelitz, Tockaw (Tackau), Deuben.

Kirchner.

13 Schock korns.
8 Schock brods.
3½ Altschock aus der kirchen.
2 alt Pfg. wan man teuffet.
2 alt Pfg. wenn ein fraw zu kirchen gehet.
20 Pfg. alle fest und den Calcanten
1 gr. Wenn ein alt mensch stirbt.
½ wenn ein junges stirbt.

Gotshaus.

3½ Altschock 8 Pfg. Erbzins.
40 Pfund wachs von sovil kuhen.
50 gr. von 50 schaffen.
3½ acker holtz.
3 kilch (Kelche)
1 Monstranz mit einem kupfer fues. (Monstranz mit einem Kupferfuß)
2 silbern Creutz (verkauft zu Gunsten des Kirchenbaues[224])

Werschitz (Werschen) filial:
22 gr. Zins.
8 virtel Zins, korn, hafer und Gersten.
1 kelch
1 pacifical (Hostienschachtel mit Christusbild)

---

[223] Eines der Hölzer dürfte das sogenannte Pfaffenholz gewesen sein, welches nordwestlich der Probsteigemeinde am Krähenberg lag.
[224] Langenkamp, Geschichte der Stadt Teuchern, S. 59.

Gröben filial.
9 kun, von eyner 1 pfund wachs.
1 kilch
1 pacem (Hostienschachtel mit Gotteslamm)
5½ Pfund schaffzins an wachs.[225] "

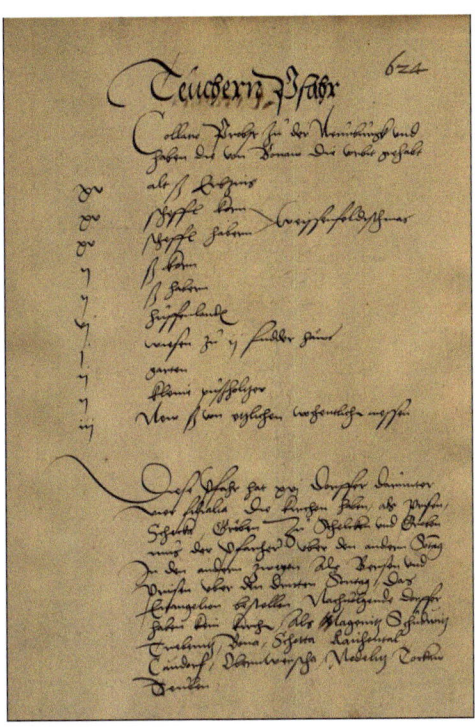

Abb. 2.10: Die erste Seite des Visitationsprotokolls aus dem Jahr 1539

Die Einkommen und Inventarlisten der beiden Filialkirchen von Schelkau und Priesen[226] fehlen in diesem Protokoll. Kössuln gehörte bis 1539 zu der Paro-

---

225 LASA, A 29a, II Nr. 1b, fol. 624 - 626., Die Erläuterungen in den Klammern stammen von Langenkamp, Geschichte der Stadt Teuchern, S. 58f.

226 Bei Priesen ist zu berücksichtigen, dass dies bereits 1540 zu Meineweh geschlagen werden sollte. Im Visitaionsprotokoll von 1555 befindet sich bei Priesen als Filialkirche zu Meineweh der Hinweis: Hat jüngst zu Teuchern gehört. Vgl. LASA, A 29a, II Nr. 28a, fol. 177r.

chie Unternessa, „wechselte" aber 1540 wohl auf eigenen Wunsch zu Teuchern. Angeblich fehlt bei der Aufzeichnung des Inventars ein „hübscher Altarschrein"[227] mit Klapptüren, der vor dem 2. Weltkrieg noch in Gröben auf dem Kirchboden gelegen haben soll[228]. Üblicherweise wurden die Einrichtungsgegenstände erst einmal weiter genutzt. Die teilweise praktizierte Entfernung der Ausstattung („Reformatorischer Bildersturm") bzw. deren Zerstörung wurde von Luther sogar ausdrücklich abgelehnt[229]. Bemerkenswert ist, dass kein einziges Buch erwähnt wird, obwohl der Bestand von Büchern nach den Visitationsordnungen zu erfassen war. Daraus kann aber nicht geschlossen werden, dass in der großen Pfarrei Teuchern keine Bücher vorhanden waren[230]. Eigentlich war es üblich, dass Pfarreien über einen eigenen Bücherbestand verfügten. Neben der „Heiligen Schrift" gehörten Beichtspiegel, zum Beispiel der des Franziskaners Angelus Carleti, zur Standardausrüstung[231]. Nicht erfasst wurden die Aufzeichnungen, zum Beispiel Kirchenrechnungen, Tauf- und Sterbebücher usw. Während die heute noch existierenden ältesten Kirchenrechnungen 1558/59 beginnen, waren nach dem *„Inventarium oder Vorzeichnis, was in der Kirchen, Sacristen, Singe Chor des Städtleins Teuchern zu finden ist"*[232] vom 17. Dezember 1617 noch die Rechnungen von 1452 bis 1499 als ein Bund, ebenso die Rechnungen der Jahre 1501 bis 1519 als ein Bund und ab 1553 die Rechnungen durchgängig vorhanden. Schon damals waren also die für die Reformationszeit spannenden Rechnungen der Jahre 1523 bis 1525, als Anton Zimmermann in Teuchern predigte, sowie 1539 bis 1543 als Teuchern endgültig evangelisch wurde, verschwunden. Die seinerzeit noch vorhandenen Bauregister begannen erst 1566, die Register der *„Verstorbene, Getaufften unnd Copulirten"* 1568[233].

---

227 Die Altäre, die vor der Reformation zahlreich in den Kirchen und Kapellen vorhanden waren, wurden nach und nach nicht mehr genutzt und beseitigt. Vgl. Junghans, Das Jahrhundert der Reformation, S. 167. Einige wurden aber auch in anderen Kirchen genutzt. So wurde ein 1515 für den Naumburger Dom geschaffener Altar Ende des 17. Jahrhunderts der Kistritzer Kirche übergeben.

228 Langenkamp, Geschichte der Stadt Teuchern, S. 58.

229 Bünz/Kühne, Alltag und Frömmigkeit, S. 380.

230 In den Visitationsakten von 1555 wird unter „Gebrechen" bei der Kirche Teuchern allerdings das Fehlen von Büchern angegeben, LASA, A 29a, II Nr. 28a, fol. 175r. Anderseits erwähnt das „Inventarium oder Vorzeichnis, was in der Kirchen, Sacristen, Singe Chor des Städtleins Teuchern zu finden ist" vom 17. Dezember 1617 neben einer neuen „Teutzschen Bibel Lutheri" von 1614 ein „Chorall Gesangbuch" welches neu eingebunden wurde, also schon etwas älter gewesen sein muss, und ein „alt Chorallbuch"; Voigt, Die Kirche zu Teuchern, S. 14.

231 Bünz u.a., Buch und Reformation, S. 60.

232 Voigt, Die Kirche zu Teuchern, S. 13 ff.

233 Die meisten Unterlagen, die in dem Verzeichnis genannt wurden, sind heute nicht mehr auffindbar. Wahrscheinlich gingen sie im Dreißigjährig Krieg verloren.

Die Besoldung der Pfarrer, die schon vor der Reformation nicht immer ausreichend war, verschlechterte sich weiter. Schon vor 1539 mussten viele Pfarrer weltlichen (Neben-)Beschäftigungen nachgehen[234]. Die meisten Kirchen besaßen kein Stammvermögen und mussten daher allein von den Zehntabgaben unterhalten werden[235]. Selbst das klappte nicht immer. Die Einwohner von Gröben hatten schon in den Jahren 1522 bis 1539 überhaupt nichts gezahlt[236]. Mit der Einführung der Reformation verschlechterten sich die Bedingungen. Zahlungsverweigerungen waren in vielen Bereichen an der Tagesordnung. Mit dem Wegfall der katholischen Bräuche (die zum Teil zu vergelten waren), fiel zudem ein wichtiges Einkommen der Pfarrer und Pfarreien weg[237]. Doch nicht nur die Einkommenssituation verschlechterte sich; selbst Übergriffe gegen Pfarrer nahmen zu. So soll im heutigen Ortsteil Naundorf der Pfarrer Johann Eckard von den Einwohnern erschlagen worden sein, als 1554 von seinem geplanten Weggang berichtet wurde[238].

Allerdings war die Pfarrei Teuchern durch Ländereien gut ausgestattet gewesen[239]. Insgesamt war Teuchern mit vier Filialkirchen, der Johanniskapelle in der Probsteistraße und der Kapelle im Wendendorf die größte Kirchengemeinde des Amtes Weißenfels[240]. Die 14 Orte, die zur Parochie Teuchern gehörten, zählten insgesamt 344 Hofstätten[241]. Neben den Zehntabgaben, die regelmäßig noch in Naturalien abzuliefern waren, stand dem Pfarrer von Teuchern in der Karwoche eine Mahlzeit auf dem Rittergut zu[242].

Neben Teuchern bestanden auf dem Gebiet der heutigen Stadt noch die Parochien Krössuln, Gröbitz, Kistritz, Naundorf[243], Obernessa, Plennschütz, Prittitz, Unternessa und Wildschütz, die zusammen mit Teuchern zur Ephorie Wei-

---

234 Fast ironisch klingt der Eintrag im „Inventarium oder Vorzeichnis, was in der Kirchen, Sacristen, Singe Chor des Städtleins Teuchern zu finden ist" vom 17. Dezember 1617 wonach das „Alt Registerlei" über das Einkommen des Pfarrers von sprichwörtlich armen Kirchenmäusen zerbissen wurde; Voigt, Die Kirche zu Teuchern, S. 17.
235 Vgl. zur wirtschaftlichen Stellung der Pfarrer auch Wartenberg, Landesherrschaft und Reformation, S. 178 ff.
236 Voigt, Die Kirche zu Teuchern, S. 14.
237 Wießner, Bistum Naumburg I, S. 452.
238 Dietmann, Chursächsische Priesterschaft I, Teil 3, S. 1117; Wießner, Bistum Naumburg I, S. 454; Zergiebel, Chronik von Zeitz IV, S. 471. Bei Albrecht-Birkner, Pfarrerbuch 10, S. 487 wird kein Pfarrer dieses Namens genannt.
239 Langenkamp, Geschichte der Stadt Teuchern, S. 60.
240 Langenkamp, Geschichte der Stadt Teuchern, S. 60.
241 Langenkamp, Geschichte der Stadt Teuchern, S. 55.
242 Langenkamp, Geschichte der Stadt Teuchern, S. 61.
243 Dazu gehörte die Filialkirche Pirkau.

ßenfels gehörten[244]. Diese Zuordnung blieb bis 1658 unverändert[245]. Allerdings wurde die Pfarre Wildschütz 1552 eingezogen und zu Mutzschau zugeordnet. Schelkau kam mit Bonau kurzzeitig zu Krössuln. Bereits 1555 wurde die Filialkirche Schelkau mit Bonau aber wieder der Pfarre Teuchern „zugeschlagen"[246].

In dem Visitationsprotokoll des Jahres 1555 werden unter den amtssässigen Kirchengemeinden die Kirchen in Unternessa[247] mit Dippelsdorf und Wernsdorf, in Obernessa[248], in Plennschütz[249] mit Plotha, in Prittitz[250] und die Haupt-

---

[244] Heydenreich, Kirchen- und Schul-Chronik, S. 54.

[245] Heydenreich, Kirchen- und Schul-Chronik, S. 56.

[246] Heydenreich, Kirchen- und Schul-Chronik, S. 55f.

[247] Über die damalige Kirche ist nicht viel bekannt. 1476 wurde sie um den noch heute stehenden quadratischen Westturm erweitert; 1596 bekam dieser eine große Glocke, vgl. Otto, Pflege Weißenfels, S. 554. Wahrscheinlich war sie bereits damals „St. Othmar" geweiht, Dietmann, Chursächsische Priesterschaft I, Teil 3, S. 1097; Jäger, Inschriften, S. 21. Als Pfarrer im Reformationszeitalter waren Johannes Baren (1536 – 1540) und Balthasar Stein (1540 – 1570) aktiv, Albrecht-Birkner, Pfarrbuch 10, S. 492.

[248] Auch über die Kirche von Obernessa fehlen verlässliche Nachrichten. 1556 soll der Altar der Klosterkirche Beuditz nach Obernessa gekommen sein, Heydenreich, Kirchen- und Schul-Chronik, S. 33, 291. Erhalten ist heute noch ein Abendmahlskelch aus den Anfängen des 16. Jahrhunderts, Jäger, Inschriften, S. 83. Als Pfarrer wird um 1555 Andreas Ermler erwähnt, Dietmann, Chursächsische Priesterschaft I, Teil 3, S. 1096. Albrecht-Birkner, Pfarrbuch 10, S. 513, nennt Johannes Bleibedank (1539 – 1547), Valentin Oebeler (1547 – 1555) und den erwähnten Andreas Ermler (1555 – 1595). Ermler soll das erste Kirchenbuch in Obernessa angelegt haben, Heydenreich, Kirchen- und Schul-Chronik, S. 293.

[249] Über die mittelalterliche Chorturmkirche in Plennschütz hatte Hans von Elben die Kollatur. Pfarrer während der Reformationszeit war Siegfried Weigel (1539 – 1555), ihm folgte Magister Alexius Blum, der 1578 nach Untergreislau versetzt wurde, so zumindest Dietmann, Chursächsische Priesterschaft I, Teil 3, S. 1047, Albrecht-Birkner, Pfarrbuch 10, S. 532. Die Kollatur hatte das Kloster Beuditz, Heydenreich, Kirchen- und Schul-Chronik, S. 33.

[250] Die Prittitzer Kirche wurde als romanische Chorturmkirche errichtet, der Chor wahrscheinlich im 13. Jahrhundert hinzugefügt. 1508 bekam die Prittitzer Kirche einen neuen Altar und 1516 eine große Glocke, die auf den Namen der Heiligen Anna getauft wurde; Büttner, Handschriftliche Chronik, S. 418; Otto, Pflege Weißenfels, S. 396. Die Glocke hatte die Umschrift „Höret meine Stimme". Zu dem Altar im spätgotischen Stil gehörten wahrscheinlich noch vergoldete Heiligenbilder und Apostelstatuen. Wahrscheinlich bezieht sich Dietmann, Chursächsische Priesterschaft I, Teil 3, S. 1045, auf den Altar und zieht falsche Schlüsse, wenn er schreibt, dass die Kirche 1508 neu erbaut worden sei. 1548 wurde die Kirche jedenfalls renoviert. Als Pfarrer werden Nikolaus Borner (1531 bis mindestens 1540) und Peter Geyer (bis mindestens 1566) erwähnt, Albrecht-Birkner, Pfarrbuch 10, S. 542. Die Kollatur hatte das Kloster Beuditz, vgl. Heydenreich, Kirchen- und Schul-Chronik, S. 33.

pfarre in Kistritz[251] mit Reußen, Kostplatz, Krauschwitz, Zaschendorf, Zell-schen, Priesen, Schleinitz und Ober- und Unterkaka genannt[252]. Zu den schriftsässigen Kirchengemeinden gehörte Naundorf mit der Filialkirche Pir-kau und die Hauptpfarre Teuchern mit Runthal, Kuhndorf, Schortau, Lagnitz, Oberschwöditz, Bonau, Trebnitz, Kössuln, Gröben, Schelkau, Unterwerschen und Deuben. Die Kollatur für Teuchern hatte weiterhin der Domprobst zu Naumburg und die von Bünau hatten wiederum die Bitt. Filialkirchen waren Schelkau, Unterwerschen und Gröben[253]. Auch die Gröbitzer Kirche[254] (mit Schmerdorf und Priestädt) gehörte zu den schriftsässigen Kirchen. Dort hatte Rudolf von Bünau zu Teuchern die Kollatur[255].

Die Menschen des Mittelalters gelten heute oft als streng gläubig oder „fromm". Tatsächlich spielte der Glauben für die Menschen auch im Alltag eine bedeutende Rolle[256], insbesondere die Angst vorm Sterben bzw. vor dem Tod[257]. Allerdings scheint die Teilnahmebereitschaft der Menschen an den Got-

---

251 Die Kistritzer Kirche besitzt noch heute einem spätromanischen Chorturm. Otto, Pflege Wei-ßenfels, S. 364, beschreibt eine „mittlere" Glocke mit der Aufschrift „O Rex glorie veni cvm pace ame(n), Maria, Ao. Domini MCCCCXII" und eine „kleine" Glocke mit der Aufschrift „Hilf Gott, Maria. Ao. Domini MCCCCXIIII" und erwähnt einen Stein im Gebäude mit der Jahreszahl 1428. Die „alte" Kirche soll in dem „verderblichen Bruderkriege" - gemeint ist der Sächsische Bruderkrieg von 1446 – 1451 – abgebrannt sein. Zwischen 1475 und 1478 wurde die Kirche neu errichtet, der Turm wurde integriert. Zu den genannten Glocken wurde 1488 noch eine große Glocke angeschafft, welche die Aufschrift „Non me subsanna cum fit mihi nomen Osanna, Anno Domini MCCCCLXXXVIII" trug. Die große Glocke stammte mög-licherweise vom Glockengießer Hans Sinderam aus Erfurt, Jäger, Inschriften, S. 48. Die Kollatur über Kistritz hatte der Domprobst zu Naumburg. Als Pfarrer werden erwähnt: Mar-kus Hartmann, der von 1530 bis zu seinem Tod am 10. März 1549 in Kistritz war, und Gallus Meder, der aus Stößen kam und von 1549 bis 1563 in Kistritz tätig war. Meder starb im Alter von 40 Jahren am 14. Mai 1563. Vgl. Albrecht-Birkner, Pfarrerbuch 10, S. 365; Dietmann, Chursächsische Priesterschaft I, Teil 3, S. 1048.
252 LASA, A 29a, II Nr. 28a, fol. 120r (Unternessa), 122v (Obernessa), 134r (Plennschütz), 136r (Prittitz), 138r (Kistritz).
253 LASA, A 29a, II Nr. 28a, fol. 169v (Naundorf), 172v (Teuchern).
254 Die damalige Gröbitzer Kirche stammte im Wesentlichen aus dem 15. Jahrhundert, wahr-scheinlich unter Verwendung von Teilen aus der Vorgängerkirche. 1512 wurde ein Kirchturm errichtet, für den 1527 ein von den Naumburger Uhrmachermeistern Nicol Zeinen und Peter Döringen gebautes Uhrwerk angeschafft wurde. Die Kirche besaß eine 1439 gegossene große Glocke, die Osanna – gemeint ist die Heilige Osanna von Jouarre – geweiht war und am 16. Juli 1682 zersprang, Otto, Pflege Weißenfels, S. 394. Erhalten ist auch ein Taufbecken aus Messing aus der ersten Hälfte des 16. Jahrhunderts mit der Inschrift „got sei mit yns", Jäger, Inschriften, S. 99. Über die Pfarrer zur Reformationszeit ist nichts bekannt. Erst von 1547 bis 1579 findet sich Erhard Gerkel oder Gerckell als Pfarrer in Gröbitz, so Albrecht-Birkner, Pfarrerbuch 10, S. 256; Dietmann, Chursächsische Priesterschaft I, Teil 3, S. 1064.
255 LASA, A 29a, II Nr. 28a, fol. 181r (Gröbitz).
256 Bünz/Kühne, Alltag und Frömmigkeit, S. 20f.
257 Bünz/Kühne, Alltag und Frömmigkeit, S. 17.

tesdiensten um 1500 deutlich zurückgegangen sein. Dabei muss aber berücksichtigt werden, dass es neben den sonntäglichen Gottesdiensten auch noch wochentägliche gab. Letztere waren in der Regel nicht so stark besucht[258]. Ob dies auch für Teuchern zutraf, ist nicht bekannt. Neben den kirchlichen Glaubensvorgaben spielten auch um 1500 Aberglaube und frühere heidnische Bräuche im Leben der Menschen eine wichtige Rolle[259]. Der Glaube an Gott, Teufel und Hölle war ebenso selbstverständlich, wie die Existenz von Hexen[260], Kobolden und Drachen[261]. Ebenso präsent war der Glaube an einen bevorstehenden Weltuntergang[262]. Dies stand für die Menschen damals nicht im Widerspruch zum christlichen Glauben.

Abb. 2.11: Darstellung eines Geistlichen, der in betender Haltung die Arme ausbreitet - Hochmittelalterliches Relief an der Kirche in Krössuln

Wie wichtig der Glaube für die Menschen auch in Teuchern war, lässt sich beispielsweise an Funden aus dem Spätmittelalter und der Frühen Neuzeit nachweisen. Bei der Grabung am Markt 14 vom 4. Juni bis zum 22. August 2002 wurde eine Buchschließe aus einer Bronze-Legierung gefunden. Dieses eindrucksvolle Stück, das vermutlich aus dem 16. Jahrhundert stammt, zeigt Jesus

---

258 Patze/Schlesinger, Geschichte Thüringens III, S. 130.

259 Junghans, Das Jahrhundert der Reformation, S. 215; Wießner, Bistum Naumburg I, S. 373f..

260 Auch wenn es im Mittelalter vereinzelte Hexenverfolgung gab, war die Hochzeit der Hexenprozesse im 17. Jahrhundert. Auch für unsere Region sind Verfahren gegen Hexen oder Zauberer nur aus dem 17. Jahrhundert überliefert.

261 Dies zeigt sich auch in der vielfältigen Sagenwelt. So sind aus unserer Region Sagen über Drachen in Keutschen, Obernessa und Trebnitz überliefert. Vgl. nur Nier, Das Sagenbüchlein des Kreises Weißenfels, S. 14ff.

262 Junghans, Das Jahrhundert der Reformation, S. 215.

als Herrscher der Welt mit dem Reichsapfel in der linken Hand, die rechte Hand zum Segen erhoben[263]. Der ebenfalls gefundene Rechenpfennig aus dem 16. Jahrhundert des Münzmeisters Wolf Laufer, wahrscheinlich aus Nürnberg, mit dem Spruch „Gottes Segen macht reich" zeigt dies ebenfalls. Es ist ein Hinweis darauf, dass wahrer Reichtum nicht im Streben nach materiellen Werten gefunden werden kann, sondern nur in der Gnade Gottes.

Die vom christlichen Glauben stark geprägten Wertvorstellungen der Menschen zeigten sich auch in den Gerichtsprozessen. In Roßwein bei Meißen wurden am 25. August 1561 Samuel Winther[264] aus Teuchern und Catharina Auerbach wegen Ehebruchs zu Staupenschlägen – Schläge mit einer Peitsche oder Riemen zum Teil auch Reisig am Pranger – verurteilt[265] und aus Roßwein verwiesen.

Ein steinernes Zeugnis der Glaubensvorstellungen der Menschen sind die heute noch teilweise erhaltenen Sühne- oder Steinkreuze. Diese Kreuze wurden für Menschen aufgestellt, die plötzlich gestorben sind, z.B. durch ein Verbrechen oder einen Unfall. Die Vorübergehenden sollten ein Fürbittgebet für das Seelenheil des Verstorbenen sprechen, da dieser aufgrund seines plötzlichen Todes keine Sterbesakramente erhalten konnte. Das Kreuz wurde daher meist vom Täter als Sühne bzw. Wiedergutmachung oder den Angehörigen des Verstorbenen errichtet. Im Gebiet der heutigen Stadt Teuchern sind in Krössuln[266] und in

---

263 LDA-FPA, Grabungsdokumentation Teuchern, FSt. 16, G 2003/144, Fund-Nr. 110.

264 Möglicherweise ein Sohn des Pfarrers Andreas Winther. Im Sommersemester 1554 finden wir Samuel Winther gemeinsam mit seinem Bruder „Johel" als „fratres de Deuchern" im Matrikelbuch der Universität Leipzig, Erler, Matrikel, S. 699. Dafür dass es sich hierbei um Söhne des Teucherner Pfarrer handelt, spricht, dass Joel Winther ebenfalls Pfarrer wird. Er wurde am 8. September 1570 ordiniert und wurde Pfarrer in Unternessa, Dietmann, Chursächsische Priesterschaft I, Teil 3, S. 1097.

265 Die formale Strafe für Ehebruch war seinerzeit eigentlich deutlich höher. Oft hätte die Todesstrafe verhängt werden müssen. Auch war es üblich, dass die ehebrechende Frau höher bestraft wurde, als der Mann. Selbst Luther forderte weiterhin eine harte Bestrafung für Ehebruch. Die tatsächliche Bestrafung war aber meist deutlich geringer, wie nicht nur unser Beispiel zeigt. Möglicherweise war es die Häufigkeit des Ehebruchs, die die Gerichte davon abhielten, Todesurteile auszusprechen oder – sofern tatsächlich ein solches Urteil erfolgte – dessen Vollstreckung anzuordnen.

266 Das erste Kreuz ist etwa 90 Zentimeter hoch und 45 Zentimeter breit. Es besteht aus gröblichroten Konglomerat. Ein halb verwischtes Schwert ist noch erkennbar. Das zweite Kreuz ist in einem schlechteren Erhaltungszustand. Es ist etwa 66 Zentimeter hoch und besteht aus tertiärem Sandstein; vgl. LDA-FPA, Ortsakte Krössuln, OA-ID 2291, fol. 2r.

Gröbitz[267] jeweils zwei Steinkreuze erhalten. Drei weitere in Gröbitz und eins in Krössuln[268] sind nicht mehr erhalten, ein weiteres in Krössuln nahezu vollständig zerstört[269]. Deren Hintergrund kann auch nicht mehr ermittelt werden. Die Kreuze stehen nicht mehr an den ursprünglichen Stellen.

Abb. 2.12: Die Steinkreuze von Krössuln

Die beiden Krössulner Kreuze stammen aus dem 15. Jahrhundert bzw. um 1500[270], die Gröbitzer Kreuze vermutlich ebenfalls aus dem 14. oder 15. Jahrhundert[271]. Für wen die Kreuze einst errichtet worden sind, kann ebenfalls nicht mehr eruiert werden[272]. Eine Erzählung berichtet, dass eines der Krössulner Kreuze an der Stelle errichtet wurde, an der ein untreues Eheweib begraben

---

267 Es handelt sich um ein etwa 60 Zentimeter hohes und etwa 50 Zentimeter breites Kreuz aus Sandstein, welches stark verwittert ist. Eine Schwertklinge ist noch erkennbar. Das zweite Kreuz ist deutlich größer, etwa einen Meter hoch und 66 Zentimeter breit. Auch auf diesem ist eine Schwertzeichnung erkennbar; LDA-FPA, Ortsakte Gröbitz, OA-ID 2278, fol. 12r.

268 LDA-FPA, Ortsakte Krössuln, OA-ID 2291, fol. 3r.

269 Es ist nur noch ein einfacher, etwa 25 Zentimeter hoher, oben leicht verjüngter Stein erhalten; LDA-FPA, Ortsakte Krössuln, OA-ID 2291, fol. 2r.

270 Möglicherweise sind sie sogar noch älter und stammen aus dem 12. oder 13. Jahrhundert; vgl. LDA-FPA, Ortsakte Krössuln, OA-ID 2291, fol. 4v.

271 Auch hier kommt sogar das 12. Jahrhundert als Entstehungszeit in Betracht; vgl. LDA-FPA, Ortsakte Gröbitz, OA-ID 2278, fol.45v.

272 Saal, Steinkreuze, S. 21, 41f.

sei, das ihren Fehltritt mit dem Tode büßen musste[273]. Eines der Gröbitzer Kreuze soll an einer Stelle gestanden haben, an der ein Kaufmann ermordet worden sei, der auf dem Weg von Naumburg nach Hohenmölsen gewesen sein soll[274]. Belegen lässt sich keine der Geschichten.

Mit der Reformation verloren die Sterbesakramente ihre Bedeutung. Sühne- oder Mordkreuze wurden nicht mehr errichtet.

Doch nicht nur die Religion war den Menschen wichtig. Auch die Bildung wurde im 16. Jahrhundert immer bedeutender. 1531[275] wird in Teuchern erstmals eine Schule erwähnt. Zu dieser Zeit gab es in unserer Region neben Teuchern Schulen in Hohenmölsen, Lissen[276], Naumburg[277], Weißenfels[278] und Zeitz[279]. Aufgrund der geringen Größe Teucherns – die Einwohnerzahl dürfte deutlich unter 500 gelegen haben – war eine eigene Schule etwas Besonderes. Um 1500 hatten etwa 75 % der Städte in den sächsischen Landen unter 500 Einwohner keine Schule[280]. Üblicherweise wurde der Unterricht vom Küster, einem Gehilfen des Pfarrers, nebenbei gehalten[281]. Luther kritisierte diesen Zustand und wünschte sich wenigstens in den größeren Städten gute Schulen[282]. Etwa ab 1537 begann man im albertinischen Herzogtum gezielt das

---

273 Saal, Steinkreuze, S. 21. Die Sage berichtet, dass die Ehefrau des Pfarrers „Benjamin Denker" aus Krösuln ein Verhältnis mit dem Knecht hatte und daraus ein Kind entstand. Der Pfarrer tötete Frau und Kind, wurde verhaftet und am 9. Dezember 1650 in Weißenfels enthauptet. Tatsächlich hatte Krösuln zu der Zeit einen Pfarrer ähnlichen Namens: Benjamin Denkhard war von 1638 bis 1652 Pfarrer in Krösuln, Albrecht-Birker, Pfarrerbuch 10, S. 395. Abgesehen von den zumindest teilweise unzutreffenden Daten in der Sage spricht gegen deren Wahrheitsgehalt, dass nach der Reformation solche Mord- und Sühnekreuze in den evangelischen Landen nicht mehr aufgestellt wurden.

274 Saal, Steinkreuze, S. 42.

275 Nach Burkhardt, Kirchen- und Schulvisitationen, S. 245ff., ergibt die erste Visitation im albertinischen Thüringen in unserer Region Schulen in Weißenfels, Lissen und Hohenmölsen, aber nicht in Teuchern. Die nur ein Jahr später durchgeführte zweite Visitation ergibt nach Burkhardt, Kirchen- und Schulvisitationen, S. 277ff. neben den oben genannten Schulen nunmehr eine Schule in Teuchern. Burkhardts Angaben sind insoweit ungenau und unvollständig.

276 Langenkamp, Geschichte der Stadt Teuchern, S. 62.

277 Braun, Annalen, Rz. 1700; Hoffmann, Naumburg a. S. im Zeitalter der Reformation, S. 52

278 Glafey, Kern der Geschichte des Hauses Sachsen, S. 641; Sturm, Chronik von Weißenfels, S. 194.

279 Drößler, Stätte der Reformation I, S. 57; Glafey, Kern der Geschichte des Hauses Sachsen, S. 641; Zergiebel, Chronik von Zeitz IV, S. 182ff.

280 Uhlig, Geschichte des sächsischen Schulwesens, S. 38.

281 Junghans, Das Jahrhundert der Reformation, S. 116.

282 Junghans, Das Jahrhundert der Reformation, S. 117; Patze/Schlesinger, Geschichte Thüringens III, S. 127

Schulwesen zu fördern[283]. Eine entsprechende Verpflichtung für die örtlichen Patronatsherren gab es aber erst unter Herzog Moritz nach 1541[284].

Die Teucherner Kapitelsakten erwähnen den Schulmeister Johann Schuhmann von 1531 bis 1545[285]. Soweit 1535 ein Schulrektor in Teuchern erwähnt wird[286], dürfte es sich um den genannten Schulmeister handeln. Es handelte sich daher höchstwahrscheinlich um eine städtische Schule[287]. Unterrichtet wurde Lesen, Schreiben, Gesang und etwas Latein. Rechnen wurde nur in Ausnahmefällen unterrichtet[288]. 1546 übernahm Johann Korn das Amt des Schulmeisters[289]. Später werden die Schulmeister David Buchheim (1547/48) und Blasius Gruninger (1548 – 1551) erwähnt[290]. Unterrichtet wurden nur die Jungen. Ob es ein eigenes Schulgebäude bzw. einen Schulraum gab, ist nicht bekannt. Vermutlich wurde ein großer Wohnraum oder ein anderer Raum als Schulraum genutzt. Ab 1540 werden in den Kapitelsakten die Jahreszahlen erstmals in arabischen Ziffern geschrieben. Auch bei der Bezeichnung der Schulmeister verschwindet das Latein aus den Akten und die deutsche Sprache hält Einzug. Die Schule war zumindest anfangs nur für die Kapitelsgemeinde zuständig. Die Kinder der anderen Teucherner Ortschaften wurden wohl vom Pfarrer oder vom Kirchner unterrichtet.

---

[283] Junghans, Das Jahrhundert der Reformation, S. 118.

[284] Junghans, Das Jahrhundert der Reformation, S. 127.

[285] Gießler, Geschichtlicher Abriss, S. 15; Voigt, Capitulsgemeinde, S. 46.

[286] Langenkamp, Geschichte der Stadt Teuchern, S. 62; Zergiebel, Zeitzer Chronik III, S. 495.

[287] Vgl. zu Stadt- und Pfarrschulen Uhlig, Geschichte des sächsischen Schulwesens, S. 24f; Langenkamp, Geschichte der Stadt Teuchern, S. 62, geht unzutreffend davon aus, dass der Schulmeister kirchlicher Beamter war. Er setzt den Kirchner mit dem Schulmeister ohne Beleg gleich. Gegen diese Gleichsetzung spricht, dass die Schulmeister in den Capitelsakten genannt werden und kirchliche Beamte gleichen Namens in den Kirchenakten nicht erscheinen. Dafür spricht auch der Vertrag zwischen „dem Städtlein nnd dem Schulmeister", der in „Inventarium oder Vorzeichnis, was in der Kirchen, Sacristen, Singe Chor des Städtleins Teuchern zu finden ist" vom 17. Dezember 1617 erwähnt ist und heute aber nicht mehr existiert; vgl. Voigt, Die Kirche zu Teuchern, S. 16.

[288] Uhlig, Geschichte des sächsischen Schulwesens, S. 25.

[289] Langenkamp, Geschichte der Stadt Teuchern, S. 62; Voigt, Capitulsgemeinde, S. 46.

[290] Voigt, Capitulsgemeinde, S. 46.

2.2 Luther in unserer Region

In unser Städtchen Teuchern ist Martin Luther wahrscheinlich nie gekommen, auch wenn er zahlreiche Reisen unternommen hat. Während dieser Reisen kam Luther aber mehrfach in unsere Region.

1518 reiste Luther in den süddeutschen Raum und kam auf seiner Reise auch durch Weißenfels[291]. Es handelt sich wohl um eine Reise nach Heidelberg[292], wo im April 1518 ein Konvent des Augustinerordens stattfand. Luther, zu dieser Zeit noch Augustinermönch, war ebenfalls eingeladen. Der Weg führte ihn wahrscheinlich am 12. April 1518 durch Weißenfels[293], wo er von einem Pfarrer „wohl empfangen und bewirtet" worden sei[294].

Im April 1521 reiste Luther unter Schutz des kaiserlichen Herolds Kaspar Sturm unter anderem mit seinem Freund Nikolaus von Amsdorf von Wittenberg zum Reichstag nach Worms. Am 3. April führte ihn seine Reise von Leipzig über Lützen und Weißenfels[295] nach Naumburg[296]. Luther erhielt die damals übliche Ehrengabe Wein. Außerdem wurden er und der Herold vom Naumburger Bürgermeister Gräßler (oder Greßler[297]) gut bewirtet[298].

Auch die neue Kirchen- und Schulordnung von Naumburg, die Superintendent[299] Dr. Nikolaus Medler[300] verfasste, soll Luther im Entwurf 1537 geprüft, überarbeitet und gebilligt haben[301]. Ende Juli 1540 kam Luther auf dem Weg

---

291 Sturm, Chronik von Weißenfels, S. 172.
292 Sturm gibt selbst Lingke, fehlerhaft als Dr. M. Luther's Reisen bezeichnet, als Quelle an.
293 Badstübner-Gröger/Findeisen, Städte, Stätten, Stationen, S. 275, wobei das Datum 12. April 1518 zweifelhaft ist.
294 Lingke, Reisegeschichte, S. 37/38.
295 Sturm, Chronik von Weißenfels, S. 172.
296 Badstübner-Gröger/Findeisen, Städte, Stätten, Stationen, S. 276; Lingke, Reisegeschichte, S. 85/86. In beiden Quellen wird keine genaue Route der Reise von Leipzig nach Weimar über Naumburg genannt. Da weder Lützen noch Weißenfels erwähnt werden, ist jedenfalls davon auszugehen, dass Luther dort keinen längeren Halt gemacht hat.
297 Braun, Annalen, Rz. 1447; Drößler, Stätte der Reformation I, S. 29; Hoffmann, Naumburg a. S. im Zeitalter der Reformation, S. 57, FN.
298 Lingke, Reisegeschichte, S. 86.
299 Die seinerzeit richtige Bezeichnung war „Superattendent". Erst ein halbes Jahrhundert später setzte sich die noch heute gebräuchliche Titelform durch, vgl. Patze/Schlesinger, Geschichte Thüringens III, S. 86.
300 Dr. Nikolaus (nach anderer Schreibweise Nicolaus) Medler, geboren 1502 in Hof, gestorben am 24. August 1551 in Bernburg, Superintendent in Naumburg und in Braunschweig.
301 Borkowsky, Geschichte der Stadt Naumburg, S. 91; Philipp, Geschichte des Stifts Naumburg und Zeitz, S. 231; Zader, Naumburgische und Zeitzische Stiffts-Chronika, Rz. 1053.

nach Weimar[302] durch Naumburg[303]. Wiederum muss Luther gut bewirtet worden sein. Ausweislich der Ratsrechnungen wurden 36 Groschen und 6 Pfennige für Getränke ausgegeben[304].

Abb. 2.13: Luther-Gedenkstein in Gröbitz – Der Gedenkstein erinnert aber nicht an eine Anwesenheit Luthers, sondern wurde als Erinnerung an die Reformation errichtet

Im Jahr 1540 spielte Luther für Zeitz eine bedeutende Rolle, auch wenn es kein Besuch des Reformators war. Stattdessen richtete Luther einen Brief an den Domdechanten und Domherren zu Zeitz: Gegenstand war das „Frauenhaus"

---

302 Lingke, Reisegeschichte, S. 264, berichtet von der Reise über Weimar, nennt aber Naumburg nicht als Station.

303 Badstübner-Gröger/Findeisen, Städte, Stätten, Stationen, S. 282, führen zwei Aufenthalte in Naumburg an. Auf der Reise nach Weimar am 22. Juni 1540 und auf der Rückreise nach Wittenberg am 30. und 31. Juli 1540.

304 Borkowsky, Geschichte der Stadt Naumburg, S. 92.

oder „gemeine freie Haus" – also ein Bordell[305]. Diese „Frauenhäuser" gab es auch in Naumburg[306], Pegau, Leipzig, um nur einige Beispiele zu nennen[307]. Seit wann das Bordell in Zeitz bestand, ist unklar. Teilweise wird vertreten, dass es bereits unter Bischof Ulrich I. von Colditz (1304 – 1316) bestand[308]. Anderen Angaben zufolge wurde das „Hurenhaus" erst unter Bischof Johann III. von Schönberg (1492 – 1517) errichtet[309]. Aus einer Urkunde aus dem Jahr 1505 geht nicht nur hervor, dass der Rat der Stadt Rechte über das Frauenhaus besaß und möglicherweise Eigentümer war, der Bischof stattete das Haus sogar mit „Privilegien", also Vorrechten aus. Wahrscheinlich bezieht sich diese Urkunde auf ein bereits bestehendes Bordell und meint keine „Neueröffnung". In dem genannten Brief empörte sich Luther über die „Hurenhäuser"[310]. Unklar ist, ob es in Zeitz mehrere solcher Einrichtungen gab oder ob sich Luther auch auf vergleichbare Häuser in anderen Städten bezog.

Nach dem Tod des Pfalzgrafen Philipp[311], Bischof zu Freising und Naumburg, am 5. Januar 1541[312] wählte das Domkapitel zu Naumburg am 20. Januar 1541 den bisherigen Probst zu Zeitz Julius (von) Pflug[313] als neuen Bischof[314]. Johann Friedrich I., seit 1532 Kurfürst von Sachsen[315], berief sich aber auf eine

---

305 Zergiebel, Chronik von Zeitz IV, S. 196.

306 Das Naumburger Bordell wurde 1534 geschlossen, vgl. Braun, Annalen, Rz. 1703.

307 Drößler, Zeitz – Verbrechen und Skandale, S. 7.

308 Drößler, Zeitz – Verbrechen und Skandale, S. 7; Zergiebel, Chronik von Zeitz IV, S. 196.

309 Krebs, Zeitzer Chronik, S. 62; Philipp, Geschichte des Stifts Naumburg und Zeitz, S. 217.

310 Der Legende nach stammt der Spottname "Hurenzeitz" aus dieser Zeit und bezieht sich auf die von Luther kritisierten "Hurenhäuser".

311 Philipp von Wittelsbach, auch von der Pfalz (geboren am 7. Mai 1480 in Heidelberg, gestorben am 5. Januar 1541 in Freising), war von 1517 bis zu seinem Tod auch Bischof von Naumburg. Vgl. Hoffmann, Naumburg a. S. im Zeitalter der Reformation, S. 35; Wießner, Bistum Naumburg II, S. 951ff.

312 Krebs, Zeitzer Chronik, S. 66.

313 Julius von Pflug, auch Julius von Pflugk, (geboren 1499 in Eythra, lag südlich von Leipzig, heute überbaggert; gestorben am 03. September 1564 in Zeitz) war von 1542 bis zu seinem Tod der letzte katholische Bischof der Diözese Naumburg. Er war zudem Domherr in Meißen, ab 1522 heimlicher Rat des Herzogs Georg von Sachsen, 1524 wurde er Propst zu Zeitz, 1529 Koadjutor zu Merseburg, 1534 Domherr in Mainz, 1538 Dechant zu Meißen. Er war eng mit der Familie von Bünau, aus deren Geschlecht seine Stiefmutter und seine Urgroßmutter stammten, befreundet. Vgl. Wießner, Bistum Naumburg II, S. 988.

314 Braun, Annalen, Rz. 2098ff.; Brunner, Nikolaus von Amsdorf als Bischof von Naumburg, S. 18; Drößler, Stätte der Reformation II, S. 11; Krebs, Zeitzer Chronik, S. 67; Wartenberg, 1000 Jahre Zeitz, S. 19; Wießner, Bistum Naumburg I, S. 175f.; ders., Bistum Naumburg II, S. 969.

315 Patze/Schlesinger, Geschichte Thüringens III, S. 225.

Vereinbarung aus dem Jahr 1538[316], wonach das Domkapitel ihn vor der Wahl über den Kandidaten hätte informieren müssen[317]. Der Kurfürst war als Schutzherr des Stifts[318] offiziell gegen diese Wahl, da Pflug ein Gegner der evangelisch-lutherischen Lehre war. Tatsächlich waren es aber eher politische und persönliche Gründe, die den Kurfürsten, der seinen Einfluss auf das Stift vergrößern wollte, zu dieser Entscheidung bewogen.

Abb. 2.14: Julius Pflug

Auch die Anhänger der evangelischen Lehre wären wahrscheinlich mit Pflugs Wahl einverstanden gewesen. Immerhin nahm Pflug, trotz seines katholischen Glaubens, im Religionsstreit zu diesem Zeitpunkt eine eher vermittelnde Position ein. Neben den politischen Gründen dürfte auch des Kurfürsten „Feind-

---

316 Brunner, Nikolaus von Amsdorf als Bischof von Naumburg, S. 17. Unabhängig von der Vereinbarungen waren Einflussnahmen auf die Wahl schon häufiger vorgekommen, vgl. Wießner, Bistum Naumburg I, S. 189. Schon die Wahl Philipps erfolgte mit Einfluss des damaligen Kurfürsten, vgl. Hoffmann, Naumburg a. S. im Zeitalter der Reformation, S. 35; Jansen, Pflug, S. 63; Wartenberg, 1000 Jahre Zeitz, S. 13.

317 Dingel, Nikolaus von Amsdorf, S. 111; Drößler, Stätte der Reformation II, S. 11; Emig/Leppin/Schirmer, Vor- und Frühreformation in thüringischen Städten, S. 8.

318 Hoffmann, Naumburg a. S. im Zeitalter der Reformation S. 6; Patze/Schlesinger, Geschichte Thüringens III, S . 123; Wießner, Bistum Naumburg I, S. 7. Zur Problematik der Bischofswahl und der „Zustimmung“ des Schutzfürsten vgl. Brunner, Nikolaus von Amsdorf als Bischof von Naumburg, S. 13.

schaft" mit Pflug Grund für die Entscheidung gewesen sein[319]. Der Versuch einer Einigung scheiterte[320]. Der Streit zog sich über Monate hin. Im Ergebnis verhinderte der Kurfürst den Amtsantritt des rechtmäßig gewählten Bischofs und setzte Nikolaus von Amsdorf als (Gegen-)[321]Bischof ein[322].

Abb. 2.15: Nikolaus von Amsdorf

Auch wenn Amsdorf als bedingungsloser Verfechter der lutherischen Lehren und als wenig diplomatisch galt[323], ging es den Wettinern faktisch aber wohl weniger um die Reformation, als um Machtausübung in den Stiftsgebieten bzw. Erweiterung ihres Territoriums. Für Luther, der den Kurfürsten diesbezüglich beraten hatte, stand die Einsetzung eines Gegenbischofs gegen den

---

319 Vgl. auch Hoffmann, Naumburg a. S. im Zeitalter der Reformation, S. 102 und Jansen, Pflug, S. 74. In der von Julius Pflug hinterlassenem Bibliothek befinden sich zahlreiche Werke Martin Luthers und anderer Reformatoren. Auch dies zeigt, wie intensiv sich Pflug mit diesen Ansichten auseinandergesetzt hatte. Erst im Laufe des Bischofsstreits wurde Pflug ein kaisertreuer Gegner der Protestanten.

320 Wießner, Bistum Naumburg I, S. 175f.

321 Amsdorf war kein Gegenbischof im engeren Sinne, da die Einsetzung eines Gegenbischofs voraussetzen würde, dass es einen anderen (rechtmäßigen) Bischof gab. Julius Pflug war allerdings nicht als Bischof eingesetzt – Voraussetzung dafür war zur damaligen Zeit die Wahl und die Weihe. Da Pflug nicht zum Bischof geweiht wurde, kann dahinstehen, ob seine Wahl ohne die Mitwirkung des Kurfürsten ordnungsgemäß war. Amsdorfs Ernennung ohne eine Wahl durch das Kapitel dürfte dagegen auch nach dem damaligen Recht rechtswidrig gewesen sein. Die Argumentation seiner Anhänger, darunter natürlich sein Freund Martin Luther, mag theologisch und im Sinne der Reformation nachvollziehbar sein, juristisch fundiert ist sie jedenfalls nicht. Auch der Kaiser erkannte Amsdorfs Wahl nicht an, sondern sah Pflug, der das Stift auch auf den Reichstagen vertrat, als rechtmäßigen Bischof an. Vgl. dazu auch Patze/Schlesinger, Geschichte Thüringens III, S. 123f.; Wießner, Bistum Naumburg I, S. 195, ders., Bistum Naumburg II, S. 991. Im Ergebnis so auch Junghans, Das Jahrhundert der Reformation, S. 108, S. 229.

322 Dingel, Nikolaus von Amsdorf, S. 111; Hoffmann, Naumburg a. S. im Zeitalter der Reformation, S. 125ff; Krebs, Chronik von Zeitz, S. 88.

323 Dingel, Nikolaus von Amsdorf, S. 217.

rechtmäßig gewählten Bischof nicht in Widerspruch zu seinen reformatorischen Lehren. Aus Luthers Sicht, die von nahezu allen reformatorischen Theologen geteilt wurde, war Pflug ein „ketzerischer Bischof", ein Domkapitel, das einen solchen Bischof wählt, habe sein Wahlrecht verwirkt[324].

Amsdorf wurde in Gegenwart des Kurfürsten, mehrerer Adliger sowie namhafter Theologen, darunter auch Martin Luther, in der Naumburger Domkirche am 20. Januar 1542[325] geweiht[326]. Bereits am Vortag war Luther in Naumburg eingetroffen[327]. Er hielt eine Predigt bzw. Einweihungsrede[328]. Andere Adlige boykottierten die Amtseinführung, unter diesen Adligen war wohl auch der Domdechant Günther von Bünau auf Teuchern[329], der ein Freund von Julius Pflug war.

Am Folgetag wurde Amsdorf erneut in Gegenwart von Luther in Zeitz in sein Amt eingeführt. Am 22. Januar predigte Luther in der Klosterkirche von Zeitz[330]. Berichtet wird, dass zu dieser Predigt auch viele Menschen aus den umliegenden Gemeinden gekommen seien[331]. Ob auch Teucherner unter diesen waren, ist nicht bekannt.

Die beiden Predigten in Naumburg und Zeitz sind die einzigen Predigten Luthers in unserer Region[332]. Die in einen heimatkundlichen Veröffentlichungen erwähnten Predigten in Weißenfels – in der Stadtkirche auf der oben erwähnten Reise nach Augsburg 1518 und 1521 auf einer Reise nach Worms – finden in den Quellen keinen Rückhalt.

---

[324] Brunner, Nikolaus von Amsdorf als Bischof von Naumburg, S. 57.

[325] Der 20. Januar wurde absichtlich gewählt, da genau ein Jahr zuvor das Domkapitel Pflug als Bischof erwählte, vgl. Brunner, Nikolaus von Amsdorf als Bischof von Naumburg, S. 49, FN.

[326] Badstübner-Gröger/Findeisen, Städte, Stätten, Stationen, S. 282; Brunner, Nikolaus von Amsdorf als Bischof von Naumburg, S. 14; Krebs, Zeitzer Chronik, S. 88; Lingke, Reisegeschichte, S. 269; Müller, Reformationsgeschichte von Zeitz, S. 37f.; Patze/Schlesinger, Geschichte Thüringens III, S. 124; Zergiebel, Chronik von Zeitz II, S. 212.

[327] Badstübner-Gröger/Findeisen, Städte, Stätten, Stationen, S. 282; Braun, Annalen, Rz. 2147; Lingke, Reisegeschichte, S. 268, der das Ankunftsdatum auf den 18. Januar 1542 setzt.

[328] Lingke, Reisegeschichte, S. 270. Zu den Einzelheiten vgl. Brunner, Nikolaus von Amsdorf als Bischof von Naumburg, S. 62ff.

[329] Siehe Kapitel 5.5 Dr. Günther von Bünau (der Jüngere) auf Teuchern

[330] Badstübner-Gröger/Findeisen, Städte, Stätten, Stationen, S. 282; Lingke, Reisegeschichte, S. 272; Müller, Reformationsgeschichte von Zeitz, S. 38; Zergiebel, Chronik von Zeitz II, S. 212.

[331] Müller, Reformationsgeschichte von Zeitz, S. 38; Zergiebel, Chronik von Zeitz IV, 124.

[332] Vgl. auch das „Verzeichnis der Predigten D. Luthers außer Wittenberg" bei Lingke, Reisegeschichte, S. 347 – 350.

Die Naumburger Predigt ist unter dem Titel *„Exempel, Einen Rechten Christlichen Bischof zu weihen"* in Wittenberg gedruckt wurden[333]. In einem Schreiben an Amsdorf vom 5. März 1542 erwähnt Luther den Abdruck, welchen er den Naumburgern versprochen habe und ergänzt, dass er „solches auch zu Zeitz öffentlich gepredigt habe"[334].

In einer Sage wird berichtet, dass im Januar 1542 Luther auf einer Reise von Naumburg nach Zeitz durch Stößen[335] gekommen sein und freudig begrüßt worden sein soll. Auch habe Luther ein Gespräch mit dem Pfarrer von Stößen geführt[336]. Selbst in dem kleinen Dörfchen Hassel[337] soll Luther Halt gemacht haben[338]. Belegt sind beide Aufenthalte nicht[339]. Es handelt sich hier wohl um Erfindungen früherer Heimatforscher.

Auch in der Folgezeit besuchte Luther seinen guten Freund Amsdorf in Zeitz. Mindestens zwei Besuche lassen sich aus den Quellen herleiten. Aus Luthers Briefen geht hervor, dass 1543 ein Besuch geplant war, dieser aber immer wieder verschoben werden musste[340]. Schließlich weilte er vom 11. bis zum 27. August 1544 in Zeitz[341]. Luthers letzter Besuch fand im Juli 1545 statt, als er sich auf einer „Flucht" aus Wittenberg befand.

Berichtet wird auch, dass Luther in einem Brief an seine Frau, welcher in Zeitz verfasst worden sei, sogar mit einem Umzug nach Zeitz geliebäugelt hat. Zu der „Flucht" gibt es unterschiedliche Berichte. So habe Luther die „Flucht" zunächst nach Löbnitz[342] und von dort aus weiter nach Leipzig geführt. Das

---

333 Lingke, Reisegeschichte, S. 270.

334 Lingke, Reisegeschichte, S. 272.

335 Straube, Stößen, S. 162, meint, der Besuch Luthers sei „wenige Jahre vor 1543" auf einer Reise Luthers nach Erfurt gewesen. Büttner, Handschriftliche Chronik, S. 295, meint, Luther sei 1543 auf einer Reise nach Jena und Erfurt durch Stößen gekommen. Auch erwähnt er, dass der Pfarrer an der Pest gestorben sei. Dies trifft aber nicht zu, da von 1539 bis 1544 (und nicht 1543) Benedict Friccelius Pfarrer in Stößen war, Albrecht-Birker, Pfarrerbuch 10, S. 646.

336 Die Sage ist nachzulesen bei Nier, Das Sagenbüchlein des Kreises Weißenfels, S. 44-45.

337 Heute ein Ortsteil von Droyßig (Burgenlandkreis).

338 Drößler, Stätte der Reformation II, S. 32. Drößler schildert auch den vermeintlichen Aufenthalt Luthers in Stößen, a.a.O., S. 31f.

339 Keiner der beiden Orte wird mit Luther in anderen Quellen in Verbindung gebracht. Sowohl Lingke, a.a.O., als auch Badstübner-Gröger/Findeisen, a.a.O., S. 282, nennen weder Stößen noch Hassel.

340 Lingke, Reisegeschichte, S. 274f.

341 Badstübner-Gröger/Findeisen, Städte, Stätten, Stationen, S. 282; Lingke, Reisegeschichte, S. 275ff..

342 Gemeinde im Landkreis Nordsachsen.

Schreiben an Luthers Frau datiert Lingke auf den 28. Juli 1545 und gibt als Absendeort Leipzig an. Nach Zeitz sei Luther erst nach einer Zwischenstation in Merseburg und Halle Anfang August gelangt[343]. Die Vermutung, Luther habe beabsichtigt, nach Zeitz zu ziehen, wird dadurch noch unwahrscheinlicher. Andererseits soll sich Luther am Verhör des Naumburger Dompredigers Georg Mohr am 27. Juli 1545 in Zeitz beteiligt haben[344]. Mohr wurde vorgeworfen, eine zu große Nähe zu den katholischen Herren des Domkapitels zu besitzen[345]. Dabei ist Luther wohl am 25. Juli 1545 nach Zeitz über Löbnitz und Leipzig gereist und kam am 27. Juli 1545 in Zeitz an, welches er am 30. Juli 1545 in Richtung Merseburg verließ[346]. Sicher ist, dass der Aufenthalt im Sommer 1545 in Zeitz der letzte Besuch des Reformators in unserer Region war. Im folgenden Jahr starb er in seiner Geburtsstadt Eisleben.

---

[343] Lingke, Reisegeschichte, S. 282ff.

[344] Badstübner-Gröger/Findeisen, Städte, Stätten, Stationen, S. 282.

[345] Hintergrund des Verfahrens war wohl ein Streit zwischen dem Domprediger Mohr und dem früheren Prediger und damaligen Naumburger Superintendenten Dr. Nikolaus Medler, in dem sich beide mit diversen Vorwürfen überschütteten. Nachzulesen bei Clemen, Beiträge zur Reformationsgeschichte II, S. 36 ff. Der Vorwurf ist auch bemerkenswert, weil noch einige Jahre zuvor Domdechant Günther von Bünau zu Teuchern eine Auseinandersetzung mit Mohr hatte, da dieser eher auf Konfrontation mit den Domherren ging. Mohr soll sogar dazu aufgefordert haben, alle Bilder aus dem Dom zu entfernen. Erst später ging Mohr zu einem diplomatischeren Kurs über und brachte so Medler gegen sich auf. Vgl. dazu Brunner, Nikolaus von Amsdorf als Bischof von Naumburg, S. 120.

[346] Badstübner-Gröger/Findeisen, Städte, Stätten, Stationen, S. 282.

3. Der Deutsche Bauernkrieg

3.1 Der Bauernkrieg als Ergebnis der Reformation?

Der oft als „Deutscher Bauernkrieg" bezeichnete Konflikt zwischen Bauern und Adel in den Jahren 1524/1525 war nicht der erste Konflikt zwischen den Bevölkerungsschichten. Das Leben der abhängigen Bauern war besonders hart und reich an Entbehrungen. Selbst die zeitgenössischen Berichte schildern ein elendes Leben und kritisieren oft das Amtieren der Frohnherren. So ist es nicht verwunderlich, dass die Bauern insbesondere die Abschaffung der Leibeigenschaft forderten.

Die reformatorischen Lehren weckten die Hoffnung auf eine Verbesserung der sozialen Verhältnisse[347]. Allerdings wurde Luthers Schrift „Von der Freiheit eines Christenmenschen" falsch interpretiert[348]. So beriefen sich die Bauern auf den darin enthaltenen Satz, dass *„Eyn Christen mensch ist eyn freyer herr ueber alle ding und niemandt unterthan"*. Luther schrieb aber weiter, dass *„eyn Christen mensch ist ein dienstpar knecht aller ding und ydermann unterthan."* Nur im Zusammenhang ist Luthers Auffassung zu verstehen. Für ihn war die Ständeordnung eine gottgebene Ordnung. Auch wenn Luther kritisierte, dass sich die Landes- und insbesondere Grundherren immer mehr anmaßten und den Bauern teilweise Recht gab, war er gegen Gewalt gegen die Adligen. So ist von ihm das Zitat „Unrecht wird durch ander Unrecht nicht zu Recht gebracht." überliefert. Ob er dies glaubte oder ob es nur Taktik war, um es sich nicht mit den Fürsten zu verscherzen, kann heute nur gemutmaßt werden.

Luthers Gedanken griff der Prediger Thomas Müntzer[349] auf, ging aber in vielen Punkten über sie hinaus[350]. Thomas Müntzer weilte von Mitte 1519 bis zum Frühjahr 1520 als Seelsorger im Zisterzienserinnenkloster Beuditz bei Weißenfels. Wahrscheinlich war er bei der Leipziger Disputation 1519 unter den Zuhörern.
Er sah Freiheit und Gleichheit als göttliches Recht. Anders als Luther rief Müntzer zur Gewalt auf, um die Rechte zu erreichen[351], wie sich aus folgenden Worten Müntzers entnehmen lässt:

---

[347] Junghans, Das Jahrhundert der Reformation, S. 28.
[348] Vogler, Bauernkrieg, S. 15.
[349] Thomas Müntzer (geboren um 1489 in Stolberg, Grafschaft Stolberg; hingerichtet am 27. Mai 1525 bei Mühlhausen, Freie Reichsstadt) war ein Theologe, Reformator und Revolutionär in der Zeit des Bauernkrieges.
[350] Patze/Schlesinger, Geschichte Thüringens III, S. 39.
[351] Schorn-Schütte, Die Reformation, S. 60.

„Die reine furcht Gottes zuvor, liebe Brüder! Wie lange schlaft ihr? Das ganze Deutsch-, Französisch- und Welschland ist bewegt. Der Meister will ein Spiel machen, die Bösewichter müssen dran. Die Bauern im Kletgau, Hegau und Schwarzwald sind auf, bei 30 000 stark. Nun dran, dran, dran es ist Zeit. Lasst euch nicht erbarmen an dem Jammer der Gottlosen! Dran, dieweil das Feuer heiß ist! Lasset euer Schwert nicht kalt werden vom Blute, schmiedet pinke-pank auf dem Ambos Nimrods, werfet ihnen den Turm zu Boden! Dies sagt Gott: Ihr sollt euch nicht fürchten, ihr sollt diese große Menge nicht scheuen! Gegeben zu Mühlhausen, im 25. Jahr Thomas Müntzer, ein Knecht Gottes gegen die Gottlosen[352].

Abb. 3.1: Darstellung von Thomas Müntzer aus dem Jahr 1608 – Eine Abbildung aus Müntzers Lebzeiten ist nicht bekannt

Luther stand der Bauernbewegung argwöhnisch gegenüber. In der Schrift *„Widder die sturmenden bawren"* konkretisierte Luther die Meinung Müntzers und stellte sich klar auf die Seite der Fürsten.
Nach der Niederlage der Bauern in Frankenhausen sah Luther dies sogar als „Gericht Gottes", Müntzer sah er als „Teufel von Mansfeld".

---

[352] Flugblatt von Thomas Müntzer aus dem Jahr 1525, welches auch in unserer Region verteilt wurde.

Die zunächst überwiegend im Gebiet des heutigen Südwestdeutschlands ausgebrochenen lokalen Bauernaufstände weiteten sich ab April 1525 auch in den thüringischen Raum aus[353]. Es kam zu Plünderungen von Klöstern und kleineren Adelssitzen. Anders als in Süddeutschland waren die Thüringer Bauernhaufen aber nicht vereint. Es gab viele lokale Gruppen, die keine oder nur wenige Kontakte untereinander hatten.

Am 15. Mai 1525 wurde ein Großteil der thüringischen Bauern, die unter der Führung von Thomas Müntzer gekämpft hatten, durch ein Heer der Fürsten in der Schlacht bei Frankenhausen in Thüringen besiegt. Auch Herzog Georg von Sachsen stellt einen Teil des Heeres[354]. Als er mit seinen Truppen nach Thüringen zog, soll er auf dem Weg an Naumburg vorbei von den dortigen Einwohnern beschimpft worden sein, er kämpfe gegen „das christliche Blut"[355]. Blutig jedenfalls waren die Ereignisse: Etwa 6.000 Bauern fielen in der Schlacht, zahlreiche wurden anschließend hingerichtet. Auch Thomas Müntzer wurde gefangengenommen und am 27. Mai 1525 enthauptet[356].

3.2 Aufruhr in unserer Gegend

Die Aufstände im Raum Teuchern waren nur regional begrenzt. Wahrscheinlich nahmen auch kaum Bauern aus unserer Gegend an den Kämpfen unter der Führung von Thomas Müntzer teil. Ganz friedlich blieb es allerdings auch bei uns nicht.
Den Aufständen gingen kalte und unfruchtbare Jahre voraus. Damit vergrößerten sich die Nöte der Bauern, weil sie zum einen nicht die notwendige Ernte hatten, um ihren Lebensunterhalt zu verdienen und zum anderen Nahrungsmittel wie Brot immer teurer wurden[357].

Aus heutiger Sicht eher harmlos, für damalige Verhältnisse aber unerhört, war ein Ereignis zur Fastnacht in Naumburg. Nonnen und Mönche wurden mit „allerlei Mummenschanz" verspottet. Während des eigentlichen Bauernaufstandes sollen in Naumburg zwar die Truppen des Herzogs Georg beschimpft worden sein, zu Gewalttaten kam es aber dort nicht.

---

353 Junghans, Das Jahrhundert der Reformation, S. 51; Patze/Schlesinger, Geschichte Thüringens III, S. 210; Vogler, Bauernkrieg, S. 13.
354 Junghans, Das Jahrhundert der Reformation, S. 51.
355 Hoffmann, Naumburg a. S. im Zeitalter der Reformation, S. 58.
356 Schorn-Schütte, Die Reformation, S. 61.
357 Zergiebel, Chronik von Zeitz IV, S. 65.

Anders war die Situation in den kleineren Dörfern. Ein Bauer aus Hassel bei Droyßig, Hans Enderlein, hatte die Bauern aufgehetzt[358]. Er zog über die Dörfer bis in den Raum Beuditz bei Weißenfels. In Runthal soll er angeblich die Bauern aufgefordert haben, alle niederzustechen, die sich ihm (und den Bauern) nicht anschließen würden[359]. Der Erfolg war mal mehr, mal weniger groß. Aus Runthal folgten ihm 21 Bauern[360]. Aus Naundorf hatten sich 15 besessene – also ortsansässige, dem Grundherren unterstellte – Mann unter der Herrschaft der Bünaus zu Droyßig Enderlein angeschlossen[361]. Auch aus Streckau wird ähnliches überliefert: Elf besessene Mann, die zu den Bünaus auf Droyßig gehört haben, hatten sich an dem Aufruhr beteiligt[362], aus Oberschwöditz waren es vier, aus Gaumnitz zehn und aus Hassel acht Bauern.

Weitere Anführer aus unser Region waren Andreas Stolz oder Stoltze aus Gaumnitz, N. Sonntag aus Streckau[363], Urban Schlag ("Slagk") aus Meineweh und Martin Beyer aus Priesen[364]. Schlag hatten sich 21 Bauern angeschlossen, die 21 weitere ausgeplündert haben sollen. Aus Priesen waren es neun Bauern, die sich dem Aufruhr anschlossen.

Die ersten Anzeichen des Bauernaufstandes machten sich hier in den letzten Apriltagen des Jahres 1525 bemerkbar[365]. Herzog Georg von Sachsen forderte am 28. April 1525 den Adel auf, sich gerüstet zu halten. Allerdings schätzte der Herzog ein, dass sein Dienstadel eher schlecht gerüstet sei und vertraute deswegen weitestgehend auf Söldner[366]. Über die Ausrüstung der Bauern ist nicht viel bekannt. Teilweise wurden die in den Dörfern aufbewahrten Waffen genutzt, so dass die Ausstattung durchaus ausreichend war. Allerdings dürfte den Bauern die Erfahrung im Kampf gefehlt haben, was sich letztlich bemerkbar gemacht hat[367].

---

358   Drößler, Stätte der Reformation I, S. 41; Mende, Bauernkrieg, S. 374; Zergiebel, Chronik von Zeitz IV, S. 66.
359   Mende, Bauernkrieg, S. 374; Zergiebel, Chronik von Zeitz IV, S. 66.
360   Fast 300 Jahre später werden Runthal nur 22 Häuser erwähnt, vgl. Otto, Pflege Weißenfels, S. 484. Da sich die Zahl der Häuser seit der Reformationszeit eher vergrößert als verkleinert haben wird, zeigt dies den großen Erfolg, den Enderlein in Runthal hatte.
361   Mende, Bauernkrieg, S. 374; Drößler, Stätte der Reformation I, S. 41, der nur von 10 Bauern ausgeht.
362   Zergiebel, Chronik von Zeitz IV, S. 484.
363   Fuchs, Akten zur Geschichte des Bauernkriegs II, S. 654.
364   Mende, Bauernkrieg, S. 375; Zergiebel, Chronik von Zeitz IV, S. 66, 446.
365   Vogler, Bauernkrieg, S. 276.
366   Schirmer, Kursächsische Staatsfinanzen, S. 268 FN 567.
367   Vogler, Bauernkrieg, S. 19.

Abb. 3.2: Des „Zentrum" der Auf-
stände in unserer Region, zwischen
Teuchern und Droyßig

Zwischen Gera und Zeitz lag etwa bei Ronneburg ein Bauernhaufen, zu dem
wohl zumindest Hans Enderlein Kontakt hatte. Der Vogt zu Weißenfels, Hans
von Landwüst, und sein Geleitsmann, Martin Chanacker bzw. Kannacher, be-
fürchteten, dass die Bauern näher gen Weißenfels rücken. Dementsprechend
verfassten sie am 2. Mai 1525 ein Schreiben an den Herzog Georg und baten
um Hilfe[368]. Der Herzog sagte umgehend Unterstützung zu. Trotzdem befürch-
teten die Weißenfelser „von der Rotte überfallen zu werden"[369]. In einem weiteren Brief teilte der Herzog mit, dass er bereits den Ritter Heinrich von Bünau
zu Teuchern („Heinrichen von Buna zu Teuchern, ritter") und Rudolf von
Bünau zu Droyßig befohlen habe, persönlich „unser Haus" (also den Amtssitz
in Weißenfels) zu schützen. Auch soll allen adeligen Einwohnern des Amtes
Weißenfels sowie etwa 50 bis 60 treuen Bauern befohlen werden, nach Weißenfels zu kommen[370].

In Teuchern gab es nur wenige abhängige Bauern, die dem Rittergut unterstanden[371]. Die Probsteigemeinde und die Kapitelsgemeinde unterstanden dagegen
dem Hochstift Naumburg-Zeitz. Diese Bauern hatten relativ große Besitzungen

---

368 Fuchs, Akten zur Geschichte des Bauernkriegs II, S. 178.
369 Fuchs, Akten zur Geschichte des Bauernkriegs II, S. 182.
370 Fuchs, Akten zur Geschichte des Bauernkriegs II, S. 189.
371 In den sächsischen Landen war die Leibeigenschaft, anders als im süddeutschen Raum, nahezu abgeschafft. Teilweise wurde bereits die Leibeigenschaft als ein mit der Würde eines
Christen unvereinbares Recht angesehen. Möglicherweise gab es auch in Teuchern keine
Leibeigenen mehr. Allerdings waren die wenigen, dem Rittergut unmittelbar unterstellten
Bauern auch nicht unabhängig und frei. Aufgrund der Frondienste bestanden Abhängigkeiten,
die sich in Art und Höhe auch zwischen den Dörfern und kleinen Städten unterschieden.

(im Vergleich zu den abhängigen Bauern) und eher geringe Abgaben[372]. Vielleicht war das der Grund, dass sich die Teucherner Bauern komplett aus den Aufständen herausgehalten haben[373]. Allerdings befürchtete man, dass die Bauern der umliegenden Dörfer auch hier gegen die Grundherren vorgehen. In der Teucherner Wasserburg versammelten sich die Adligen der Gegend, um Teuchern zu verteidigen. Angeblich sollen im Bereich des „Zeitzer Tors" Stadtmauern gestanden haben – belegt ist dies aber nicht. Der übrige Teil der Stadt war jedenfalls durch die Bäche und Sümpfe geschützt. Über Kämpfe ist nichts bekannt[374]. Allerdings schätzt man, dass sich in Teuchern eine nicht unbedeutende Schar an Landsknechten und Reitern versammelt hatte, an die sich die Bauern wohl nicht heranwagten[375]. Möglicherweise haben sich auch die Teucherner Bürger, die sich als Städter und nicht als Bauern sahen, mit den Adligen und deren Soldaten verbündet[376].

Zu Gewalt kam es dagegen in Droyßig. Unter der Führung von Enderlein soll das Schloss Droyßig, welches der Droyßiger Linie der Bünaus gehörte, angegriffen worden sein[377]. Dabei soll dem Bier- und Weinkeller ein „unliebsamer Besuch" abgestattet worden sein[378]. Der Adlige Hans von Mutzschau wurde seines Pferdes beraubt, als er auf den Droyßiger Haufen traf. Der Hauptmann der Bauern floh dann mit dem Pferd, als Reiter dem Hans von Mutzschau zu Hilfe kamen. Angeblich soll er das Pferd nach Gera gebracht haben. Hans von Mutzschau forderte anschließend Schadensersatz[379].

Aus dem Dorf Beuditz bei Weißenfels wurden auch Aufstände berichtet, bei denen das Kloster Beuditz zerstört worden sein soll.

Durch die Niederlage der Bauern bei Frankenhausen am 15. Mai 1525 entschied sich auch das Schicksal des Bauernhaufens bei Ronneburg. Nach dem Ende der Schlacht kritisierte Herzog Georg die schlechte Ausrüstung der Edelleute[380]. Ob auch die Teucherner Bünaus über eine schlechte Ausrüstung ver-

---

372 Gießler, Geschichtlicher Abriss, S. 15.
373 Langenkamp, Geschichte der Stadt Teuchern, S. 69.
374 Langenkamp, Geschichte der Stadt Teuchern, S. 69.
375 Gießler, Geschichtlicher Abriss, S. 15.
376 So Gießler, Geschichtlicher Abriss, S. 15.
377 Drößler, Stätte der Reformation I, S. 41.; Fuchs, Akten zur Geschichte des Bauernkriegs II, S. 563.
378 Mende, Bauernkrieg, S. 374; Zergiebel, Chronik von Zeitz IV, S. 66.
379 Fuchs, Akten zur Geschichte des Bauernkriegs II, S. 555f.
380 Goerlitz, Staat und Stände, S. 137.

fügten, ist nicht bekannt. Allerdings vertraute Georg ihnen immerhin den Schutz von Weißenfels an.

Abb. 3.3: Das Schloss Droyßig um 1900

Nachdem der Aufstand auch in unserer Region niedergeworfen war, wurden die Beteiligten hart bestraft. Dabei hatte selbst Luther auf eine milde Bestrafung gedrängt[381]. Im Gebiet des thüringischen Teils des albertinischen Herzogtums Sachsen wurden für die Meisten Einheitsstrafen[382] von 10 Gulden je Haus festgesetzt[383]. Die Rädelsführer wurden in der Regel zum Tode verur-

---

381 Schorn-Schütte, Die Reformation, S. 61.
382 Bis auf wenige Ausnahmen bei den sogenannten Anführern ging es nicht um die Feststellung des individuellen Schuldvorwurfes. Vielmehr sollte die Verurteilung schnell erfolgen, um den Rechtsfrieden zu sichern.
383 Vogler, Bauernkrieg, S. 89.

teilt[384]. Hans Enderlein soll aber geflohen sein, andere Anführer, so z.B. Andreas Stolz aus Gaumnitz, wurde gehängt[385].

Anhand der Höhe der verhängten Strafe je Ort lässt sich die Anzahl der beteiligten Bauern berechnen. Die 15 Bünauischen Bauern aus Naundorf hatten z.b. 150 Gulden Strafe zu zahlen (also jeder 10 Gulden)[386]. Ob und inwieweit eine Beteiligung der Einzelnen vorlag, wurde nicht immer vollends ermittelt. So galten Peter Zimmermann und Hans Kretzschmar aus Runthal allein deswegen als schuldig, weil sie der Ladung nicht Folge leisteten. Darüber hinaus ist aus Runthal noch Laur Dirntsch als „Täter" namentlich bekannt.

Die Strafzahlungen wurden auch nicht immer gezahlt[387]. Für die Bauern war dies eine hohe Summe. Am 15. September 1525 baten die Brüder Günther und Rudolf von Bünau zu Droyßig den herzoglichen Sekretär Fischer um zwei Wochen Geduld, erst wenn die Bauern dann noch nicht gezahlt hätten, würden sie dem Geleitsmann zu Weißenfels bei der Pfändung helfen. Am 7. November sollen die Bünaus allerdings beim Geleitsmann um eine weitere Frist von sieben Tagen gebeten haben, da die Bünauischen Untertanen zu Streckau klagten, sie könnten das Geld jetzt nicht aufbringen und um eine Frist bis Fastnacht baten[388]. Die Meineweher Bauern hatten ihre Strafe nach zwei Jahren abbezahlt, die Bauern aus Streckau hatten zumindest bis 1527 noch nicht gezahlt[389].

Neben den Geldstrafen gab es für die Ortschaften noch weitere Konsequenzen. Während früher auch auf den Dörfern Waffenvorräte lagerten, wurden diese nun – zumindest aus den Dörfern, aus welchen sich Bauern an den Aufständen beteiligten – entfernt und im Amt aufbewahrt[390]. Für Runthal gibt es zudem eine Legende über eine weitere Kollektivbestrafung. Weil Runthal keine eigene Flur besaß und komplett von der Teucherner Flur umgeben war, gab es zwei Erklärungen für diesen Umstand: Demnach hätten die Runthaler ihre Flur verzecht und verspielt oder aber als Strafe für die Beteiligung am Bauernkrieg verloren[391]. Tatsächlich handelt es sich bei Runthal wohl um eine der wenigen

---

384   Vogler, Bauernkrieg, S. 88.
385   Fuchs, Akten zur Geschichte des Bauernkriegs II, S. 655; Mende, Bauernkrieg, S. 376f.; Drößler, Stätte der Reformation I, S. 41.
386   Mende, Bauernkrieg, S. 377; Drößler, Stätte der Reformation I, S. 41, geht von nur 10 Bauern aus und kommt daher auf 100 Gulden Strafe.
387   Vogler, Bauernkrieg, S. 89.
388   Mansberg, Erbarmanschaft Wettinischer Lande I, S. 82.
389   Zergiebel, Chronik von Zeitz IV, S. 484.
390   Goerlitz, Staat und Stände, S. 143.
391   Langenkamp, Geschichte der Stadt Teuchern, S. 89.

Dorfneugründungen im Spätmittelalter[392]. Falls diese von Teuchern bzw. den Lehnsinhabern ausging, erklärt sich, warum die Gründung auf Teucherner Flur erfolgte. Infolge einer Erbteilung gelangte Runthal an das Rittergut Meineweh. Vielleicht bestanden hier höhere Abgaben im Vergleich zu den Bauern der umliegenden Dörfer[393], was die hohe Beteiligung[394] der Runthaler Bauern an den Bauernaufständen erklären könnte.

---

[392] Wahrscheinlich bestand aber schon vorher ein Dorf an der gleichen Stelle, welches bei einem Hochwasser 1342 zerstört wurde. Die „Neubesiedelung" erfolgte entlang des Mühlweges von Teuchern nach Kuhndorf.

[393] 1549 ergaben sich die Pflichten der Runthaler Bauern aus einem mit dem Rittergutsbesitzern zu Meineweh geschlossenen Vertrag. Danach mussten sie an 11 Tagen im Jahr die Anspänner mit zwei Pferden fahren, die Gutsfelder pflügen, sowie Mist, Heu und Laubholz fahren. Dazu kamen Baufuhren, das Scheren der Schafe und das Dreschen des Getreides. An den Diensttagen erhielt jede Person zum Frühstück zwei Eier, eine Mittagsmahlzeit und eine Semmel.

[394] Nach den Teucherner Kirchenakten aus dem Jahr 1610 gab es in Runthal 26 Haus- und vier Grundbesitzer. Da von einer ähnlichen Häuserzahl im Jahr 1525 ausgegangen werden muss, zeigt sich, dass nahezu 80 % der Runthaler Bauern den Aufforderungen von Enderlein Folge leisteten.

4. Anton Zimmermann, der „Reformator von Teuchern"

Anton Zimmermann, bis 1525 Pfarrer in Teuchern, gilt wegen seiner Sympathie für die lutherische Lehre, für die er durch Herzog Georg von Sachsen aus seinem Amt entfernt wurde, auch als „Reformator von Teuchern". Dabei ist über sein Leben nicht viel bekannt. Die wenigen vorhanden Quellen lassen viel Spielraum für Interpretationen.

Anton Zimmermann wurde wahrscheinlich in „Weyer am Rhein" am geboren, wie sich aus einem Eintrag in den Visitationsakten des Jahres 1540 unter der Pfarre Lissen ergibt[395]. In anderen Quellen wird – unter Bezug auf seinen Immatrikulationseintrag bei der Universität Wittenberg – Teuchern als Geburtsort angegeben[396]. Sein Geburtsjahr ist nicht bekannt, dürfte aber vor 1500 gelegen haben.

Wann Zimmermann nach Teuchern gekommen ist und das Pfarramt annahm, ist ebenfalls unklar. Laut „Inventarium oder Vorzeichnis, was in der Kirchen, Sacristen, Singe Chor des Städtleins Teuchern zu finden ist" vom 17. Dezember 1617 befand sich damals unter den alten „Kirchen- und Pfarrregistern" im Sakristeischrank unter anderem auch „1 Alt Register mit gelben Pergament", das die Aufschrift trug: „Anno (15)14 Michaelis" und mit Nr. 1 bezeichnet war[397]. Dieser Umstand deutet darauf hin, dass 1514 in Teuchern ein neuer Pfarrer sein Amt angetreten hatte, der mit der Anlegung der Kirchenbücher den Anfang gemacht hat[398]. Teilweise wird daraus der Schluss gezogen, dass Anton Zimmermann dieser Pfarrer gewesen sein muss[399]. Belegt ist dies nicht und wird deswegen auch bestritten[400].

---

[395] SHStA Dresden, Loc. 10594/01; Langenkamp, Geschichte der Stadt Teuchern, S. 53, Müller, Zimmermann, S. 27 und Voigt, Zimmermann, S. 3f., deuten Weyer als Weier. Unklar ist, um welchen Ort es sich dabei handelt. Der heutige Ort Weyer im Rhein-Lahn-Kreis liegt nicht unmittelbar am Rhein – aber in Blickweite des Rheingrabens – und wurde 1526 zudem „Weiger" geschrieben. Denkbar wäre auch der Ort Neuburgweier, der teilweise nur Weier genannt wurde, heute Ortsteil von Rheinstetten im Landkreis Karlsruhe.

[396] Clemen, Beiträge zur Reformationsgeschichte III, S. 47; auch Herzog, Höllen-Fahrten, S. 112, nimmt Teuchern als Herkunftsort an.

[397] Voigt, Die Kirche zu Teuchern, S. 17.

[398] Müller, Zimmermann, S. 27.

[399] Langenkamp, Geschichte der Stadt Teuchern, S. 53; Voigt, Zimmermann, S. 4.

[400] Müller, Zimmermann, S. 27.

Gesichert ist, dass Zimmermann am 18. Juni 1519 in Wittenberg immatrikuliert war[401]. Der Matrikeleintrag[402] lautet *„Anthonius Czymmermann de Töcher dioc. Numburgen"*[403] (übersetzt vermutlich: Anton Zimmermann aus Teuchern Diözese Naumburg). Zumindest zu diesem Zeitpunkt war Zimmermann also schon in Teuchern. Daraus ergibt sich aber nicht, dass er zu diesem Zeitpunkt Pfarrer war. Allein aus dem Umstand, dass Zimmermann erst zu diesem Zeitpunkt studierte, lässt sich zwar nicht das Gegenteil belegen. Nur wenige Pfarrer verfügten damals über ein theologisches Studium. Andererseits konnte Zimmermann zumindest während seiner Studienzeit das Kirchspiel Teuchern nicht versorgen, sodass wenigstens für diese Zeit für Ersatz hätte gesorgt werden müssen.

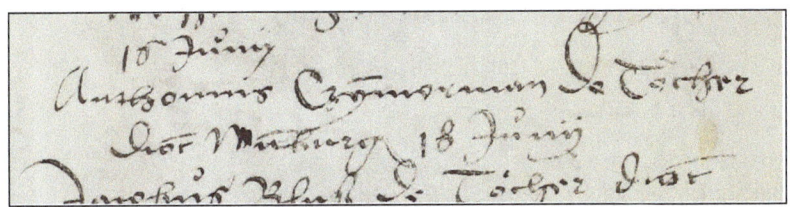

Abb. 4.1: Eintrag von Anton Zimmermann im Matrikelverzeichnis der Universität Wittenberg

Das Studium in Wittenberg hat Zimmermann deutlich geprägt, wie sich seinen späteren Schriften entnehmen lässt. Als gesichert gilt auch, dass Zimmermann Vorlesungen von Martin Luther gehört hat. Als am 10. Dezember 1520 in Wittenberg die Bannandrohungsbulle gegen Luther öffentlich verbrannt wurde[404], weilte Zimmermann wahrscheinlich ebenso wie bei den Studentenunruhen im gleichen Jahr in Wittenberg. Ob er jeweils unmittelbar dabei war, lässt sich nicht belegen. Aber selbst wenn dies nicht der Fall war, waren die Ereignisse seinerzeit Stadtgespräch. Zimmermann muss dies, ebenso wie die Stimmung unter der Wittenberger Bevölkerung, hautnah mitbekommen haben. Vermutlich legte er am 18. März 1521 das Examen ab[405]. Damit dürfte Zimmermann, an-

401 Clemen, Beiträge zur Reformationsgeschichte III, S. 47f.; Herzog, Höllen-Fahrten, S. 123; Müller, Zimmermann, S. 27.

402 Das Matrikelverzeichnis stellt noch heute das amtliche Personen- bzw. „Mitglieder"verzeichnis einer Universität dar.

403 ULB Halle, Yo 2° (1), fol. 62r; Clemen, Beiträge zur Reformationsgeschichte III, S. 47f.

404 Dingel, Nikolaus von Amsdorf, S. 33.

405 ULB Halle, Yo 2° 12, fol. 31v; Es ist unklar, ob der genannte Anton Zimmermann mit „unserem" identisch ist. Clemen, Beiträge zur Reformationsgeschichte III, S. 48; Herzog, Höllen-Fahrten, S. 123, und Müller, Zimmermann, S. 27, nehmen dies an.

Abb. 4.2: Martin Luther verbrennt die päpstliche Bulle

ders als bei den meisten Pfarrern damals üblich, nicht nur ein „Grundstudium" der Künste, sondern auch ein Theologiestudium abgeschlossen haben. Ob er unmittelbar danach nach Teuchern zurückkehrte und das Pfarramt annahm, ist nicht bekannt.

1523 wird Zimmermann erstmals als Pfarrer von Teuchern erwähnt[406]. In diesem Jahr erschien am 20. Juni seine erste überlieferte Schrift *„ Vom vbeln der Eyde, so ynn offentlichen gerichten geschehen. Mit verteutschung und auslegung des Capittels Etsi Chrûs "*[407]. Vorausgeschickt ist eine Widmung an Ritter Heinrich von Bünau[408], den Zimmermann als seinen Patron und Gerichtsherren bezeichnet. Auch wenn Bünau formal nicht Zimmermanns Patron war – dies

---

[406] Albrecht-Birkner, Pfarrerbuch 10, S. 660; Clemen, Beiträge zur Reformationsgeschichte III, S. 48; Voigt, Zimmermann, S. 4.
[407] Die Erfindung des Buchdruckes machte es möglich, dass nahezu „Jedermann" in der Lage war, zu publizieren. Die Reformation und die Bildungsideale des Humanismus sorgten für den entsprechenden Markt. Vgl. Bünz u.a., Buch und Reformation, S. 25.
[408] Siehe Kapitel 5.4 Ritter Heinrich (d.Ä.) von Bünau auf Teuchern, Rudelsburg und Gröbitz

war der Propst von Naumburg[409] – so übte die Familie von Bünau faktisch die Stiftsgewalt in Teuchern aus. Dass Zimmermann in der Widmung Heinrich nannte, ist deswegen bemerkenswert, da üblicherweise damit die Billigung des Textes durch den Genannten der Öffentlichkeit angezeigt werden sollte[410]. Man muss also annehmen, dass Heinrich den Inhalt der Schrift vorab kannte und zumindest weitestgehend gebilligt hatte. Oft werden die Bünaus zu Teuchern als Förderer Zimmermanns bezeichnet. Auch wenn es damals einige Adlige

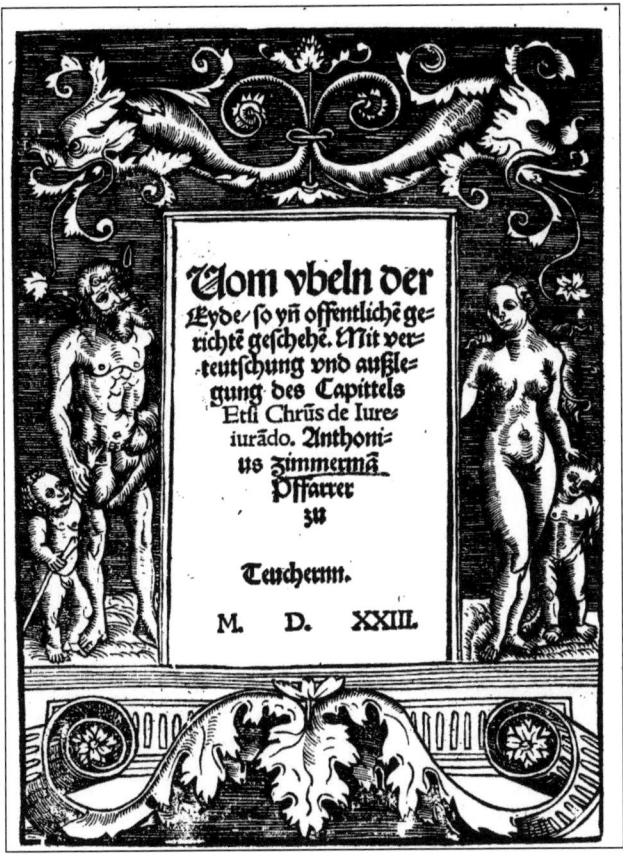

Abb. 4.3: Deckblatt von Zimmermanns erster veröffentlichter Schrift

---

409 Dies ergibt sich aus den Visitationsprotokollen von 1539, 1540 und 1555: LASA, A 29a, II Nr. 1b, fol. 624r (1539); LASA, A 29a, II Nr. 1c Bd. 2, fol. 103r (1540); LASA, A 29a, II Nr. 28a, fol. 172v.

410 Junghans, Das Jahrhundert der Reformation, S. 41.

gab, die gezielt reformatorische Pfarrer in ihre Dörfer oder Landstädte holten[411]. Mehr als den Hinweis durch die genannte Widmung gibt es dafür bei den Teucherner Bünaus nicht.

In dieser bei Johann Loersfeld in Erfurt gedruckten Schrift wendet Zimmermann sich u.a. gegen das Schwören und Eidablegen jedweder Art, bei Gericht und außergerichtlich[412]. Nach seiner Ansicht sei es Christen, anders als Juden[413], nicht erlaubt, bei Gottes Namen zu schwören. Dabei sei es egal, ob der Schwörende die Wahrheit sage oder nicht. Auch die – geistlichen oder weltlichen – Richter, die den Eid abnehmen, kritisierte Zimmermann aufs Heftigste. Diese Ansicht war nicht neu. Zimmermann selbst wollte seine Ideen bereits vorher auf Latein veröffentlichen, wie sich dem Vorwort entnehmen lässt. Danach habe er das Manuskript „gewissen Leuten" übergeben, aber es sei bislang nicht gedruckt worden[414]. Zimmermanns Ausdrucksweise wird mit der Luthers gleichgesetzt. Er habe „kühn, hinreißend und überzeugend" geschrieben[415].

Ebenfalls 1523 erschien „Ein Sermon auf das Evangelium Mark. 8, 1-9", in dem Anton Zimmermann gegen Veräußerlichung und Quantifizierung des gottesdienstlichen Lebens Stellung nimmt. Allein der regelmäßige Kirchgang und das (sture) Befolgen der Rituale, ohne den Sinn zu verstehen, führe demnach nicht zur Erlösung. Es handelt sich dabei um den Abdruck einer Predigt, die Zimmermann am 19. Juli 1523 (in Teuchern?[416]) gehalten hat[417]. Auch die Predigt wurde bei Loersfeld in Erfurt verlegt.

Wahrscheinlich etwa zur selben Zeit hatte Zimmermann in Teuchern angefangen, die Taufhandlungen in deutscher Sprache zu vollziehen und seine Gemeinde durch eine Reihe von Predigten auf die Austeilung des heiligen Abendmahls unter beiderlei Gestalt vorzubereiten[418]. Dies zeigt den Mut Zim-

---

[411] Junghans, Das Jahrhundert der Reformation, S. 46.
[412] Rechtsprechung geschah auch im ausgehenden Mittelalter noch „im Namen Gottes", vgl. Bünz/Kühne, Alltag und Frömmigkeit, S. 556. So verwundert es nicht, dass ein Theologe über das Eidablegen vor Gericht schreibt. Zum Eidablegen konkret vgl. Bünz/Kühne, Alltag und Frömmigkeit, S. 559ff.
[413] Nach Zimmermann soll den Juden nur der falsche Eid verboten sein.
[414] Voigt, Zimmermann, S. 4f.
[415] Voigt, Zimmermann, S. 5.
[416] Voigt, Zimmermann, S. 5. Der Abdruck selbst enthält keinen Hinweis auf den Ort der Predigt. Da Zimmermann aber Pfarrer in Teuchern war, ist anzunehmen, dass er bei einem abweichenden Ort diesen angegeben hätte.
[417] Clemen, Beiträge zur Reformationsgeschichte III, S. 49.
[418] Langenkamp, Geschichte der Stadt Teuchern, S. 54; Tutzschmann, Friedrich der Weise, S. 517f.; Voigt, Zimmermann, S. 6

mermanns, denn Herzog Georg von Sachsen, der sich der Reformation gegenüber durchaus feindlich stellte und dessen Verbitterung Luther durch seine derben, persönlichen Angriffe auf ihn nur noch mehr steigerte, ging gezielt gegen Luther und seine Anhänger vor. Dabei hatte der Herzog die Missstände in der Kirche durchaus erkannt und war Reformen gegenüber aufgeschlossen[419]. Luthers Ideen aber gingen dem Herzog mittlerweile zu weit. Luthers Schriften, selbst die Übersetzung des Neuen Testaments, ließ der Herzog konfiszieren und in seinem Land verbieten. Auch über die Bürger, die das Abendmahl in beiderlei Gestalt feierten, ließ sich der Herzog berichten[420].

Nach einem Religionsmandat von 1522 von Herzog Georg sollte unter anderem jeder Priester, der Luthers Lehre predigte, gefangen genommen werden[421]. Allerdings ließ Georg entgegen späterer Überlieferungen keinen einzigen Anhänger der Reformation hinrichten. Die Ausweisung aus dem Lande war die „übliche" Strafe[422]. Berichtet wird, dass auch Anton Zimmermann nun bei Herzog Georg in zwei Punkten angeklagt wurde. Zum einen wurde ihm die Taufe in deutscher Sprache vorgeworfen und zum anderen, dass er das Abendmahl in beiderlei Gestalt austeilte[423]. Letzterer Vorwurf war aber nicht zutreffend, da Zimmermann „nur" entsprechend gepredigt hatte. Zimmermann hielt an seinen Auffassungen fest und versuchte, mit Argumenten aus der Bibel und der Kirchengeschichte zu überzeugen. 1524 veröffentlichte er seine Argumente in der Druckschrift *„Antwort und entschuldigung[424] an den durchlauchtigten und Hochgeborenen fursten und Herrn, Herrn Georgen, Hertzog zw Sachsen etc. widder seye lugenhafftige angeber, wer sy auch synd"*.
Bereits auf dem Deckblatt stellte Zimmermann die These auf, dass das Abendmahl in beiderlei Gestalt zu empfangen sei. Damit ist offenkundig, einen Widerruf kann der Leser nicht erwarten.
Im Eingang dieser kurzen Schrift sagt Zimmermann, es sei ihm *„ durch etliche namhafftige, Rittermessige lewte"*[425] zu Ohren gekommen, dass der Herzog Georg gegen ihn, als einen Sonderling, etwas ungnädig gesinnt sei. Solche Gesinnung, die vielleicht durch lügenhafte Berichte hervorgerufen sei, könne

---

419 Junghans, Das Jahrhundert der Reformation, S. 48; Wartenberg, Landesherrschaft und Reformation, S. 93; Wießner, Bistum Naumburg I, S. 439f.

420 So z.B. in 1525 in Pegau oder 1533 in Leipzig und Oschatz. Vgl. Junghans, Das Jahrhundert der Reformation, S. 56, 63, 65; Wartenberg, Landesherrschaft und Reformation, S. 37.

421 Junghans, Das Jahrhundert der Reformation, S. 49; Kohnle/Schirmer, Kurfürst Friedrich der Weise, S. 404.

422 Junghans, Das Jahrhundert der Reformation, S. 49.

423 Voigt, Zimmermann, S. 7, 9f.

424 Mit Entschuldigung ist nach dem damaligen Sprachgebrauch Rechtfertigung gemeint.

425 Namen nennt Zimmermann nicht, aber es dürfte sich dabei um die Bünaus handeln. Offensichtlich haben diese versucht, Zimmermann zu warnen.

ihm nicht gleichgültig sein, zumal er stets bemüht gewesen sei, selbst dem geringsten Menschen gegenüber, Ungunst und Feindschaft zu verhüten und da er wisse, dass der Herzog das freie Gotteswort in seinem Lande lauter und rein gepredigt haben wolle, und er, Zimmermann, bei seiner Seelen Seligkeit nichts anderes sagen könne, als dass er, so wie ihm Gott verliehen, das lautere Gotteswort bisher mit allem Fleiß gepredigt habe, so sehe er sich genötigt, mit frischem, fröhlichen Gemüt dem Herzog gegenüber sich schriftlich zu verteidigen. Er habe keine andere Neuerung aufgebracht, denn die, dass er in deutscher Sprache getauft habe und habe taufen lassen und er könne versichern, dass der gemeine Mann der Taufhandlung mit großer Andacht beigewohnt habe. Auch seine erste Schrift bezüglich des Eides verteidigte Zimmermann nun[426]. Hinsichtlich der Erteilung des Abendmahls in beiderlei Gestalt erfahren wir aus der Schrift, dass er dies für die Ostermesse 1524 geplant hatte, aber aufgrund der Ablehnung des Herzogs davon abgesehen habe[427]. An der Richtigkeit seiner Interpretation der Bibel hält er aber deutlich fest. Zimmermann sieht in der Erteilung des Abendmahls in einerlei Gestalt sogar eine Gotteslästerung: *„So ist nun öffentlich und klärlich in der heiligen Schrift gegründet und angezeigt, daß Christus das heil. Sakrament in beiderlei Gestalt am Abendessen eingesetzt, den Aposteln, auch den andern Jüngern also gereicht und gegeben hat, auch hernach eine lange Zeit in der heiligen christlichen Kirche gewähret, bis es von Menschen ohne alle Ursache, auch zu Reichung göttlicher Schmach und Verdammnis vieler Menschen verändert worden ist. Denn was thut man in solcher Veränderung anderes, als daß man Gott in seinen Worten und Werken tadelt, verwirft und lügenstraft?"[428].*

Würde man dem Gläubigen das „richtige" Abendmahl verweigern, können ihm auch seine Sünden nicht vergeben werden, führt Zimmermann weiter aus. Dies zeigt eine weitere Parallele zwischen Luther und Zimmermann: Auch Zimmermann war um das Wohl bzw. Seelenheil der Gläubigen besorgt.

Seine „Antwort und Entschuldigung" erschien wiederum bei Zimmermanns „Stammverleger" in Erfurt.

Bemerkenswert ist, dass Herzog Georg selbst in der Theologie gut bewandert war und auch mit der Bibel und anderen theologischen Schriften argumentieren konnte[429]. Das Abendmahl in beiderlei Gestalt sei nach der Auffassung des Herzogs allein den Priestern vorbehalten, wie sich aus den Worten der „Heiligen Schrift" ergeben würde[430]. Dennoch konnte Zimmermann den Herzog zu-

---

[426] Voigt, Zimmermann, S. 5.
[427] Voigt, Zimmermann, S. 7.
[428] Voigt, Zimmermann, S. 8.
[429] Siehe Bünz/Kühne, Alltag und Frömmigkeit, S. 68.
[430] Bünz/Kühne, Alltag und Frömmigkeit, S. 76.

nächst wohl besänftigen, denn Folgen für Zimmermann sind nicht überliefert. Dies sollte aber bei seiner nächsten Schrift anders sein.

Dass Zimmermann noch heute unter Theologen bekannt ist, liegt an seiner Theorie zur Höllenfahrt Jesu Christi. Martin Luther hat 1519 bis 1521 in seiner „Zweiten Psalmenvorlesung" vor allem an einer Stelle behauptet, dass die Passion Jesu über das Kreuz hinaus eine Fortsetzung in der Hölle fand, wo der Erlöser die Pein der Verdammten auszustehen hatte, denn die Christgläubigen mussten vollständig von Sünde und Tod (durch den Kreuzestod), aber auch von Hölle und Teufel (durch die Höllenfahrt) erlöst werden.

Abb. 4.4: Christus in der Hölle

Ein Ansatzpunkt dazu findet sich bereits in Luthers Thesen. So lautet die 94. These: „Man muss die Christen ermahnen, dass sie Christus, ihrem Haupt, durch Leiden, Tode und Höllen nachzufolgen trachten."
Diesen Grundgedanken hatte sich unter seinen damaligen Zuhörern u.a. Zimmermann[431] zu Eigen gemacht und es war ihm bei einem Kanzelvortrag in der Stadtpfarrkirche Weißenfels am 7. Juni 1525 die Bemerkung entfallen, *„Christus habe auch nach seinem tode / ehe er von Got wider erweckt sey gewesen / ynn der hellen gelitten / ynd daselbist auch gnug than / auf das allenthalben durch yhn / von vnsert wegen / Gott dem vatter gnug geschee / damit er vnsern*

---

431 Dass Zimmermann diese Vorlesung gehört haben muss, ergibt sich daraus, dass er diese mehrfach zitiert, ohne allerdings die Quelle anzugeben. Vgl. Herzog, Höllen-Fahrten, S. 123.

gantzen todt / durch seinen todt erwürget vnd hinleget / inn dem / das er vns
auch von der hellen pein erlöset / gleich wie er vns vom tode erlöset hat ".[432]
Die Zuhörer, 40 Prediger, protestierten. Sie sahen die Ehre Jesu Christi ange-
tastet. Zimmermann reagierte. Allerdings sei ihm erst am 30. Juni kund geworden, dass er damit Ärgernis erregt habe und dass es Schändung der Majestät
und Christi sei. Aber er wolle seine Ansicht nun beweisen. Anton Zimmermann
antwortete mit einem gedruckten Sendschreiben an die Weißenfelser[433]. Auffal-
lend ist, dass dieser Druck nicht mehr von Loersfeld verlegt, sondern bei zwei
verschiedenen Verlagen gedruckt wurde. Einmal von Johann Schönsperger d.
J.[434] aus Zwickau und zum anderen von Gabriel Kantz in Altenburg.
Diese Schrift zog seine Gefangennahme und die Auslieferung an den Statthalter von Zeitz, Eberhard von Thor[435], nach sich.

Nach anderen Berichten wurde Zimmermann unmittelbar nach der Predigt,
eventuell aufgrund von Denunzianten aus der Zuhörerschaft, verhaftet und
nach Zeitz gebracht[436]. Dies trifft aber keinesfalls zu, da Zimmermann erst
nach der Predigt die Schrift bei beiden Verlagen in Druck gegeben hat. Dass
Zimmermann die Schrift gedruckt hat, lag auch daran, dass er in seiner Theorie
zunächst wohl keinen generellen Widerspruch zur päpstlichen Lehre sah[437] und
daher die Folgen für ihn nicht vorhersehbar waren.

Unter anderem auf Druck des Bischofs von Naumburg widerrief Anton Zimmermann im Kerker von Zeitz seine Thesen. Deswegen entließ man ihn aus
der Haft. Innerhalb von nur drei Monaten, Juli bis September 1525, war die
„Affäre Zimmermann" beendet, aber für ihn selbst noch nicht ausgestanden. Er
musste den Widerruf drucken lassen, was 1526 geschah. Er durfte auch auf
seine Pfarrstelle nach Teuchern nicht zurückkehren[438].

Der Widerruf ist 1526 von Valentin Schumann aus Leipzig gedruckt worden.
Darin bekennt sich Zimmermann, dass er „unweislich und unvorsichtig jenen
Artikel als wahr gepredigt und noch unweislicher und frecher ihn als Schrift
habe drucken lassen". Dass das Gegenteil, d.h. dass Christi Seele in der Hölle
keine Pein gelitten, in der Schrift wohl und genugsam begründet sei und dass

---

[432]   Voigt, Zimmermann, S. 11.

[433]   Voigt, Zimmermann, S. 11.

[434]   Der Zwickauer Verleger wurde 1525 aufgrund zahlreicher Schulden verhaftet und aus Zwickau verwiesen. Die Schrift von Zimmermann gehört also zu seinen letzten Zwickauer Drucken.

[435]   Zu Eberhardt von/vom Thor vgl. Wießner, Bistum Naumburg II, S. 1093.

[436]   Wießner, Bistum Naumburg I, S. 456.

[437]   Herzog, Höllen-Fahrten, S. 125.

[438]   Wießner, Bistum Naumburg I, S. 457.

er die betroffenen Schriftstellen missverstanden habe. Zwar sei Jesus nach dem Kreuzigungstod in die Hölle gekommen, jedoch nicht zum Leiden, sondern um diese bzw. das Böse zu zerstören. Er ermahne überhaupt einen jeglichen Christenmenschen, er wolle nicht leichtlich einer fremden Lehre, die auf einen neuen Verstand gestellt sei, Glauben schenken, sondern bei der gemeinen christlichen Lehre bleiben. Damit appelliert Zimmermann an den Leser, der römisch-katholischen Kirche treu zu bleiben und der neuen, lutherischen Lehre nicht zu glauben. Dass er dies ausschließlich auf Druck und nicht aus innerer Überzeugung tat, zeigt sich daran, dass Anton Zimmermann weiterhin der lutherischen Lehre folgte.

Als der Widerruf gedruckt wurde, war Zimmermann nicht mehr Pfarrer zu Teuchern, wie sich aus der Formulierung im Widerruf „etwan (bedeutet etwa ehedem) Pfarrer zu Teuchern" ergibt[439]. Auch war er da noch nicht Pfarrer zu Meuselwitz, sonst hätte er das wohl erwähnt.
Der „Höllenfahrtsstreit" war aber damit nicht beendet. Dies lag zum einen daran, dass selbst unter reformatorischen Theologen umstritten war, ob Jesus in der Hölle gelitten habe oder nicht, zum anderen an den altgläubigen Theologen, die gerade auch diesen Punkt der lutherischen Lehre als besonders verwerflich ansahen. Beispielsweise hat sich der Franziskanerprovinzial Kaspar Schatzgeyer (1463-1527) konkret in seiner Monologie „*Verwerfung eines irrigenn Artickels das die seel Christi nach abscheidt vom leib in absteigung zu dem hellen hab darinn geliden hellische pein.*" aus dem Jahr 1526 mit Zimmermanns Schrift beschäftigt. Auch in der maßgeblich von Johannes Eck verfassten[440] „Confutatio Augustana", die im Auftrag des römisch-deutschen Kaisers Karl V. für den Reichstag in Augsburg 1530 erstellt wurde, wird die Schrift – trotz des zwischenzeitlich erfolgten Widerrufs – bekämpft. Für Eck war Zimmermann ebenso wie Luther ein „Ketzer". Er erwähnte in seinen „Vierhundert Vier Artikeln" zwei Sätze Zimmermanns. Bei den Artikeln Ecks handelt es sich um theologische Thesen, die Eck als falsch ansah, faktisch also ein „langatmiges Verzeichnis aller möglichen Ketzer und Ketzereien aus den Erstlingszeiten des Protestantismus"[441]. Bei diesen prominenten Gegnern Zimmermanns war es auch nicht verwunderlich, dass sein eigener Bischof ebenfalls eine Gegenschrift verfasste.

Zimmermanns Theorie zur Höllenfahrt zeigt sein eigenes theologisches Verständnis. Er hat nicht nur Luthers Lehre kopiert, sondern sich – ganz seinem Vorbild entsprechend – selbst mit der Heiligen Schrift und ihrem Inhalt ausein-

---

439 Clemen, Beiträge zur Reformationsgeschichte III, S. 48; Voigt, Zimmermann, S. 13.
440 Schorn-Schütte, Die Reformation, S. 82.
441 Gussmann, Ecks vierhundertvier Artikel, S. 17.

ander gesetzt. Auch wenn Martin Luther wohl den Anstoß für diese Theorie gab, hat sie sich auch unter den Reformatoren nicht behaupten können.

Anton Zimmermann erscheint wenig später als Pfarrer in Meuselwitz. Dorthin hatte in angeblich Günther von Bünau berufen[442]. Dabei kann es sich aber nicht, wie oft angenommen wurde, um Günther von Bünau zu Teuchern handeln. Günther von Bünau zu Teuchern war als Domdechant in Naumburg zumindest offiziell ein Gegner der Reformation. Auch hätte es sich ein Teucherner Bünau kaum leisten können, offen einen evangelischen Prediger zu unterstützen. Immerhin verlangte Herzog Georg von seinen Lehnsvasallen, dass diese konsequent gegen derartige Prediger vorgehen[443]. Aus der Widmung an Heinrich im Jahr 1523 kann man aber schließen, dass die Bünaus Zimmermann zumindest anfangs wohlgesonnen waren. Auf der anderen Seite ist nur Zimmermanns erste Schrift seinem Patron gewidmet. In späteren Schriften fehlt etwas Vergleichbares. War dies eine Taktik Zimmermanns oder hatte er etwa die Gunst der Bünaus verloren, da ihnen die Thesen Zimmermanns zu weit gingen? Hatte Zimmermann mit der ersten Widmung vielleicht nur versucht, sich bei Heinrich einzuschmeicheln? Bei dem genannten Günther von Bünau, der Zimmermann nach Meuselwitz holte, dürfte es sich um Günther von Bünau zu Meuselwitz handeln, der Zimmermann zwischen 1526[444] und 1528[445] – der genaue Zeitpunkt ist unklar – zu sich rief. Da die Familie von Bünau auch in ihren Nebenlinien eng miteinander zusammenwirkte, ist zu vermuten, dass hier zumindest das inoffizielle Einverständnis der Teucherner Bünaus vorlag.

In Meuselwitz vertrat Zimmermann weiter offensiv die lutherische Lehre. Dies belegen die Visitationsakten der Kirchenvisitation im Altenburgischen. Eine erste Kirchenvisitation ist auf Befehl des Kurfürsten Johann von Sachsen vom Juni 1527 durchgeführt wurden. Der Altenburgischen Bereich wurde im Folgejahr visitiert und es ergab sich, dass dort noch zahlreiche Pfarrer an der alten Lehre festhielten[446]. Allerdings gab es auch Ausnahmen: „Das größte Lob trug im Altenburgischen der Pfarrer von Meuselwitz, Anthon Zimmermann, davon, der als ein frommer und gelehrter Mann in den Actis gerühmet wird". Auch im Jahre 1533 haben ihn die Visitatoren als „geschickt und gelehrt befunden"[447].

---

442 Langenkamp, Geschichte der Stadt Teuchern, S. 54; Voigt, Zimmermann, S. 14.
443 Junghans, Das Jahrhundert der Reformation, S. 56.
444 Müller, Zimmermann, S. 29; Voigt, Zimmermann, S. 13f.
445 Herzog, Höllen-Fahrten, S. 112.
446 Patze/Schlesinger, Geschichte Thüringens III, S. 80.
447 Müller, Zimmermann, S. 27.

Aus dem Jahr 1529 ist ein von Anton Zimmermann persönlich ausgestellter und mit seinem Siegel versehener Eheschein erhalten, der mit den Worten *„Ego Anthonius Czymmermann Christianarum ouium in Meuselbitz pastor"* beginnt[448]. Es handelt sich um den Eheschein für Cyriacus Gans in Wolkenburg[449]. Dieser schloss am 14. März 1529 die Ehe, nachdem er seit Anfang März Pfarrer in Wolkenburg war. Ins Deutsche übersetzt, lautet der Inhalt des Ehescheins: „Ich, Anton Zimmermann, Hüter der christlichen Schäflein in Meuselwitz, bezeuge hiermit, dass ich den Vorzeiger dieses, den ehrwürdigen Herrn Cyriacus Gans mit der ehrwürdigen Anna Hockeley nach gesetzlicher Vorschrift ehelich verbunden habe unter Zuziehung des hochwürdigen Herrn Vincenz Stange aus Breitenstein und des Michael Saupe."[450]

Es handelt sich hier nicht nur um ein weiteres schriftliches Zeugnis aus dem Lebensweg Anton Zimmermanns, sondern stellt auch den Nachweis dar, dass Zimmermann – wie Luther – sich klar gegen das Zölibat stellte und für die Eheschließung von Pfarrern war. Ob Anton Zimmermann selbst verheiratet war oder Kinder hinterließ, ist dagegen nicht bekannt.

Im Vergleich zu Teuchern war die Parochie Meuselwitz kleiner. Damit war auch ein geringeres Einkommen verbunden. Dies verbesserte sich etwas, als 1529 die Dörfer Schnauderhainichen und Mumsdorf aus Zipsendorf ausgepfarrt und in Meuselwitz eingepfarrt werden. Der Hintergrund ist nicht bekannt. Möglicherweise lag es daran, dass in Zipsendorf der spätere Teucherner Pfarrer Wolschendorf noch die katholische Lehre predigte und Zimmermann in Meuselwitz schon die reformatorische[451].

Über die letzten Lebensjahre von Anton Zimmermann ist noch weniger bekannt. Ab 1539 war er in Lissen bei Osterfeld erster evangelischer Propst[452]. Vielleicht war er bis zu diesem Jahr in Meuselwitz, da erst ab 1539 ein Nachfolger im Amt des Pfarrers von Meuselwitz bekannt ist. 1545 informierte der

---

448 Clemen, Beiträge zur Reformationsgeschichte III, S. 48.

449 Wolkenburg/Mulde, heute Ortsteil von Limbach-Oberfrohna im Landkreis Zwickau.

450 Der vollständige Wortlaut lautet: *„Ego Anthonius Czymmerman Christianarum ovium in Meuselbitz pastor praesentibus me recognoso praesentium ostensorem, honorabilem dominum Ciriacum Ganß una cum quadam honesta Anna Hockeley legittime et matrimonialiter ea, qua decuit, observantia, copulavisse praesentibus testibus venerabili domino Vincentio Stange in Breytenhain contionatore et Michahele Saupen ad hoc vocatis et requisitis. Actum Tertia feria post Judica Anno ect. Xxix solito meo sigillo infra appresso."* (zitiert nach: Georg Buchwald, Cyriakus Gans, S. 79).

451 Dietmann, Chursächsische Priesterschaft IV, S. 551; Voigt, Wolschendorf, S. 3.

452 SHStA Dresden, Loc. 10594/01; Albrecht-Birkner, Pfarrerbuch 10, S. 523; Dietmann, Chursächsische Priesterschaft I, Teil 3, S. 1035; Langenkamp, Geschichte der Stadt Teuchern, S. 54; Voigt, Zimmermann, S. 16.

Osterfelder Rat Bischof Nikolaus von Amsdorf, verbunden mit dem Wunsch nach einer Neubesetzung der Pfarrstelle, dass Zimmermann verstorben sei[453].

Anton Zimmermanns Rolle für die Geschichte Teucherns kann nur schwer bewertet werden. Einerseits war es ihm letztlich nicht gelungen, die reformatorische Lehre in Teuchern einzuführen, und er scheiterte an der Obrigkeit. Anderseits zeigte er Mut in einer schwierigen Zeit und hat mit seinen Schriften einen Nachweis über die Glaubenswelt der „einfachen" Pfarrer hinterlassen. Auch wenn die Bezeichnung „Reformator von Teuchern" zu hoch gegriffen sein dürfte, sind aber viele Parallelen zwischen Martin Luther und Anton Zimmermann vorhanden. Auch Zimmermann waren seine Überzeugungen letztlich wichtiger als sein persönliches Schicksal.

---

[453] Müller, Zimmmermann, S. 29.

5. Die Familie von Bünau auf Teuchern – Unterstützer der Reformation oder Verteidiger der alten Lehre?

Die niederadlige Familie zu Bünau gehört zum Uradel des Hochstifts Naumburg-Zeitz[454]. Der Stammsitz ist vermutlich (Nieder-)Beuna bei Merseburg[455]. Die erste Erwähnung der Familie findet sich in den Urkunden des Bistums Naumburg. Am 10. März 1166 wird ein Rudolfus de Bunowe[456] als beschöflicher Ministerialer[457] erwähnt. Aus dem unfreien Ministerialengeschlecht wurde zunächst eine amts- bzw. später schriftsässige[458] (freie) Adelsfamilie, die über Gerichtsherrschaften mit allen daran anknüpfenden Rechten und sogar eigenes Lehensgefolge verfügte. Mit der Schriftsässigkeit war ab dem späten 15. Jahrhundert auch die direkte Landtags- bzw. Ständetagsberechtigung verknüpft. Die späteren Generationen der Bünaus gehörten (auch) zum wettinischen Lehensgefolge und die Familie zählte zu den „vier Stammsäulen" des Meißner Adels[459].

Das Geschlecht besteht aus 15 Haupt- und 28 Nebenlinien[460], was eine genaue Zuordnung der einzelnen Personen häufig erschwert. Hinzu kommt die besondere Namensgebung der Familie. Nach einer Geschlechterordnung der Familie durften die männlichen Mitglieder der Familie nur die Namen Heinrich, Günther und Rudolf tragen[461]. Derartige Geschlechtsordnungen waren im 16. Jahr-

---

[454] Wießner, Bistum Naumburg I, S. 692.

[455] Schattkowsky, Die Familie von Bünau, S. 106f., Der Teucherner Ortsteil Bonau soll aus sprachlichen Gründen nicht in Betracht kommen. Die Herkunft aus Beuna nimmt wohl auch Wießner, Bistum Naumburg I, S. 683, an.

[456] Mansberg, Erbarmanschaft Wettinischer Lande III, S. 447; Schattkowsky, Die Familie von Bünau, S. 100

[457] Ministeriale waren im Frühmittelalter zunächst auf lokaler Ebene, ab dem 11. Jahrhundert als unfreie Verwalter meist für Königsgüter und Klöster und später auch für den Adel tätig. Im Laufe der Zeit wurden aus den unfreien Ministerialen Lehensleute und damit freie Niederadlige.

[458] Während der amtssässige Adel dem örtlichen Amt unterstand, war der schriftsässige Adel nur dem Landesherren verpflichtet. Vgl. zur Unterscheidung zwischen amts- und schriftsässigem Adel auch Patze/Schlesinger, Geschichte Thüringens III, S. 154 und Rogge/Schirmer, Hochadlige Herrschaft, S. 337, FN. 100.

[459] Schattkowsky, Die Familie von Bünau, S. 20.

[460] Schattkowsky, Die Familie von Bünau, S. 23.

[461] Der Sage nach sollen in den Hussitenkriegen (1420–1434) 200 Abkömmlinge der Familie ums Leben gekommen sein. Nur drei Brüder oder Vettern mit Namen Heinrich, Günther und Rudolf überlebten die Kriegsgreuel. Ihnen zum Andenken sollten alle männlichen Nachkommen ausschließlich einen der drei Vornamen führen. Der Wahrheitsgehalt dieser Überlieferung ist nicht bekannt. Fakt ist aber, dass die von Bünaus durch eine Erbeinigung 1517 tatsächlich beschlossen, männlichen Mitgliedern nur noch einen der drei Vornamen zu geben.

hundert nicht völlig ungewöhnlich. Die Familien wollten durch eine einheitliche Namenswahl oft die Geschlossenheit der Familie nach außen hin dokumentieren. Die Besonderheit der Bünauischen Geschlechterordnung ist jedoch, dass die früheste Fassung von 1517 aus der vorreformatorischen Zeit stammt[462]. Doch nicht nur die Namensgebung war geregelt. Es gab Bestimmungen zur Eheschließung und auch zum Umgang mit dem Besitz der Familie. Grundsätzlich wurden alle Familienzweige im Wege einer Gesamtbelehnung mit den Besitztümern belehnt. Eine Verpfändung oder gar ein Verkauf war nur mit Zustimmung der anderen Familienmitglieder möglich. Das Rechtsinstitut der Gesamtbelehnung war eine Besonderheit des wettinischen Lehnsrechts[463].

Das ursprüngliche Wappen der Familie von Bünau mit Leopardenkopf (oder Löwenkopf) und Lilie lässt sich erstmals 1301 nachweisen[464]. Erstmals 1487 erscheint – im Siegel des Günther von Bünau zu Teuchern – ein viergeteiltes Wappen[465]. In der seit 1495 üblichen Form, im ersten und vierten Feld ein rotsilber gespaltenen Schild, im zweiten und dritten Feld eine goldene Löwenbzw. Leopardenmaske mit Lilie im Rachen, ist es noch heute gebräuchlich.

Die Teucherner Linie der Bünaus war also keineswegs so unbedeutend, wie man heute annehmen könnte. Seit dem 14. Jahrhundert besaßen die Bünaus die Wasserburg Teuchern, die sie von den Herren von Lichtenhain erworben haben[466]. Seit wann die Bünaus Teuchern im Besitz hatten, ist bislang nicht geklärt. Aber mindestens seit 1347 war dies der Fall[467].

---

462 Schattkowsky, Die Familie von Bünau, S. 23. Das im Familienarchiv derer von Bünau erhaltene Dokument beginnt mit den Namen der Bünaus. Jedoch sind nur die Linien zu Meuselwitz, Weesenstein und Brandis, Breitenhain, Elsterberg, Droyßig und Meineweh, Tannrode, Liebstadt, Schlöben, Quesitz, Frowerkg (?), Kraffsdorff (?), Lesenaw (?) und Radeburg genannt. Vgl. von Bünau, Der Erb-Einigungs-Vertrag von 1517, S. 5. Zu den Unterzeichnern gehörte aber auch Günther von Bünau zu Teuchern, als einziger aus der Teucherner Linie. Vgl. von Bünau, Der Erb-Einigungs-Vertrag von 1517, S. 16.

463 Schattkowsky, Die Familie von Bünau, S. 169.

464 Schattkowsky, Die Familie von Bünau, S. 175.

465 Schattkowsky, Die Familie von Bünau, S. 179.

466 Mansberg, Erbarmanschaft Wettinescher Lande III, S. 452.

467 Langenkamp, Geschichte der Stadt Teuchern, S. 40, geht davon aus, dass die von Bünau bereits seit 1329 die Wasserburg Teuchern besessen haben. Nach v. Mansberg, Erbarmanschaft Wettinescher Lande III, S. 452, haben die von Bünau 1347 Teuchern, das sie kurz zuvor von denen von Lichtenhain erworben haben, besessen. Dies würde gegen einen Besitz bereits seit 1329 sprechen.

Abb. 5.1: „Neues", viergeteiltes Wappen der Familie von Bünau

Bereits Ende des 15. Jahrhunderts kamen auf den Adel zahlreiche Veränderungen zu. Die wirtschaftlichen Voraussetzungen änderten sich. Viele suchten sich andere Betätigungsfelder, nicht immer nur im legalen Bereich. Auch wenn oft über die „Verrohung des Adels" in dieser Zeit gesprochen wird[468], völlig unzivilisiert und gewalttätig war das ausgehende Mittelalter keineswegs. Die Raubritterei, über die zwar in alten Chroniken viel berichtet wird, gab es in den mitteldeutschen Landen nur sehr selten. Der Hintergrund war auch, dass es hier durch die zahlreichen Kleinstaaten und dichte Ämterstruktur zahlreiche Verdienstmöglichkeiten gab[469].

Auf dem Reichstag in Worms im Jahre 1495, auf dem auch Heinrich von Bünau zu Teuchern war, wurde zudem der ewige Landfrieden beschlossen. Bis dahin galt das mittelalterliche Fehderecht[470]. Nach diesem erfolgte die Klärung des Falls direkt zwischen dem Geschädigten und dem Schädiger, in Ausnahme-

---

468 Über die Bünaus wird derartiges ebenfalls berichtet: Die Kapitelsgemeinde zu Teuchern soll über die Gewalttätigkeit des Rudolf von Bünau geklagt haben. Ebenfalls ein Rudolf von Bünau zu Teuchern soll seinen Vetter, den Dompropst zu Merseburg „entleibt" haben. In Schkölen soll 1598 ein Rudolf von Bünau den Bürgermeister Nickel erschossen haben. Vgl. Langenkamp, Geschichte der Stadt Teuchern, S. 75. Auch von der Familie „von Teuchern" werden ähnliche Geschichten überliefert. Bei Grimma soll im Oktober 1547 Georg von Teuchern in einem Gasthof in eine Auseinandersetzung verwickelt gewesen sein, in deren Verlauf der dortige Stadtrichter tödlich verwundet wurde. Georg wurde zu einer Strafzahlung verurteilt, die er aber wahrscheinlich nie geleistet hat.

469 Rogge/Schirmer, Hochadlige Herrschaft, S. 339; Schirmer, Kursächsische Staatsfinanzen, S. 30f.

470 Schorn-Schütte, Die Reformation, S. 17.

fällen auch mit Gewalt („Blutfehde"). Eine neutrale Instanz, also ein Gericht, wurde nicht eingeschaltet. Fehden der Teucherner Bünaus sind nicht überliefert, allerdings gab es zahlreiche Rechtsstreitigkeiten der Bünaus, z.B. über Buttersiegel mit dem Rat der Stadt Naumburg. Mit den meisten bedeutenden Adelsfamilien der sächsischen Lande waren die Bünaus zudem eher verbündet.

Obwohl die Ritter ihre Rolle als Schutzmacht bzw. Soldaten zugunsten von Söldner verloren hatten[471], bestand für die Adligen immer noch die Pflicht zum „Ritterdienst". Dies bedeutete, dass eine gewisse Anzahl an „Ritterpferden" vorgehalten und im Fall der Fälle mit diesen Pferden, in Rüstung und bewaffnet[472], sowie mit einer entsprechenden Anzahl an gerüsteten Knechten erschienen werden musste. Allerdings wurde – je nach Bedarf – nicht immer die gesamte Anzahl an Dienstpflichten eingefordert[473]. Beispielsweise wurde 1495 den „von Buenaw" zu Teuchern auferlegt, vier Knechte als Hilfe zu Herzog Albrechts Zug ins Friesland zu geben[474].

Ebenso wie die Schrift- oder Amtssässigkeit war auch die Höhe der Dienstpflichten an die jeweiligen Güter (und nicht an die besitzenden Familien) geknüpft[475]. Die Erfüllung der Dienste wurde aber nicht nur in Kriegszeiten angefordert, sondern auch zur Aufrechterhaltung der öffentlichen Sicherheit oder zur Begleitung des Herzogs bzw. Kurfürsten und dessen Familienangehörigen auf Reisen[476]. Das Vorhalten der Pferde, Waffen und Knechte war für die Adligen eine kostspielige Angelegenheit[477].

Neben den Dienstpflichten der Adligen hatten auch die Städte und Dörfer die Pflicht, sogenannte Heerwagen zu stellen, die zum Transport (auch in Friedenszeiten) genutzt wurden[478]. Wahrscheinlich musste auch in Teuchern mindestens ein solcher Wagen vorgehalten werden, der dann an einigen wenigen Tagen im Jahr mitsamt Personal für Dienste herangezogen wurde.
Mit dem Jahr 1517 änderten sich die Bedingungen für den Adel noch mehr. Gab es bisher in der Kirche zahlreiche Möglichkeiten, für die männlichen Adligen an Posten zu kommen und für die adeligen Damen in Klöstern versorgt

---

471 Junghans, Das Jahrhundert der Reformation, S. 25; Schorn-Schütte, Die Reformation, S. 21.
472 Die Schutzrüstung bestand regelmäßig aus einem Harnisch, die Bewaffnung war ein Spieß oder eine Schusswaffe (Armbrust oder Handbüchse). Vgl. Goerlitz, Staat und Stände, S. 136.
473 Goerlitz, Staat und Stände, S. 134.
474 Mansberg, Erbarmanschaft Wettinischer Lande II, S. 522.
475 Goerlitz, Staat und Stände, S. 135.
476 Goerlitz, Staat und Stände, S. 137.
477 Goerlitz, Staat und Stände, S. 150.
478 Goerlitz, Staat und Stände, S. 138.

zu werden, änderte sich dies mit der Reformation. Der Teucherner Zweig der Bünaus war eng mit der Einführung der Reformation in Teuchern verbunden.

Um 1500 saßen die Brüder Heinrich und Günther auf der Wasserburg Teuchern. Nur welche Rolle besaßen die Bünaus? Unterstützen sie die Reformation oder verteidigten sie – im Auftrag ihres Lehnsherren oder aus eigener Überzeugung – die katholische Lehre?

5.1 Ritter Dr. Heinrich von Bünau auf Teuchern und Gröbitz

Heinrich von Bünau war Herr auf Teuchern und Gröbitz. Er war ein Sohn von Heinrich dem Jüngeren von Bünau auf Teuchern (vor 1410 – 1461[479]) und dessen Frau Agnes von Bünau[480]. Urkundlich wird Heinrich zwischen 1465[481] und 1506[482] erwähnt. Er ist wahrscheinlich um 1450 in Teuchern geboren[483].

Heinrich und sein Bruder Günther besaßen zahlreiche Güter als Lehen. Neben Teuchern mit allen Ober- und Niedergerichten und den „vorliegenden" Dörfern[484], waren dies das halbe Dorf Gröbitz[485], Schmerdorf[486], Possenhain[487],

---

479 Mansberg, Erbarmanschaft Wettinischer Lande I, S. 38.

480 Mansberg, Erbarmanschaft Wettinischer Lande I, S. 32; Mansberg, Erbarmanschaft Wettinischer Lande II, S. 514.

481 Mansberg, Erbarmanschaft Wettinischer Lande II, S. 513.

482 Mansberg, Erbarmanschaft Wettinischer Lande II, S. 530.

483 Ausgangspunkt für das Geburtsjahr ist die erste urkundliche Erwähnung. Die Belehnungsfrist war 13 Jahre und 6 Wochen. Bauch, Heinrich von Bünau, S. 42, nimmt 1460 als Geburtsjahr an und bezieht dies auf den ersten Immatrikulationseintrag. So wohl auch Fischer, Ahnenreihenwerk, Band 4, Teil XVIII, Genealogie von Bünau, S. 85.

484 SHStA Dresden, 12579 Familiennachlass Grafen und Freiherren von Bünau (D), Nr. 968, fol. 19v.

485 SHStA Dresden, 12579 Familiennachlass Grafen und Freiherren von Bünau (D), Nr. 968, fol. 20r; Wießner, Bistum Naumburg I, S. 589f.

486 Otto, Pflege Weißenfels, S. 524.

487 SHStA Dresden, 12579 Familiennachlass Grafen und Freiherren von Bünau (D), Nr. 968, fol. 20v.

Kroppen[488], Schelkau[489] und Ahlendorf[490]. Sämtliche Orte waren zuvor das Lehen ihres Vaters[491]. Die Vogtei zu Kapellendorf[492], die ebenfalls ihr Vater innehatte, fiel als Reichslehen nicht an die Gebrüder Heinrich und Günther zu Teuchern, sondern an ihren Vetter Günther von Bünau zu Elsterberg[493]. Ebenfalls besaßen die Teucherner Brüder Kaatschen[494] als Lehen[495].

Abb. 5.2: Heinrich von Bünau zu Teuchern nach einem Holzschnitt von Albrecht Dürer

Heinrich studierte an der Universität Erfurt[496], wie der Matrikeleintrag vom Sommersemester 1476 *„Henricus von Bunow de Thuchern"* beweist[497]. Die Universitas Studii Erfordiensis – an der ab 1501 übrigens auch Martin Luther studierte[498] – galt in dieser Zeit als einer der bedeutendsten Universitäten im deutschsprachigen Raum[499].

---

488 Wüstung im unteren Wethautal im heutigen Burgenlandkreis, vgl. SHStA Dresden, 12579 Familiennachlass Grafen und Freiherren von Bünau (D), Nr. 968, fol. 20v; Wießner, Bistum Naumburg I, S. 594f.

489 SHStA Dresden, 12579 Familiennachlass Grafen und Freiherren von Bünau (D), Nr. 968, fol. 20v.

490 Ahlendorf ist heute ein Ortsteil von Crossen an der Elster im Saale-Holzlandkreis in Thüringen, vgl. SHStA Dresden, 12579 Familiennachlass Grafen und Freiherren von Bünau (D), Nr. 968, fol. 21r; Wießner, Bistum Naumburg I, S. 520.

491 Mansberg, Erbarmanschaft Wettinischer Lande II, S. 514.

492 Liegt bei Apolda im Landkreis Weimarer Land in Thüringen.

493 Mansberg, Erbarmanschaft Wettinischer Lande II, S. 513.

494 Gehört heute zur Gemeinde Großheringen im Landkreis Weimarer Land in Thüringen.

495 Mansberg, Erbarmanschaft Wettinischer Lande II, S. 518.

496 Schirmer, Kursächsische Staatsfinanzen, S. 307 FN; Fischer, Ahnenreihenwerk, Band 4, Teil XVIII, Genealogie von Bünau, S. 85, nimmt an, dass der an der Universität Erfurt immatrikulierte Heinrich ein Halbbruder des hier behandelten Heinrichs ist, der kurz nach dem Studium gestorben ist. Weiter belegt ist dies nicht.

497 Mansberg, Erbarmanschaft Wettinischer Lande II, S. 516; Weissenborn/Hortzschansky, Universität Erfurt, S. 364.

498 Patze/Schlesinger, Geschichte Thüringens III, S. 11.

499 Patze/Schlesinger, Geschichte Thüringens III, S. 3.

Neben Erfurt studierte Heinrich auch von 1477 bis 1480 in Leipzig[500] und ab dem 18. November 1484 Jura in Ingolstadt[501]. Das Studium in Leipzig beendete er als Bakkalar[502] der Künste[503], das Studium in Ingolstadt mit dem Titel eines Dr. iur[504]. Ein Studium war damals für Adlige keineswegs üblich[505]. Auch deswegen war Heinrich für die damalige Zeit sehr gebildet, galt als guter Redner bzw. Rhetoriker und sprach neben Deutsch auch fließend Latein[506], später lernte er auch noch Griechisch. Er war nach Beendigung des Studiums als Rat sowohl für die ernestinische als auch die albertinische Linie der Wettiner tätig[507].

1471 begleiteten Heinrich und sein Bruder Günther den Kurfürsten Ernst von Sachsen auf seiner Reise nach Regensburg (wahrscheinlich zum Reichstag) und wurden dafür mit einem Hofgewand eingekleidet, wie sich aus dem Hofhaltungsbuch des Landrentmeisters[508] Hans von Mergental ergibt[509]. Auf Anraten seines Verwandten, Dr. Günther von Bünau[510], wurde 1490 Heinrich von Bünau als Vertreter des Kurfürsten Friedrich von Sachsen auf das Konvent in Rom gesandt[511].

1493 begleitete er den Kurfürsten Friedrich III. auf dessen Pilgerfahrt[512] ins „Heilige Land"[513]. Zwei zeitgenössische Berichte gibt es von dieser Reise: Die

---

500   Im Wintersemester 1477/78 findet sich „Henricus von Bu(e)now de Tu(e)cherenn" in den Matrikeln der Universität Leipzig, Erler, Matrikel, S. 310.

501   Dort wird er als „dominus Henricus de Bunaw, dominus in Teuchern" erfasst, Bauch, Heinrich von Bünau, S. 42f.

502   Auch Bakkalaureus, der niedrigste akademische Grad im Mittelalter. Der Bakkalaureus der Artistenfakultät war sozusagen das Grundstudium an der mittelalterlichen Universität und bereitete den Studenten auf das weitere Studium der Theologie, Jurisprudenz oder Medizin vor. Aus der Artistenfakultät ging später die Philosophische Fakultät hervor.

503   Bauch, Heinrich von Bünau, S. 42.

504   Rogge/Schirmer, Hochadlige Herrschaft, S. 312 FN 23.

505   So auch Rogge/Schirmer, Hochadlige Herrschaft, S. 312.

506   Tutzschmann, Friedrich der Weise, S. 93.

507   Bauch, Heinrich von Bünau, S. 43.

508   Das Landrentamt war sozusagen die Landeszentralkasse Kursachsens.

509   Mansberg, Erbarmanschaft Wettinischer Lande II, S. 514.

510   Günther von Bünau zu Schkölen (geboren vor 1469; gestorben 1519) war fast 50 Jahre lang Domherr und Domdechant in Naumburg. Sein Epitaph befindet sich im dortigen Dom.

511   Tutzschmann, Friedrich der Weise, S. 93.

512   Pilgerreisen oder Wallfahrten sind bereits seit der Antike überliefert. Die christlichen Wallfahrten begannen im frühen Mittelalter. Der jüdischen Tradition folgend, galt auch für das Christentum Jerusalem als das heiligste Ziel.

513   Ludolphy, Friedrich der Weise, S. 353; Schirmer, Kursächsische Staatsfinanzen, S. 307 FN.

von Georg Spalatin[514] verfasste Biographie des Kurfürsten enthält einen Reisebericht. Zudem existiert ein von Hans Hundt[515] verfasstes Rechnungsbuch mit allen Einnahmen und Ausgaben dieser Zeit[516]. Nach dem Bericht von Spalatin zur *„Wallfahrt oder Meerfahrt Friedrich d. W. nach Jerusalem"* war *„Heinrich von Bünau zu Teuchern, Steltzner genannt[517], Ritter"* unter den Begleitern des Kurfürsten zum Heiligen Grab[518]. Die Reise begann am 19. März 1493 am Hof des Kurfürsten in Torgau und führte zunächst über Wien nach Venedig[519]. Von dort aus starteten die meisten der Pilgerreisen europäischer Christen nach Jerusalem. Jerusalem galt damals als geistiges und geographisches Zentrum der Welt[520]. Venezianische Reeder boten als konkurrenzlose Reiseanbieter eine „organisierte Pauschalreise" an[521]. Überhaupt hatten sich feste Reisewege nach Jerusalem etabliert, an den Wegen befand sich eine entsprechende Infrastruktur, wie zum Beispiel Herbergen.

Mit dem Kurfürsten reisten über 50 Adlige aus dem ost- und mitteldeutschen Raum. Hinzu kam – wie damals üblich – erhebliches Personal (Köche, Barbiere, Stallmeister, Knappen, Trossbuben und Diener, sogar ein Narr reiste mit)[522]. In Venedig schlossen sich weitere Adlige der Reisegruppe an, so dass insgesamt 189 Teilnehmer der Pilgerfahrt überliefert sind[523].

Ab Venedig ging es mit zwei Galeonen weiter durch den Golf von Venedig, über Ragusa, Korfu, Modon und Candia[524], Rhodos sowie Zypern nach Jaffa. Die Schiffsreise war keineswegs eine Vergnügungsfahrt. Vielmehr herrschte auf den Schiffen eine erhebliche Enge, zudem gab es Ungeziefer und Ratten. Tag und Nacht herrschte durch die vielen Menschen Unruhe. Dennoch reiste die Pilgergruppe für die damalige Zeit relativ komfortabel[525].

---

[514] Georg Burkhardt (geboren am 17. Januar 1484 in Spalt im Bistum Eichstätt; gestorben am 16. Januar 1545 in Altenburg) nannte sich später nach seinem Geburtsort Spalatin.

[515] Hans Hundt war Landvogt in Sachsen.

[516] Brumme, Das spätmittelalterliche Wallfahrtswesen, S. 209.

[517] Den Beinamen „Stelzner" oder „der mit den Stelzen" erhielt Heinrich von Bünau nach einem Unfall auf dem Reichstag in Worms 1495.

[518] Neudecker/Preller, Georg Spalatin's historischer Nachlaß, S. 90.

[519] Tutzschmann, Friedrich der Weise, S. 60.

[520] Haupt/Busse, Pilgerreisen, S. 7, S. 16f.

[521] Brumme, Das spätmittelalterliche Wallfahrtswesen, S. 289; Haupt/Busse, Pilgerreisen, S. 24.

[522] Halm, Europäische Reiseberichte, S. 244f.; Tutzschmann, Friedrich der Weise, S. 60.

[523] Halm, Europäische Reiseberichte, S. 245.

[524] Nach Tutzschmann, Friedrich der Weise, S. 61, erkrankte der Kurfürst hier *„[...] in Folge des schweren Weines am hitzigen Fieber, aber Gottes Gnade rettete ihn mittelst der Kunst des Dr. Pollich [...]"*.

[525] Vgl. Brumme, Das spätmittelalterliche Wallfahrtswesen, S. 244.

Abb. 5.3: Das Damaskus-Tor in Jerusalem, in dieser Form wahrscheinlich zwischen 1535 und 1538 errichtet

In Jaffa kam man am 23. Juni 1493[526] an. Nach einer Wartezeit, um die auch damals notwendigen Einreiseformalien zu klären[527], ging es mit Eseln nach Ramla und dann in die heilige Stadt. Dort nächtigte man in dem Hospital „St. Johannis". Während des gesamten Aufenthaltes im „Heiligen Land" wurde die Reisegruppe von den „Sarazenen"[528] überwacht[529]. In Jerusalem konnte sich die Gruppe erst einen Tag ausruhen, ehe man am Freitag nach der Morgenmesse die heiligen Orte, wie das Grab Marias und ein Kloster in Bethlehem[530],

---

526 Die Reisedaten bei Spalatin und Hundt unterscheiden sich teilweise. Zu den Unterschieden vgl. die bei Brumme, Das spätmittelalterliche Wallfahrtswesen, S. 216, abgedruckte Tabelle. Da Spalatin im Gegensatz zu Hundt die Reise nicht selbst mitgemacht hat und seinen Bericht erst später verfasste, werden hier die Daten von Hundt übernommen.

527 Brumme, Das spätmittelalterliche Wallfahrtswesen, S. 211.

528 Im Spätmittelalter eine Bezeichnung für alle arabischen Stämme.

529 Neudecker/Preller, Georg Spalatin's historischer Nachlaß, S. 76ff.; Tutzschmann, Friedrich der Weise, S. 61.

530 Neudecker/Preller, Georg Spalatin's historischer Nachlaß, S. 83f.

besuchte. In Jerusalem gab Heinrich von Bünau mindestens einen venezianischen Dukaten, drei Mark und zwei Schilling aus, die ihm der „Kassenwart" der Pilgergruppe, Hans Hundt, zurückzahlte[531]. Am Sonnabend zu Mitternacht besuchte man das Heilige Grab. Dort wurde der Kurfürst zum Ritter des Ritterordens vom Heiligen Grab geschlagen[532].

Abb. 5.4: Die Grabeskirche in Jerusalem

Nach seiner Rückkehr wird auch Heinrich als Ritter geführt. Höchstwahrscheinlich wurde er ebenfalls in Jerusalem zum Ritter des Ritterorden vom Heiligen Grab geschlagen[533]. Spalatin berichtet dazu, dass am Heiligen Grab der Kurfürst und anschließend *„ die andern hocheborenen Fürsten und Grafen, Herrn und Edelleut, die sich denn wollten schlagen lassen [...] "*, zum Ritter geschlagen wurden[534].

---

[531] Röhricht/Meisner, Hans Hundts Rechnungsbuch, S. 57.

[532] Neudecker/Preller, Georg Spalatin's historischer Nachlaß, S. 76ff.; Tutzschmann, Friedrich der Weise, S.61.

[533] Der Ritterschlag war ein Privileg Jerusalems. Kein anderer Pilgerort konnte damit aufwarten. Eigentlich wurde nur der zum Ritter geschlagen, der das heilige Grab zum dritten Mal besuchte. Bei Adligen wurde aber vermutlich eine Ausnahme gemacht – vielleicht weil sie ohnehin im Adelsstand waren und der Ritterschlag keine „Erhebung" war -, vgl. auch Haupt/ Busse, Pilgerreisen, S. 26.

[534] Neudecker/Preller, Georg Spalatin's historischer Nachlaß, S. 84.

Besucht wurde neben Jerusalem nur Ramallah[535] und Bethlehem[536]. Bereits nach nur fünf Tagen Aufenthalt, reiste die Gruppe wieder Richtung Ramla unter dem Geleit der Sarazenen ab[537]. Nach zwei weiteren Tagen war man wieder in Jaffa, begab sich auf die Schiffe und reiste auf einer ähnlichen Route wie der Hinreise wieder nach Venedig. In einem entscheidenden Punkt aber unterschied sich die Rückreise. Während die Gruppe auf der Hinreise inkognito reiste, tat man dies nun nicht mehr. Dies hatte zur Folge, dass der Kurfürst und seine Begleiter mehrfach festlich bewirtet wurden[538]. Heinrich musste dem Kurfürsten 3 Mark leihen, die Hans Hundt ihm dann zurückzahlte[539]. Auf dem Festland erfolgte die Rückreise über Innsbruck, Schwaz, München, Ingolstadt und Nürnberg nach Torgau[540]. Das genaue Datum des Endes der Reise ist nicht bekannt. Zum Teil wird angenommen, dass der Kurfürst bereits Anfang September wieder in Torgau war[541], andere gehen von Ende September[542] oder gar erst dem 30. Oktober aus[543].

Der Kurfürst und andere Reisende haben zahlreiche Reliquien mitgebracht[544]. So soll der Kurfürst einen Daumen der Heiligen Anna erworben haben[545]. Ob Heinrich sich auch mit Souvenirs eingedeckt hat, ist nicht überliefert. Der Verkauf von Reliquien und Souvenirs war im 15. Jahrhundert bereits üblich; er war bestens organisiert und es gab sie zuhauf[546].

Die Pilgerfahrt war für Heinrich von Bünau jedenfalls der Beginn einer „steilen" Kariere im Dienste der Wettiner. Damit dürfte sich für ihn die Reise –

---

535 Brumme, Das spätmittelalterliche Wallfahrtswesen, S. 241.
536 Ludolphy, Friedrich der Weise, S. 352.
537 Tutzschmann, Friedrich der Weise, S. 62.
538 Tutzschmann, Friedrich der Weise, S. 62.
539 Röhricht/Meisner, Hans Hundts Rechnungsbuch, S. 61.
540 Ludolphy, Friedrich der Weise, S. 353.
541 Tutzschmann, Friedrich der Weise, S. 63.
542 Halm, Europäische Reiseberichte, S. 244.
543 Ludolphy, Friedrich der Weise, S. 353; für den 30. Oktober 1494 sprechen auch die Angaben im Rechnungsbuch des Hans Hundt, vgl. Röhricht/Meisner, Hans Hundts Rechnungsbuch, S. 94
544 Halm, Europäische Reiseberichte, S. 247; Tutzschmann, Friedrich der Weise, S. 63.
545 Kohnle/Schirmer, Kurfürst Friedrich der Weise, S. 387.
546 Haupt/Busse, Pilgerreisen, S. 24.

abgesehen von den sicherlich vorhandenen religiösen Motiven[547] – gelohnt haben. Denn trotz aller Organisation, billig war eine derartige Reise nicht. Mitsamt Vorbereitung und „Verdienstausfall" soll die Reise so viel wie ein ganzes Haus gekostet haben[548]. Auch bestand eine nicht unerhebliche Gefahr; aus der Reisegesellschaft des Kurfürsten überlebten immerhin vier Mitreisende[549] die Pilgerfahrt nicht[550]. Ob neben den nur religiösen Gründen auch politische Motive Heinrich zu der Pilgerfahrt veranlasst haben, ist nicht bekannt. Für die meisten Pilger stand auch der Erwerb von Reliquien und von „Ablässen" im Vordergrund[551]. Auszuschließen ist aber, dass ein Mitglied einer religiösen und mit der Kirche fest verbundenen Familie wie Heinrich, trotz dessen humanistischer Auffassungen, die Reise aus rein politischen Motiven begangen hat.

Von 1494 bis wenigstens 1497 war Heinrich von Bünau als albertinischer[552] und ab 1502 als ernestinischer Richter am Oberhofgericht[553] tätig. Das kursächsische Oberhofgericht in Leipzig wurde 1483 gegründet und war die erste von den Fürsten losgelöste Einrichtung in Sachsen[554]. Während zunächst „Gesamtsachsen" in den Zuständigkeitsbereich des Gerichts fiel, war es von 1485 bis 1493 lediglich für das albertinische Sachsen zuständig. Von 1493 bis 1547 war das Oberhofgericht, das abwechselnd im albertinischen Leipzig und im ernestinischen Altenburg tagte, wiederum das gemeinsame Oberhofgericht für beide „Sachsens". Es bestand ursprünglich aus etwa zwölf, zwischen 1485[555] und 1493 aus neun und ab 1493 aus zwölf Richtern, welche sich aus vier Ver-

---

547 Die Familie von Bünau galt als eng mit der Kirche verknüpft. Die Frömmigkeit zahlreicher weiterer niederadeliger Familien ist belegt. Insoweit unterschied sich der Adel nicht von der gemeinen Bevölkerung, vgl. Bünz/Kühne, Alltag und Frömmigkeit, S. 172. Dem steht auch nicht die seinerzeit sicherlich schon angelegte humanistische Auffassung Heinrichs entgegen, da sich die Humanisten damals nicht von der Kirche entfremdet hatten, Patze/Schlesinger, Geschichte Thüringens III, S. 3.

548 Haupt/Busse, Pilgerreisen, S. 25. Zum Vergleich: Dem kursächsischen Staat kostete die Reise ins Heilige Land 16.645 Gulden, Schirmer, Kursächsische Staatsfinanzen, S. 293 FN 694, S. 306. Umgerechnet wäre dies heute ein Betrag zwischen 4,5 und 5,5 Mio. €.

549 Dies betraf Melchior Adelmann, Hans (von) Grensing, Wilhelm von Einsiedeln und Herzog Christoph von Bayern, der an „hitzigem Fieber" nach dem Genuss von „schwerem Wein" in Griechenland verstorben sein soll.

550 Halm, Europäische Reiseberichte, S. 244f.

551 Haupt/Busse, Pilgerreisen, S. 24.

552 Rogge/Schirmer, Hochadlige Herrschaft, S. 323; Schirmer, Kursächsische Staatsfinanzen, S. 149; Schirmer, Kursächsische Staatsfinanzen, S. 307 FN.

553 Schirmer, Kursächsische Staatsfinanzen, S. 307 FN. In dieser Funktion erhält Heinrich von Bünau zu Teuchern 1502 25 Gulden pro Quartal als Lohn, vgl. Schirmer, Kursächsische Staatsfinanzen, S. 319f.

554 Goerlitz, Staat und Stände, S. 182f.; Kretschmann, Oberhofgericht, S. 9.

555 Eventuell auch erst ab der Ordnung für das Leipziger Oberhofgericht von 1488.

tretern des Ritterstandes, aus vier Vertretern des niedrigen Adels und aus vier Rechtsgelehrten[556] zusammen setzte[557].

Bei einer „Inspektionsreise" in die wettinischen Herrschaften Sagan und Sorau[558] kontrollierte unter anderem ein Heinrich von Bünau die Amtsrechnungen. Nicht geklärt werden konnte bislang, ob es sich um Heinrich von Bünau zu Teuchern oder Heinrich von Bünau zu Meuselwitz handelt[559]. Denkbar wäre auch Heinrich von Bünau zu Schkölen, der allerdings im albertinischen Lager stand.

Heinrich von Bünau zu Teuchern war von 1499[560] bis mindestens 1503[561] Amtmann[562] zu Osterfeld und in dieser Funktion auch Hofrichter[563]. Der Weg über die Position des Amtmannes in die Zentralverwaltung war ein typischer Karriereweg[564], den offensichtlich auch Heinrich – genau wie sein Bruder Günther – genommen hat. Zumindest die Adligen, die zum engsten Vertrautenkreis des Kurfürsten gehörten, sollten in wichtige Institutionen integriert und so natürlich auch enger an den Fürsten gebunden werden[565].

---

556 Der oft verwendete Zusatz, dass es sich um „promovierte" Rechtsgelehrte handelt musste, ist entbehrlich, da zur damaligen Zeit der Abschluss eines rechtswissenschaftlichen Universitätsstudiums nur mit dem Doktorgrad möglich war.

557 Goerlitz, Staat und Stände, S. 184ff; Patze/Schlesinger, Geschichte Thüringens III, S. 169; Schirmer, Kursächsische Staatsfinanzen, S. 148f.

558 Die Herrschaften Sagan und Sorau in der Niederlausitz hatte Albrecht der Beherzte 1472 erworben. Nach der Leipziger Teilung blieben die Herrschaften im gemeinsamen Besitz und wurden gemeinsam von beiden wettinischen Linien verwaltet. Daher musste auch jede Linie bei der Inspektion vertreten sein.

559 Schirmer, Kursächsische Staatsfinanzen, S. 203.

560 Mansberg, Erbarmanschaft Wettinischer Lande II, S. 523.

561 Mansberg, Erbarmanschaft Wettinischer Lande II, S. 527.

562 Als Amtmann galt im späten Mittelalter und der frühen Neuzeit, wer als herrschaftlicher Beauftragter an der Spitze eines Verwaltungsbezirks (Amtes) stand. Er unterstand damit direkt dem Landesherren. Die Funktion entspricht im Wesentlichen der des hochmittelalterlichen Vogtes. Von seinem Dienstherren wurde der Amtmann entlohnt. Die Berufsbezeichnung des Beamten stammt mit hoher Wahrscheinlichkeit von der Bezeichnung des Amtmannes ab. Zu den Hauptaufgaben des Amtmannes gehörte die Bau- und Versorgungsverwaltung, teilweise auch die Militärverwaltung und die Rechtspflege, vgl. Bünz/Kühne, Alltag und Frömmigkeit, S. 124; Schirmer, Kursächsische Staatsfinanzen, S. 56.

563 Schirmer, Kursächsische Staatsfinanzen, S. 307 FN.

564 Rogge/Schirmer, Hochadlige Herrschaft, S. 340.

565 Rogge/Schirmer, Hochadlige Herrschaft, S. 307.

Als Rat und Sekretär des Kurfürsten war Heinrich auf mehreren Reichstagen[566] (1495[567] und 1497[568] in Worms, 1498 in Freiburg[569], 1499 in Worms, 1501 in Nürnberg[570] und 1505 in Köln[571]) anwesend, ebenso auf ernestinischen und albertinischen Landtagen[572]. Ein Wechsel bzw. die zeitgleiche Tätigkeit einzelner Adliger für beide wettinische Linien war keine Seltenheit[573]. Durch die Leipziger Teilung entstand die Situation, dass eine Reihe von Adligen Lehns- und Dienstverpflichtungen in beiden Landesteilen hatte. Heinrich und auch sein Bruder Günther gehörten zu dem Kreis der Adligen, die Amtspflichten für beide Fürsten hatten und auch in beiden Lehnsverbänden standen[574]. Allerdings stand Heinrich mehr im Lager des Kurfürsten.

Ein Höhepunkt in Heinrichs Leben – im positiven wie im negativen Sinne – war der Reichstag in Worms vom 26. März bis 7. August 1495: Sein Lehnsherr, der Kurfürst, wurde dort in feierlicher Versammlung belehnt[575]; der Thron des Königs wurde feierlich mit Bannern „berannt". Dem feierlichen Aufmarsch des Kurfürsten folgten mehrere Grafen, Herren und Edelleute, worunter sich 13 Fahnenträger mit den Fahnen der Provinzen des Kurfürsten befanden. Heinrich von Bünau zu Teuchern, der die Fahne des Burggraftums Magdeburg trug[576], gehörte zu diesen besonders Geehrten.Wahrscheinlich war es auch der Teucherner Heinrich von Bünau, der in Worms den neuen Bischof des Bistums Naumburg, Johann III. von Schönberg, vertrat[577]. Wohl schon ab dem 14. Jahr-

---

566 Der Reichstag war die (Reichs-)Ständeversammlung im Heiligen Römischen Reich (deutscher Nationen). Diese Körperschaft entwickelte sich im 12. Jahrhundert, wurde aber erst 1495 aufgrund eines Vertrages zwischen dem Kaiser und den Ständen zu einer festen Institution der Reichsverfassung.

567 Angermeier, Deutsche Reichstagsakten – Mittlere Reihe, V. Band, S. 303.

568 Gollwitzer, Deutsche Reichstagsakten – Mittlere Reihe, VI. Band, S. 484.

569 Bauch, Heinrich von Bünau, S. 53; Gollwitzer, Deutsche Reichstagsakten – Mittlere Reihe, VI. Band, S 560, 576, 592.

570 Bauch, Heinrich von Bünau, S. 55.

571 Heil, Deutsche Reichstagsakten – Mittlere Reihe, VIII. Band, S. 1139, 1196, 1225.

572 Goerlitz, Staat und Stände, S. 572f.; Schirmer, Kursächsische Staatsfinanzen, S. 307 FN.

573 Heinrich gehörte mit seinem Bruder Günther zu den insgesamt acht Personen, die längerfristig für beide Linien tätig waren, vgl. Rogge/Schirmer, Hochadlige Herrschaft, S. 337.

574 Rogge/Schirmer, Hochadlige Herrschaft, S. 337.

575 Patze/Schlesinger, Geschichte Thüringens III, S. 187; Kohnle/Schirmer, Kurfürst Friedrich der Weise, S. 14.

576 Angermeier, Deutsche Reichstagsakten – Mittlere Reihe, V. Band, S. 1696; Tutzschmann, Friedrich der Weise, S. 104.

577 Angermeier, Deutsche Reichstagsakten – Mittlere Reihe, V. Band, S. 824, 1169; Zader, Naumburgische und Zeitzische Stiffts-Chronika, Rz. 0299.

hundert nahmen die Naumburger Bischöfe nicht mehr persönlich an den Reichstagen teil, sondern ließen sich vertreten[578].

In Worms kam es aber auch zu einem folgenschweren Unfall. Infolge eines Hufschlages – oder durch einen Sturz vom Pferd – wurde Heinrich von Bünau schwer verletzt. Sein Unterschenkel wurde zertrümmert, zumindest gebrochen[579]. Seit dem Unfall hinkte er, wurde deswegen „der Stelzner" bzw. „der mit den Stelzen"[580] genannt[581]. Aufgrund des Unfalls war er fast ein Jahr lang an das Krankenlager gefesselt[582]. Heinrich nutzte diese Zeit, Griechisch zu lernen[583]. Sein Lehrer war Franciscus Bonomus[584].

Spätestens seit 1495 hatte Heinrich von Bünau Kontakte zu führenden Humanisten[585] des Reiches, z.b. zu Johannes Vigilius[586], Johannes Trithemius[587] und

---

578 Hoffmann, Naumburg a. S. im Zeitalter der Reformation S. 8.

579 Bauch, Heinrich von Bünau, S. 43.

580 Wahrscheinlich im Sinne von „der mit den Krücken".

581 Schirmer, Kursächsische Staatsfinanzen, S. 307 FN.

582 Bauch, Heinrich von Bünau, S. 49.

583 Bauch, Heinrich von Bünau, S. 46.

584 Sekretär von Bianca Maria Sforza, der zweiten Gemahlin des römisch-deutschen Königs und späteren Kaisers Maximilian I., sowie Bruder des späteren Bischofs von Triest. Er starb 1515.

585 Die Humanisten traten für eine umfassende Bildungsreform ein, von der sie eine optimale Entfaltung der menschlichen Fähigkeiten durch die Verbindung von Wissen und Tugend erhofften. Vorbild war die griechische und römische Antike, deren Sprache, Literatur und deren wissenschaftliche Erkenntnisse. Aufgrund des Bildungsideals setzten sich die Humanisten auch für die Gründung neuer Schulen ein. Vielleicht war es auch Heinrich von Bünau zu verdanken, dass sein Heimatort Teuchern eine Schule bekommen hat. Dann müsste aber die Schulgründung deutlich vor 1531 – siehe dazu S. 55 - 56 – erfolgt sein.

586 Johannes Vigilius wurde wahrscheinlich um 1465 in Sinsheim geboren. Er war Jurist und von 1482 bis 1509 Professor in Heidelberg, 1491 Dekan und 1492 sowie 1500 Rektor der Artistenfakultät. Er war ein Rat des Kurfürst Philipps von der Pfalz und Mitglied der Sodalita Litteraria.

587 Johannes Trithemius (sein Geburtsname ist unklar, überliefert sind Johannes Heidenberg, Johannes Zeller, Johannes von Trittenheim und Johannes Tritheim; geboren am 1. Februar 1462 in Trittenheim; gestorben am 13. Dezember 1516 in Würzburg) war Abt der Benediktinerabtei Sponheim und ab 1506 des Schottenklosters Würzburg. Er war ein Gelehrter und Humanist.

Konrad Celtis[588]. Mit Letzterem fand ein regelmäßiger Briefwechsel statt[589]. Auf Einladung Konrads wurde Heinrich Mitglieder der „Sodalitas Litteraria Rhenana[590]". Zunächst aber war Heinrich wohl – zumindest bis Ende 1495, wie sich aus einem Brief an Konrad Celtis vom 8. Dezember 1495 ergibt[591] – noch infolge der Verletzung an das Krankenlager gefesselt und konnte der Einladung nicht persönlich nachkommen.

Im Folgejahr ging es Heinrich wieder besser. Als kursächsischer Rat erschien er „in der Woche nach Michaelis" in Wittenberg[592]. Gemeinsam mit anderen Mitgliedern war Heinrich von Bünau im Sommer 1496 bei einer „Bibliotheks- und Bildungsreise" dabei. Ziel der Reise war die Bibliothek des Nikolaus von Kues. Die letzte Station der Reise soll das Kloster Sponheim gewesen sein[593]. Hier soll Heinrich den Bibliothekskatalog[594] entliehen und bis zu seinem Tod[595] nicht wieder zurückgegeben haben.

Heinrich war ein großer Liebhaber von (insbesondere griechischen) Büchern. Diese lieh er sich oder erwarb sie[596]. In dem erst 1536 und damit nach seinem Tod erschienen Werk „*Abbatis Spanhemensis Epistolarum familiarium libri duo ad diuersos Germaniae Principes, Episcopos, ac eruditione praestantes uiros, quorum Catalogus subiectus est*" erwähnte Johannes Trithemius lobend

---

588 Konrad Celtis (auch Conrad Celtes, mit dem Beinamen Protucius; geboren am 1. Februar 1459 in Wipfeld am Main, südlich von Schweinfurt; gestorben am 4. Februar 1508 in Wien, beigesetzt im Stephansdom), war Dichter und einer der bedeutendsten wandernden Frühhumanisten. Er lehrte in den sächsischen Landen an der Universität Erfurt und dann später in Leipzig. Auch mit Kurfürst Friedrich stand Konrad Celtis im Kontakt, vgl. Kohnle/Schirmer, Kurfürst Friedrich der Weise, S. 255.

589 Vgl. nur Ruppich, Der Briefwechsel des Konrad Celtis, S. 162 ff. und Bauch, Heinrich von Bünau, S. 44ff.

590 Auch „Heidelberger Sodalität" genannt, die 1491 von Konrad Celtis gegründete Rheinische Gesellschaft für Wissenschaften.

591 Bauch, Heinrich von Bünau, S. 44f.; Ruppich, Der Briefwechsel des Konrad Celtis, S. 164.

592 LATh – HStA Weimar, Ernestinisches Gesamtarchiv, Reg. Bb, 2735, fol. 54r.

593 Bauch, Heinrich von Bünau, S. 47.

594 Die Bibliothek des Klosters Sponheim, deren Bedeutung hauptsächlich durch das Wirken des Abtes Johannes Trithemius wuchs, war damals eine der bedeutendsten und größten Bibliotheken Deutschlands. Zum Zeitpunkt des Weggangs des Abtes aus Sponheim 1505 hatte sie einen Bestand von angeblich mehr als 2.000 Büchern.

595 1504 soll ein neuer Bibliothekskatalog angefertigt worden sein. Trithemius hat dies angeblich anlässlich eines weiteren Besuches von Heinrich von Bünau getan. Vielleicht konnte er den Katalog nicht mehr zurückgeben, weil er in nicht mehr aufgefunden hat?

596 Das berichtet Johannes Vigilius in einem Brief vom 19. April 1496 an Konrad Celtis. Vgl. Ruppich, Der Briefwechsel des Konrad Celtis, S. 178. Vgl. auch Bauch, Heinrich von Bünau, S. 46.

die Sammlung von Büchern und Globen[597] Heinrichs von Bünau[598]. Über den Umfang und den Inhalt dieser Sammlung bzw. Bibliothek ist nicht viel bekannt[599]. Nur wenige Exemplare sind bis heute erhalten, darunter die sogenannte Zeitzer Ptolemaios-Handschrift von 1470, die sich heute in der Zeitzer Stiftsbibliothek befindet. Über Heinrichs Neffen, den späteren Domdechanten Günther von Bünau, gelangte sie dorthin[600]. Auch die Ulmer Ausgabe der Cosmographia von Ptolemaios aus dem Jahr 1486 befand sich zeitweise im Besitz von Heinrich von Bünau; er vererbte sie Günther von Bünau zu Elsterberg[601].

Heinrich hielt sich nun öfter im Umfeld des Kurfürsten als (geistiger) Berater[602] und damit auch regelmäßig am Hofe des Kurfürsten auf[603]. Überhaupt schien Heinrich kaum noch in seiner Heimat Teuchern gewesen zu sein. 1497 vertrat Heinrich von Bünau Kursachsen auf dem Reichstag in Worms[604]. Auch wenn der Kurfürst wohl kein besonderes eigenes Interesse an diesem Reichstag hatte[605], dürfte dies das Vertrauen, das Friedrich der Weise Heinrich schenkte, beweisen. Auch auf dem Reichstag in Freiburg 1498 vertrat Heinrich wiederum den Kurfürsten sowie seinen Bruder Johann[606]. Dabei kam es zu solchen Streitigkeiten zwischen den Reichsständen und dem römisch-deutschen König,

---

[597] Wenigstens ein Globus stammte aus der Werkstatt von Wilhelm Veldicus aus Dirmstein in der Pfalz.

[598] Schattkowsky, Die Familie von Bünau, S. 321.

[599] Ende des 15. Jahrhunderts war es für Adlige keineswegs üblich, eine eigene Bibliothek zu besitzen. Heinrich von Bünau zu Teuchern gehörte insoweit zu Vorreitern. Erst ab dem 16. Jahrhundert begannen Adlige oder auch reiche Handelsfamilien Bücher zu sammeln, vgl. Bünz u.a., Buch und Reformation, S. 25.

[600] Stewing, Handschriften und frühe Drucke aus der Zeitzer Stiftsbibliothek, S. 68. Offensichtlich hatte Heinrich von Bünau auch über seine Bibliothek einen Katalog anfertigen lassen, der sich später in Naumburg im Besitz des Domdechanten Günther von Bünau befand, vgl. Pollet, Correspondance I, S. 227.

[601] Stewing, Handschriften und frühe Drucke aus der Zeitzer Stiftsbibliothek, S. 118.

[602] Tutzschmann, Friedrich der Weise, S. 138f.

[603] Ludolphy, Friedrich der Weise, S. 116. Damit war Heinrich von Bünau übrigens nicht allein. An den sächsischen Höfen hielten sich damals ungefähr 140 bis 150 Personen auf, vgl. Kohnle/Schirmer, Kurfürst Friedrich der Weise, S. 249.

[604] Ludolphy, Friedrich der Weise, S. 155; Tutzschmann, Friedrich der Weise, S. 108.

[605] Kurfürst Friedrich der Weise gehörte seinerzeit zu den Herrschern, die am häufigsten auf den Reichstagen auftraten. An allen Reichstagen, an denen er nicht teilnehmen konnte oder wollte, ließ er sich vertreten. Dies zeigt, welche Bedeutung Friedrich der Weise den Reichstagen beimaß. Vgl. Junghans, Das Jahrhundert der Reformation, S. 222; Kohnle/Schirmer, Kurfürst Friedrich der Weise, S. 13. 1498 hatte sich aber das eigentlich gute Verhältnis zwischen Kaiser und Kurfürst abgekühlt, was das Desinteresse des Kurfürsten erklären könnte, Junghans, Das Jahrhundert der Reformation, S. 219; Schirmer, Kursächsische Staatsfinanzen, S. 307.

[606] Gollwitzer, Deutsche Reichstagsakten – Mittlere Reihe, VI. Band, S. 662.

dass der Reichstag beinahe abgebrochen worden wäre. Aufgrund der sächsischen Vermittlung konnten die Beratungen doch fortgesetzt werden[607]. Am Ende verkündete Heinrich von Bünau zu Teuchern die Bereitschaft des Kurfürsten Friedrich von Sachsen und dessen Bruders Herzog Johann, den Reichsabschied[608] zu besiegeln[609].

Anfang Dezember 1498 war Heinrich von Bünau als Gesandter[610] des Kurfürsten beim Erzbischof in Mainz[611].

Über das acht Stunden andauernde Gespräch berichtete Heinrich in einem Brief vom 5. Dezember 1498 an den Kurfürsten[612]. Bemerkenswert ist, dass der Text sehr diplomatisch formuliert ist und der wahre Inhalt teilweise nur angedeutet wird. Heinrich ging wohl, wie viele seiner Zeitgenossen, davon aus, dass der Postweg, trotz vertraulicher Boten und versiegelter Schreiben, nicht sicher war[613]. Offensichtlich handelte es sich um ein hochpolitisches Schreiben, in dem ein Betrug einer „großen Person" bei der Vergabe von Lehen und andere Vorkommnisse am Königshofe – die wie gesagt, nur angedeutet werden – erwähnt werden[614].

Am 18. Februar 1499 war der Ritter Heinrich von Bünau zu Teuchern unter den Räten des Herzogs Albrecht von Sachsen, mit deren Rat und Zeugnis des Herzogs Testament bekundet wird[615]. Ein Jahr später wurden Heinrich von Bünau und Dr. Gregorius Lamparter Gesandte des Reichsregiments beim französischen König, um einen Frieden oder Waffenstillstand im Konflikt des französischen Königs mit den Habsburgern, der seit 1498 andauerte[616], zu erreichen[617].

---

[607] Patze/Schlesinger, Geschichte Thüringens III, S. 189.

[608] Der Reichsabschied war die schriftliche Fixierung aller auf dem Reichstag gefassten Beschlüsse.

[609] LATh – HStA Weimar, Ernestinisches Gesamtarchiv, Reg. E 52.

[610] Heinrich von Bünau wird auch allgemein als Gesandter des Kurfürsten im Reich erwähnt, vgl. Schirmer, Kursächsische Staatsfinanzen, S. 321.

[611] Ludolphy, Friedrich der Weise, S. 169.

[612] Der vollständige Wortlaut des Briefes ist im Anhang (Kapitel 8) wiedergegeben.

[613] So auch Ludolphy, Friedrich der Weise, S. 169.

[614] Ludolphy, Friedrich der Weise, S. 172.

[615] Mansberg, Erbarmanschaft Wettinischer Lande II, S. 523.

[616] Eigentlich begann der Konflikt bereits 1477, als das Herzogtum Burgund faktisch auseinanderbracht. Vgl. Junghans, Das Jahrhundert der Reformation, S. 220.

[617] Bauch, Heinrich von Bünau, S. 55; Ludolphy, Friedrich der Weise, S. 180; Tutzschmann, Friedrich der Weise, S. 115.

Ausweislich des Verzeichnisses der Soldzahlungen auf Michaelis 1503 gehörte der Ritter Heinrich von Bünau auf Teuchern zu den „besserverdienenden" Beamten des Kurfürsten. Heinrich erhielt einen „Beschied", also Sold, in Höhe von 25 Gulden[618].

Als 1505 Adam von Fulda, der an einer Geschichte des sächsischen Herrscherhauses gearbeitet hatte, starb, soll Heinrich von Bünau im Auftrag des Kurfürsten seinen Freund Johannes Trithemius gebeten haben, die Chronik fortzusetzen[619].

Ebenfalls 1505 war Heinrich von Bünau auf Bitten der kurfürstlichen Herrscher Gesandter bei den von Herzog Georg von Sachsen vermittelten Friedensgesprächen im preußisch-polnischen Konflikt. Allerdings wurde er – wohl auf Druck Polens – von den Verhandlungen ausgeschlossen[620]. In gleichen Jahr erkrankte Heinrich und erholte sich nicht mehr[621]. Ende des Jahres 1506 starb er[622]. Seine Krankheit bzw. die Todesursache ist nicht bekannt. Obwohl an den Wirkungsorten Heinrichs, wie Wittenberg und Torgau, 1505 die Pest „wütete", kann ausgeschlossen werden, dass Heinrich von Bünau an der Pest starb. Zum einen wäre diese Todesursache wohl berichtet worden, zum anderen führte die Pest innerhalb weniger Tage zum Tode.

Er war – obwohl ihm mehrere Abenteuer mit Frauen nachgesagt werden[623] – unverheiratet und kinderlos[624]. Trotz eines gesicherten Einkommens hinterließ er seinen Erben Schulden. So musste sich Heinrichs Bruder Günther bereits 1507 mit den Anwälten des Kardinals Melchior, Bischof von Brixen, auseinan-

---

618 LATh – HStA Weimar, Ernestinisches Gesamtarchiv, Reg. Bb 4180, fol. 21R; Kohnle/Schirmer, Kurfürst Friedrich der Weise, S. 242.

619 Bauch, Heinrich von Bünau, S. 58; Bünz u.a., Buch und Reformation, S. 145f., meint, dass es sogar Heinrich von Bünau war, der Trithemius für diese Aufgabe empfohlen habe.

620 Kohnle/Schirmer, Kurfürst Friedrich der Weise, S. 157f.

621 Bauch, Heinrich von Bünau, S. 60.

622 Bereits im November 1506 war Heinrich verstorben, wie aus einem Schreiben von Johannes Trithemius vom 6. November 1506 an Friedrich den Weisen hervorgeht.

623 Auf einer Schiffsreise soll Heinrich von Bünau gleich „zwei Mädchen für sich in Beschlag genommen haben", so Bauch, Heinrich von Bünau, S. 48. Auch auf der Pilgerfahrt ins Heilige Land zahlte Heinrich 9 Mark einer „frawen, die aus der galleen gesaczt ward", wie sich aus Hans Hundt Rechnungsbuch ergibt, vgl. Röhricht/Meisner, Hans Hundts Rechnungsbuch, S. 47. Ob es nur Mitleid oder eine (hohe) Spende für eine arme Pilgerin war oder mehr dahinter steckte, immerhin handelt es sich um eine größere Summe, kann nicht mehr nachvollzogen werden.

624 Schirmer, Kursächsische Staatsfinanzen, S. 307 FN 753.

dersetzen. Heinrich hatte sich von dem Kardinal 100 Gulden[625] geliehen, die Günther bis September 1508 zurückzahlen musste[626]. Dies waren aber nicht die einzigen Schulden. Auch dem Präzeptor zu Lichtenburg[627] schuldete Heinrich noch 100 Gulden, die Günther im Jahre 1509 zurückzahlen sollte. Hinzu kam, dass Heinrich angeblich nicht nur den bereits erwähnten Bibliothekskatalog des Klosters Sponheim[628] sondern auch etliche, dem Kloster Lichtenburg entliehene Bücher nicht zurückgegeben haben soll[629].

Durch seinen Tod 1506 erlebte Heinrich von Bünau zu Teuchern die Reformation nicht mehr. Es lässt sich also nur erahnen, wie er zu Luthers Lehre gestanden hätte. Aufgrund seiner humanistischen Ideen wäre er aber eher ein Anhänger Luthers als dessen Gegner geworden[630].

5.2 Günther von Bünau auf Teuchern und Gröbitz

Heinrichs Bruder Günther war Herr auf Teuchern, Gröbitz, Schieben[631] und der Rudelsburg[632] und wird in den Urkunden zwischen 1465[633] und 1519[634] erwähnt. Möglicherweise wurde er bereits kurz nach 1440 geboren[635]. Er wäre dann fast 80 Jahre alt geworden.

Es ist – aufgrund der zahlreichen politischen Ämter und insbesondere der Tätigkeit als Hofrichter – anzunehmen, wenn auch nicht zwingend, dass Günther

---

625 Nach heutiger Kaufkraft entspricht dies etwa – je nach gewählter Berechnung – einem Betrag zwischen 26.760 und 33.255 €. Die Werte beruhen auf geschichtswissenschaftlicher Erfahrung. Als Hinweise gelten zum Beispiel Steuerregister und Preise der damaligen Zeit. So betrug das Durchschnittsvermögen eines Vorstädters etwa 25 Gulden. Ein einfaches Haus hatte einen Durchschnittswert von etwa 10-15 Gulden.

626 Mansberg, Erbarmanschaft Wettinischer Lande II, S. 531.

627 Wolfgang Reissenbusch (auch: Reißenpusch, Reisenbusch; geboren um 1480 in Torgau; gestorben 1540 in Haus Lichtenbergk) war ein deutscher Humanist, Rechtswissenschaftler und Theologe. Reissenbusch gehörte, wie Heinrich, zu den Humanisten am Torgauer Hof.

628 Bauch, Heinrich von Bünau, S. 58, meint, dass Heinrich von Bünau den Katalog anlässlich des Besuchs bei Trithemius 1504 zurückgegeben habe.

629 Mansberg, Erbarmanschaft Wettinischer Lande II, S. 532.

630 Zahlreiche Humanisten waren später Anhänger der lutherischen Lehre, vgl. Junghans, Das Jahrhundert der Reformation, S. 42.

631 Heute ein Ortsteil von Naumburg (Bad Kösen); Wießner, Bistum Naumburg I, S. 609.

632 Die Rudelsburg war wahrscheinlich seit 1441 im Besitz der Bünaus. Vgl. Wießner, Bistum Naumburg I, S. 69.

633 Mansberg, Erbarmanschaft Wettinischer Lande II, S. 513.

634 Mansberg, Erbarmanschaft Wettinischer Lande II, S. 542.

635 Fischer, Ahnenreihenwerk, Band 4, Teil XVIII, Genealogie von Bünau, S. 85.

ein Jurastudium absolviert hat. Möglicherweise ist er der Günther von Bünau, der im Wintersemester 1485 an der Universität Leipzig ein Studium beginnt. Das Studium hätte Günther dann aber im „hohen Alter" aufgenommen.

Günther war zunächst mit Margarethe[636] verheiratet und hatte mit ihr mindestens drei Söhne, Heinrich d. Ä, Günther und Rudolf, und eine Tochter. Ausweislich einer am 31. Oktober 1487 ausgestellten Urkunde, in welcher ein Zinsverkauf Günthers von Bünau zu Teuchern durch seine Verwandten bestätigt wird[637], war er zu dieser Zeit verheiratet, da neben Günther auch seine „Ehewirtin Margarete" und sein Bruder Heinrich erwähnt werden[638]. 1510 wird erneut Günther von Bünau zu Teuchern mit seiner Ehefrau Margarethe in einer Urkunde erwähnt[639].
In zweiter Ehe war Günther mit Anna verheiratet[640]. Mit ihr hatte er wahrscheinlich mindestens einen Sohn und eine Tochter, Brigitta[641]. Obwohl immer wieder angegeben wird, Heinrich d. J. sei der gemeinsame Sohn, ist dies auszuschließen. Aufgrund des wahrscheinlichen Geburtsjahrs von Heinrich d. J. muss dieser auch ein Sohn von Margarethe gewesen sein.

Anders als sein Bruder Heinrich hielt sich Günther regelmäßig in Teuchern auf. In einigen Urkunden wird Teuchern ausdrücklich als Wohnsitz genannt[642].

Neben Teuchern, Gröbitz, Possenhain, Kroppen, Schelkau und Ahlendorf hatte Günther von Bünau Schortau[643] und Zinsen in Nonnewitz zum Lehen, die er 1504 an das Hochstift verkaufte[644]. Über den Umfang der Gerichte über Schelkau stritt sich Günther von Bünau 1512 mit dem Amt Weißenfels[645]. Erst 1557 wurde der Streit endgültig beigelegt[646].

---

636 Fischer, Ahnenreihenwerk, Band 4, Teil XVIII, Genealogie von Bünau, S. 85.
637 Schattkowsky, Die Familie von Bünau, S. 174.
638 Mansberg, Erbarmanschaft Wetinischer Lande I, S. 496; Mansberg, Erbarmannschaft Wettinischer Lande II, S. 534.
639 Mansberg, Erbarmanschaft Wettinischer Lande II, S. 518.
640 Albrecht-Birkner, Pfarrbuch 9, S. 449.
641 Langenkamp, Geschichte der Stadt Teuchern, S. 75.
642 So z.B. bei Mansberg, Erbarmanschaft Wettinischer Lande II, S. 522.
643 SHStA Dresden, 12579 Familiennachlass Grafen und Freiherren von Bünau (D), Nr. 968, fol. 37r, 41r.
644 Wießner, Bistum Naumburg I, S. 551.
645 SHStA Dresden, Loc. 8383/05, passim.
646 Siehe auch Otto, Pflege Weißenfels, S. 436.

1487 siegelte Günther von Bünau die oben erwähnte Urkunde vom 31. Oktober erstmals mit dem neuen, gevierten Wappen[647]. Nach der herrschenden Meinung handelt es sich hier um eine Wappenverbesserung (und nicht um eine durch Heirat erfolgte Wappenmehrung), die mit der Verleihung des Marktprivilegs für Teuchern einherging[648]. Eine Wappenbesserung ist auch heute noch die Veränderung eines bestehenden Wappens, um dieses zum Beispiel an bedeutsame Ereignisse des Wappenträgers anzupassen. Die Verleihung eines Marktprivilegs durch den Kaiser auf einem Reichstag könnte ein solches Ereignis darstellen.

Nicht belegt ist, ob Günther selbst auf dem Reichstag in Nürnberg anwesend war. Zwar wird ein Günther von Bünau im Gefolge des wettinischen Kurfürsten Friedrichs bzw. des Herzog Johanns genannt, allerdings ohne Ortszusatz, so dass nicht geklärt ist, ob es sich um den Teucherner Günther handelt[649].

Neben dem Markt in Teuchern kümmerte sich Günther von Bünau auch sonst um die Entwicklung „seiner" Ortschaften. 1491 löste er beispielsweise Krössuln von Kistritz und machte es zu einer eigenständigen Gemeinde[650]. Uneigennützig dachte er dabei aber nicht. Mit der Loslösung erlangte er auch das Patronatsrecht über die neue Gemeinde[651]. Allerdings scheint es noch über Jahrzehnte Streitigkeiten zwischen Kistritz und Krössuln gegeben zu haben. Noch bei der Kirchenvisitation 1539 nannte der Kistritzer Pfarrer Markus Hartmann Krössuln als eine Filialkirche von Kistritz, obwohl im gleichen Protokoll auch Krössuln als eigenständige Pfarre erwähnt wird. Offensichtlich hielt man in Kistritz die Loslösung für rechtswidrig[652].

Möglicherweise war Günther gemeinsam mit seinem Bruder Heinrich auf dem Reichstag 1495 in Worms. Im Gefolge des Herzogs Albrecht von Sachsen werden zwei Günther von Bünau, wieder ohne Ortszusatz, genannt[653].

---

647 Schattkowsky, Die Familie von Bünau, S. 179.
648 Schattkowsky, Die Familie von Bünau, S. 181; Mansberg, Erbarmanschaft Wettinischer Lande II, S. 519.
649 Schattkowsky, Die Familie von Bünau, S. 185; Seyboth, Deutsche Reichstagsakten – Mittlere Reihe, II. Band, S. 656.
650 Langenkamp, Geschichte der Stadt Teuchern, S. 41; Voigt, Die erste evangelische Kirchenvisitation, S. 20.
651 Dietmann, Chursächsische Priesterschaft I, Teil 3, S. 1052.
652 Voigt, Die erste evangelische Kirchenvisitation, S. 20.
653 Angermeier, Deutsche Reichstagsakten – Mittlere Reihe, V. Band, S. 1157.

Von Oktober 1494 bis November 1498 war er jedenfalls Amtmann zu Frey-burg[654] und zumindest kurzzeitig der Steuereinnehmer für den Leipziger Kreis des Herzogtums Sachsen[655]. Am 13. Juli 1501 taucht Günther nochmal als Amtsverweser für seinen Nachfolger im Amt des Amtsmannes – Christoph von Taubenheim – auf[656].

Von 1488 (oder 1489) bis 1497 war er ausweislich der Besoldungslisten in den Rentkammerrechnungen albertinischer Richter am Leipziger Oberhofgericht[657]. 1503 (bzw. ab Ende 1502 – als Nachfolger von Hans von Obernitz, der bis 1499 Amtmann war[658]) bis 1507 war er Amtmann zu Alten-burg[659] und in dieser Funktion „qua Amt" Richter für die ernestinischen Wetti-ner am Oberhofgericht[660], welches im Wechsel mit Leipzig auch in Altenburg tagte[661]. Das Amt Altenburg galt als das finanzstärkste Amt des ernestinischen Sachsens[662]. Entsprechend wichtig war Günthers Stellung.

Von 1512 bis 1516 war er Mitglied des Reichsrates von Nürnberg, der Stände-versammlung des Heiligen Römischen Reiches. Gemeinsam mit seinem Bru-der Heinrich war er auf mehreren Landtagen anwesend[663]. Während Heinrich eher auf Seiten des ernestinischen Kurfürsten stand, gehörte Günther zu den Vertrauten des albertinischen Herzöge Albert und Georg. Auch für den Naum-burger Bischof, Johannes III. von Schönberg, war Günther als im Stift ansässi-ger Ritter (zwar gehörte Teuchern nicht zum Hochstift, aber die Wasserburg war ein stiftisches bzw. bischöfliches Lehen) tätig[664].

Ebenso wie sein Bruder Heinrich könnte auch Günther eine Pilgerfahrt nach Jerusalem unternommen haben. Möglicherweise reiste er 1498 im Gefolge des

654 Goerlitz, Staat und Stände, S. 41; Schirmer, Kursächsische Staatsfinanzen, S. 170.

655 Gollwitzer, Deutsche Reichstagsakten – Mittlere Reihe, VI. Band, S. 255; Schirmer, Kursäch-sische Staatsfinanzen, S. 169.

656 Goerlitz, Staat und Stände, S. 41.

657 Rogge/Schirmer, Hochadliger Herrschaft, S. 323; Schirmer, Kursächsische Staatsfinanzen, S. 149.

658 Schirmer, Kursächsische Staatsfinanzen, S. 320.

659 Schirmer, Kursächsische Staatsfinanzen, S. 170. Soweit auf S. 320, FN 821 Heinrich von Bünau zu Teuchern erwähnt wird, muss es sich um einen Übertragungsfehler handeln.

660 Kretschmann, Oberhofgericht, S. 339

661 Diese Aufwertung betraf aber nur den Amtmann zu Altenburg aufgrund der regelmäßigen Sitzungstage vor Ort. Vgl. Rogge/Schirmer, Hochadlige Herrschaft, S. 322; Schirmer, Kur-sächsische Staatsfinanzen, S. 150.

662 Schirmer, Kursächsische Staatsfinanzen, S. 295.

663 Goerlitz, Staat und Stände, S. 569, 572 f.

664 Zader, Naumburgische und Zeitzische Stiffts-Chronika, Rz. 1133, 1135, 1138.

späteren Herzogs Heinrich von Sachsen ins „Heilige Land" und nach Ägypten. Die Aufzeichnungen erwähnen aber nur einen Günther von Bünau, ohne einen Zusatz[665]. Dass es sich dabei um den hiesigen Günther handelt, schließt man aus seiner Nähe zu Herzog Heinrich, welche sich durch die spätere Teilnahme an dessen Hochzeit ergibt. Aus der Teilnahme an Hochzeiten oder eben Wallfahrten können entsprechende soziale bzw. politische Verbindungen abgeleitet werden[666]. Beides galt, wie die Teilnahme an Turnieren, als große Ehre[667]. Die fragliche Pilgerfahrt begann am 31. März 1498[668] und führte über Venedig nach Jaffa. Neben Jerusalem wurde auch Bethlehem und sogar Babylon ein Besuch abgestattet[669]. Bereits am 19. Oktober 1498 befand sich die Reisegruppe wieder in der Heimat[670]. Anders als sein Bruder Heinrich erscheint Günther aber nach 1498 nicht als Ritter[671]. Dennoch, auch er macht in den Diensten des Herzogs Karriere.

Auf dem Reichstag in Augsburg 1500 wurde Günther von Bünau zu Teuchern in das Reichsregiment zu Nürnberg als Reichsregent und Vertreter des obersächsischen Reichskreises aufgenommen[672]. Dem Regiment, das die (ohnehin eher bescheidene) Macht des römisch-deutschen Königs bzw. Kaisers beschneiden sollte, gehörten 1500 neben Kaiser Maximilian I. bzw. seinem Vertreter 20 „Abgeordnete" der Reichsfürsten und Reichsstädte an. Allerdings war Maximilian von Beginn an gegen das neue Gremium, zögerte erst dessen Gründung hinaus, verweigerte dann die Zusammenarbeit und löste es 1502 wieder auf[673]. Sachsens Kurfürst Friedrich war zunächst ein Befürworter des Regiments[674], immerhin übernahm er sogar dessen Leitung[675]. Auch wenn es letztlich unbedeutend war, zeigt die Wahl Günters in dieses Gremium daher, wie sehr die Teucherner Bünaus in den Wettinischen Landen angesehen waren.

---

[665] Halm, Europäische Reiseberichte, S. 288. Auch ein Rudolf von Bünau wird – ohne einen Ortszusatz – erwähnt. Denkbar wäre auch, dass es sich um Günther von Bünau auf Elsterberg handelte, so zumindest Glafey, Kern der Geschichte des Hauses Sachsen, S. 107.

[666] Rogge/Schirmer, Hochadlige Herrschaft, S. 308.

[667] Rogge/Schirmer, Hochadlige Herrschaft, S. 341.

[668] Röhricht, Die Jerusalemfahrt des Herzogs Heinrich, S. 1.

[669] Halm, Europäische Reiseberichte, S. 290.

[670] Halm, Europäische Reiseberichte, S. 288.

[671] Dies könnte ein Indiz dafür sein, dass es sich bei dem Reisenden Günther von Bünau nicht um Günther aus der Teucherner Linie handelte. Laut Röhricht, Die Jerusalemfahrt des Herzogs Heinrich, S. 24, wird der mitreisende Günther von Bünau zum Ritter geschlagen.

[672] Schattkowsky, Die Familie von Bünau, S. 185; Tutzschmann, Friedrich der Weise, S. 112f.

[673] Schorn-Schütte, Die Reformation, S. 17ff.

[674] Kohnle/Schirmer, Kurfürst Friedrich der Weise, S. 18.

[675] Junghans, Das Jahrhundert der Reformation, S. 34; Patze/Schlesinger, Geschichte Thüringens III, S. 190f.

Eventuell war ihm im Jahr 1502 die Ämterfülle zu groß, da er auf sein Ansuchen vom Sitz des Hofgerichts entbunden wurde. Erst 1510 wurde er wieder Hofrichter in Altenburg. Die unterschiedlichen Hofgerichte bestanden in beiden Sachsens noch neben dem gemeinsamen Oberhofgericht. Einen klaren Instanzenzug oder eine klare Zuständigkeitsabgrenzung gab es damals nicht[676].

An den zahlreichen Verpflichtungen Günthers von Bünau änderte sich aber wenig. Möglicherweise war es der Teucherner Günther von Bünau, der 1504 als sächsischer Gesandter in den Akten Erwähnung findet[677]. Belegt ist, dass er am 12. November 1504 bei einem Fest in Naumburg für den Kurfürsten Friedrich von Sachsen und dessen Bruder, Herzog Johann der Beständige, mit einem Turnier anwesend war[678]. Auch bei dem Fürstenhof in Naumburg 1508 war unter den Teilnehmern Günther von Bünau zu Teuchern mit seinem Sohne[679]. Um welchen Sohn es sich dabei handelte, konnte bislang nicht geklärt werden.

Günther von Bünau war, wie erwähnt, Gast auf der Hochzeit des späteren Herzogs Heinrich von Sachsen. Am 6. Juli 1512 heiratete Heinrich in Freiberg Katharina von Mecklenburg. Anlässlich der Hochzeit fand ein Rennen und Stechen[680] statt. Ernst von Leipzig und Günther von Bünau zu Teuchern haben *„mit den spiessen gefeilt und mit den schwertern wohl geschlagen"*[681]. Wahrscheinlich war auch der 1515 unter den Teilnehmern einer Ständeversammlung in Naumburg genannte Günther von Bünau der hiesige[682]. 1518 begleitete er den Herzog Georg von Sachsen zum Reichstag von Augsburg.

Um das Jahr 1519 starb Günther. Dies ergibt sich aus einer Urkunde vom 14. Januar 1520. Da die eigentlich übliche Mitbelehnung in der Urkunde unterbleibt, muss angenommen werden, dass Günther zu diesem Zeitpunkt bereits tot war[683]. Nach anderen Angaben soll Günther erst 1523[684] oder gar erst am

---

676 Patze/Schlesinger, Geschichte Thüringens III, S. 170.

677 LATh – HStA Weimar, Ernestinisches Gesamtarchiv, Reg. E 52.

678 Braun, Annalen, Rz. 1157; Mansberg, Erbarmanschaft Wettinischer Lande I, S. 540; Mansberg, Erbarmanschaft Wettinischer Lande II, S. 529.

679 SHStA Dresden, 12579 Familiennachlass Grafen und Freiherren von Bünau (D), Nr. 968, fol. 62r.

680 Mit Stechen ist der Kampf mit der Lanze bei einem Turnier gemeint.

681 Mansberg, Erbarmanschaft Wettinischer Lande II, S. 536.

682 SHStA Dresden, 12579 Familiennachlass Grafen und Freiherren von Bünau (D), Nr. 968, fol. 69r.

683 Mansberg, Erbarmanschaft Wettinischer Lande II, S. 542.

684 Fischer, Ahnenreihenwerk, Band 4, Teil XVIII, Genealogie von Bünau, S. 86, hält dies zwar nicht für unmöglich, aber aufgrund der fehlenden Mitbelehnung in der genannten Urkunde für eher ausgeschlossen.

28. Oktober 1533 gestorben sein. Das letztgenannte Datum entspricht der Inschrift des dritten Grabsteins in der Teucherner Kirche. Dieser Stein, der bislang keiner Person zugeordnet werden konnte, hat folgende Inschrift:
„ANO D MDXXXIII AM TAGE SIMONIS IVDE IST IN GOT VORSCHIDEN DER EDELE VND GESTRENGE HER G.... VON BVNAV.... TEVCHERN DES SELE GOT GNEDIG SEY AMEN"[685].

Da aber neben der oben genannten fehlenden Mitbelehnung in einer Urkunde von 1525 bereits Günther von Bünaus Erben erwähnt werden[686], ist ein Tod nach 1525 ausgeschlossen.

Günther hatte zahlreiche Schulden. Da er schon zu Lebzeiten seines Bruders Geldprobleme hatte[687], können die Schulden nicht allein durch die Schulden seines Bruders Heinrich, die er als Erbe übernehmen musste, herrühren. Vielleicht war es die eigene Pilgerreise, die das Vermögen Günthers überstiegen hat. 1508 verpfändete Günther Lehen in Schortau als Sicherung für ein Darlehen von 100 Gulden an den Naumburger Bischof Johannes III. von Schönburg[688]. Am 9. Mai 1509 musste Günther den Erbzins und das Erbgericht zu Ahlendorf für 508 Gulden wiederum an den Naumburger Bischof verkaufen[689]. Im Januar 1515 lieh sich Günther von Wolf von Selmeniz 200 Gulden, rückzahlbar bis übernächsten Walpurgis (1. Mai)[690]; im Februar des gleichen Jahres borgte er sich beim Abt des Klosters Pforta 60 Gulden[691].

Günther hatte sich zudem von Hans von Draschwitz 400 Gulden geliehen. Auch Günthers Kinder hatten nach seinem Tod noch mit seinen Schulden zu kämpfen. Lorenz Mundt, Günthers Anwalt, war in zahlreichen Rechtsstreitigkeiten auch – bis zu seinem Tod – weiter für die Kinder tätig.

---

685 SHStA Dresden, 12579 Familiennachlass Grafen und Freiherren von Bünau (D), Nr. 968, fol. 70r., fol. 97r.
686 Mansberg, Erbarmanschaft II, S. 547.
687 SHStA Dresden, 12579 Familiennachlass Grafen und Freiherren von Bünau (D), Nr. 968, fol 34r ff.
688 SHStA Dresden, 12579 Familiennachlass Grafen und Freiherren von Bünau (D), Nr. 968, fol. 37r, 41r.
689 Wießner, Bistum Naumburg II, S. 941f.; Zader, Naumburgische und Zeitzische Stiffts-Chronika, Rz. 0498.
690 Mansberg, Erbarmanschaft Wettinischer Lande II, S. 538.
691 UB Pforta II, 2, S. 411.

5.3 Mögliche Geschwister von Heinrich und Günther von Bünau auf Teuchern

Auch wenn es keine klaren Belege, für weitere Geschwister gibt, ist anzunehmen, dass – wie es in der damaligen Zeit üblich war – Günther und Heinrich weitere Geschwister hatten.

In einigen Berichten wird neben Heinrich und Günther ein weiterer Bruder, Heinrich (d.J.) von Bünau erwähnt[692]. Gestützt wird diese Annahme auf die Eintragung eines weiteren Heinrichs von Bünau im Matrikelbuch der Universität Erfurt[693]. Auch das Vorhandensein des Epitaphs für einen am 28. Oktober 1533 verstorbenen „G. von Bünau zu Teuchern"[694] in der Teucherner Kirche wird teilweise als Beleg herangezogen. Allerdings finden sich keine weiteren Hinweise auf diesen Bruder in den Urkunden. Insbesondere da Heinrich und Günther regelmäßig – auch bei der bei den Bünaus üblichen Gesamtbelehnung – gemeinsam erwähnt werden, ohne dass ein weiteres männliches Familienmitlied der Teucherner Linie erwähnt wird, kann das Vorhandensein eines weiteren Bruders, der das Erwachsenenalter erreichte, mit hoher Wahrscheinlichkeit ausgeschlossen werden. Der auf dem genannten Epitaph erwähnte Bünau lässt sich bislang nicht zuordnen[695].

Angenommen wird auch, dass Anna von Bünau (1470/1481 - 1519), die 1492 einen Ritter Hans von Minkwitz ehelichte, eine Schwester von Günther und Heinrich gewesen sein soll. Anhaltspunkt dafür ist Annas Tutor, ihr Bruder Heinrich von Bünau[696], wobei unklar ist, ob es sich hier um den oben genannten Heinrich handelt. Eine klare Zuordnung von Anna von Bünau zur Teucherner Linie ist bislang nicht möglich. Wahrscheinlicher ist, dass es sich um die aus dem Hause Weesenstein stammende Anna von Bünau handelt. Auch Dorothea von Bünau auf Teuchern, die Rudolf von Bünau auf Schkölen ehelichte, könnte eine Schwester von Heinrich und Günther gewesen sein.

---

692 Auch Fischer, Ahnenreihenwerk, Band 4, Teil XVIII, Genealogie von Bünau, S. 85, nimmt die Existenz eines weiteren Heinrichs von Bünau, als Bruder von Heinrich und Günther, an.

693 Weissenborn/Hortzschansky, Universität Erfurt, S. 356. Der Eintrag im Sommersemester 1474 nennt aber nur einen „Heinricus de Bienaw" ohne Ortszusatz. Eine Zeile darüber ist – ebenfalls ohne Ortsangabe – ein „Gintherus de Bienaw" eingetragen. Beide lassen sich bislang keiner Linie zuordnen.

694 Jäger, Inschriften, S. 87, liest hier „HE ... N...BVNA...".

695 So auch Jäger, Inschriften, S. 87.

696 Mansberg, Erbarmanschaft Wettinischer Lande II, S. 520.

Heinrich (d. Ä.) von Bünau war der älteste Sohn Günthers und dessen erster Frau Margarethe[697]. Er ist vermutlich vor 1485 in Teuchern geboren. Dass Heinrich älter als seine Brüder ist, lässt sich aus dessen Nennung an erster Stelle in den Urkunden schließen[698]. Heinrich wird in den Urkunden zwischen 1517 und 1539 erwähnt[699].

Wie sein Onkel gleichen Namens reiste auch Heinrich (d. Ä.) von Bünau zu Teuchern ins Heilige Land. Er begleitete Bernhard von Hirschfeld, der von der Reise auch berichtete[700]. Die Reise begann im März 1517[701]. In Coburg traf Heinrich mit anderen Adligen auf von Hirschfeld[702]. Die Reise führte über Nürnberg, Augsburg, nach Innsbruck und über den Brennerpass nach Venedig. Nachdem die notwendigen Genehmigungen (auch vom Papst[703]) eingeholt wurden und das Wetter stimmte[704], ging es von dort aus es über die „übliche" Route per Schiff nach Jaffa.

Am 15. Juli 1517 kam die Pilgergruppe am Strand des Heiligen Landes an. Obwohl das Schiff Jaffa um „30 welsche Meilen" verfehlte, betrat man den Strand und feierte eine Messe, ehe man die Reise nach Jaffa fortsetzte[705]. Der weitere Weg führte über Rahma (das heutige Ramla) nach Jerusalem[706]. Dort kam man am 18. Juli 1517 an und nächtigte im Patriarchenhaus. Die Gruppe hörte Predigten im Franziskanerkloster auf dem Berg Zion[707]. In den folgenden Tagen besuchte Heinrich von Bünau gemeinsam mit den anderen Pilgern zahlreiche heilige Stätten, darunter die Goldene Pforte, den Ölberg und den Garten

---

[697] Fischer, Ahnenreihenwerk, Band 4, Teil XVIII, Genealogie von Bünau, S. 86; Schirmer, Kursächsische Staatsfinanzen, S. 239.

[698] Erst als sein Bruder Günther Domdechant wird, wird dieser – nunmehr seinem Stand entsprechend – oft vor Heinrich genannt.

[699] Schirmer, Kursächsische Staatsfinanzen, S. 239 FN.

[700] Minckwitz, Hirschfelds Wallfahrt, S. 31 ff. Auch Spalatin erwähnt die Reise, nennt aber Heinrich von Bünau zu Teuchern nicht. Seine Aufzählung der Begleiter Bernhards, die nur acht Ritter nennt, ist aber offensichtlich nicht vollständig. Neudecker/Preller, Georg Spalatin's historischer Nachlaß, S.158.

[701] Brumme, Das spätmittelalterliche Wallfahrtswesen, S. 217; Halm, Europäische Reiseberichte, S. 322.

[702] Minckwitz, Hirschfelds Wallfahrt, S. 32.

[703] Brumme, Das spätmittelalterliche Wallfahrtswesen, S. 218.

[704] Minckwitz, Hirschfelds Wallfahrt, S. 33 ff.

[705] Minckwitz, Hirschfelds Wallfahrt, S. 56.

[706] Minckwitz, Hirschfelds Wallfahrt, S. 57 f. Hirschfeld beschwert sich in seinem Bericht, dass Rahma eine arme Stadt gewesen sei in der man nichts als Brot und Wasser bekommen habe.

[707] Minckwitz, Hirschfelds Wallfahrt, S. 58.

Gethsemani[708]. Auch die Stationen des Kreuzweges, die heutige Via Dolorosa, besuchte die Gruppe[709].

Abb. 5.5: Der Garten Gethsemani im März 2017. Auch wenn die Olivenbäume nicht aus biblischen Zeiten stammen, sind sie mehrere hundert Jahre alt und standen schon im 16. Jahrhundert.

Der Höhepunkt der Pilgerfahrt war auch damals sicher der Besuch des Heiligen Grabes. Allerdings konnte das eigentliche Heilige Grab nicht besucht werden. Man hielt die Pilger für nicht würdig und befürchtete, sie würden Stücke aus dem Fels brechen. Besucht werden konnte nur eine genaue Nachbildung des Grabes bzw. des Ortes, welche sich über dem „Original" befand[710]. Ebenso wie alle anderen heiligen Stätten war auch diese, obwohl es nur die Nachbil-

---

708 Brumme, Das spätmittelalterliche Wallfahrtswesen, S. 221; Minckwitz, Hirschfelds Wallfahrt, S. 61.
709 Minckwitz, Hirschfelds Wallfahrt, S. 63 ff.
710 Brumme, Das spätmittelalterliche Wallfahrtswesen, S. 221f.; Minckwitz, Hirschfelds Wallfahrt, S. 68 f.

dung war, mit einem konkreten Ablass dotiert. Hirschfeld, der später Protestant werden sollte, notierte die Ablässe in seinem Reisebericht säuberlich.

Am 22. Juli wurden mehrere Personen zum Ritter vom Heiligen Grabe geschlagen. Das entsprechende Verzeichnis, welches Hirschfeld anfertigte, ist nicht mehr vorhanden. Aber Heinrich von Bünau zu Teuchern gehört zu dem Personenkreis, der sich nach der Rückkehr als Ritter bezeichnete. Daher ist anzunehmen, dass Heinrich in Jerusalem zum Ritter geschlagen wurde[711]. Einen Tag später, am 23. Juli 1517, wurde Bethlehem besucht[712]. Auch dort besichtigte man mehrere „heilige" Orte. Offenkundig hat man auch bereits damals versucht, mit den Pilgern möglichst viel Geld zu verdienen, indem man zu den ohnehin zahlreichen heiligen Stätten noch weitere hinzufügte. So zeigte man einen Brunnen, in dem „die Mutter Gottes dem Herren Jesu seine Windeln gewaschen hat"[713].

Eine Weiterreise an den Jordan zu der Stelle, an der Jesus getauft wurde, konnte nicht vorgenommen werden, da sich dort etliche Araber aufgehalten hätten, die beabsichtigt hätten, die Pilger zu überfallen. Allerdings wurde ein Bote geschickt, der die Kleidung der Pilger in das Wasser des Jordans tauchte[714]. Am 27. Juli reiste Heinrich mit seiner Gruppe von Jerusalem über Ramla zurück nach Jaffa[715]. Dort konnte die Abreise nicht sogleich erfolgen, da die örtlichen Machthaber noch (weitere) Gebühren forderten. Erst nach längeren Verhandlungen und einer „Nachzahlung" erfolgte die Heimreise[716]. Die Rückreise folgte der Route der Hinreise[717]. Erst am 16. Februar 1518 war man wieder in der Heimat[718].

Die Familie von Bünau hatte sich als wichtige politische Kraft in den wettinischen Landen etabliert und gab auf den Landtagen auch die strategische Richtung mit vor[719]. Heinrich war herzoglich-sächsischer Rat[720] und auch Mitglied des 1526 gegründeten landständischen (Finanz-)Ausschusses[721]. Kurzzeitig

---

711 Minckwitz, Hirschfelds Wallfahrt, S. 69 f.
712 Minckwitz, Hirschfelds Wallfahrt, S. 74.
713 Minckwitz, Hirschfelds Wallfahrt, S. 80.
714 Minckwitz, Hirschfelds Wallfahrt, S. 81.
715 Minckwitz, Hirschfelds Wallfahrt, S. 82.
716 Minckwitz, Hirschfelds Wallfahrt, S. 83 f.
717 Vgl. zu den einzelnen Stationen der Reise Halm, Europäische Reiseberichte, S. 324.
718 Halm, Europäische Reiseberichte, S. 322.
719 Schirmer, Kursächsische Staatsfinanzen, S. 238.
720 Rogge/Schirmer, Hochadlige Herrschaft, S. 350.
721 Goerlitz, Staat und Stände, S. 448f.; Schirmer, Kursächsische Staatsfinanzen, S. 237f.

war er vom Mai bis Oktober 1533 Amtmann zu Quedlinburg[722]. In dieser Funktion schickte Heinrich nach einem Überfall auf das Kloster Michaelstein[723] am 3. Oktober 1533 Reiter und Fußvolk zur Ergreifung der „Feinde" unter Wilhelm von Haugwitz. Allerdings konnten diese entkommen[724]. Hintergrund des Überfalls war eine Fehde zwischen Haugwitz und dem sächsischen Herzog Georg, der Schutzherr über das Kloster war.

1524 gehörte Heinrich zu den Gästen bei der Hochzeit von Herzog Georgs Tochter Magdalene von Sachsen[725] mit dem Kurfürsten Joachim II. von Brandenburg. Die Feier zur Hochzeit am 6. November dauerte vom 5. bis zum 11. November. Bei der Feier in Dresden sollen nahezu 3.000 Gäste zu Pferde erschienen sein, darunter 24 regierende Fürsten. Die Trauung wurde von Kardinal Albrecht von Brandenburg vollzogen. Heinrich von Bünau zu Teuchern nahm mit acht Pferden an den Feierlichkeiten teil[726].

1524/25 wurde Heinrich zum Besitzer der Rudelsburg erklärt, nachdem zuvor Rudolf von Bünau zu Schkölen[727] versucht hatte, ohne Wissen bzw. Zustimmung der Mitbelehnten die Rudelsburg zu verkaufen[728]. Die Rudelsburg war damals noch ein stattlicher Adelssitz und sicherlich ansehnlicher und bedeutender als die Wasserburg Teuchern. Obwohl sich Heinrich weiterhin mit dem Zusatz „auf Teuchern" nannte, wird er sich wohl meist auf der Rudelsburg aufgehalten haben.
Daneben hatte Heinrich auch Lengefeld als Lehen[729] und – in Verbindung mit der Rudelsburg – auch Kaatschen, das Vorwerk Kreipitzsch mit einer Schäferei, Freiroda sowie „9 Hufen[730] Land in der Vogtei Camburg sowie die Gerichte"[731].

---

722 Goerlitz, Staat und Stände, S. 66; Jadatz/Winter, Akten und Briefe zur Kirchenpolitik IV, S. 614; Schirmer, Kursächsische Staatsfinanzen, S. 239.

723 Zisterzienserkloster auf dem Gebiet der heutigen Stadt Blankenburg (Harz) im Landkreis Harz in Sachsen-Anhalt.

724 Jadatz/Winter, Akten und Briefe zur Kirchenpolitik III, S. 641f.

725 Geboren am 7. März 1507 in Dresden; gestorben am 25. Januar 1534 in Berlin.

726 Mansberg, Erbarmanschaft Wettinischer Lande II, S. 547.

727 Goerlitz, Staat und Stände, S. 571, FN 17.

728 Schattkowsky, Die Familie von Bünau, S. 174; Mansberg, Erbarmanschaft Wettinischer Lande II, S. 547.

729 Heute ein Teil des Naumburger Ortsteiles Bad Kösen; Wießner, Bistum Naumburg I, S. 596.

730 Eine Hufe war nicht nur eine Bezeichnung für eine Hofstelle, sondern auch ein Flächenmaß. Dieses Maß unterschied sich aber von Region zu Region. Selbst für Sachsen gibt es unterschiedliche Angaben, die zwischen 13 und 24 Hektar schwanken.

731 Wießner, Bistum Naumburg I, S. 594.

Abb. 5.6: Die Ruine der Rudelsburg mit der Ruine Saaleck im Hintergrund

Im Frühjahr 1525, als der Bauernkrieg in Thüringen auf seinem Höhepunkt war, wurde Heinrich von Bünau zu Teuchern von Herzog Georg von Sachsen gebeten, Weißenfels vor den aufständischen Bauern zu beschützen[732]. Auch wenn die Bauern weit von Weißenfels entfernt waren[733], befürchtete man doch, dass auch Weißenfels in Gefahr sei.

1525 meldete der „alte Ritter Heinrich", dass sein Sohn Heinrich von Bünau in der Feldschlacht vor Pavia[734] den Tod gefunden hat[735]. Auch ein Bruder des Verstorbenen – Rudolf – wird erwähnt. Die Zuordnung ist unklar. Möglich wäre es, dass Heinrich – der nach anderen Quellen kinderlos verstorben sein soll – zwei Söhne hatte. Weitere Hinweise darauf gibt es bislang nicht. Realistischer ist, dass sowohl der gefallene Heinrich als auch sein Bruder aus dem Weesensteiner Zweig der Bünaus stammen. Dazu würde passen, dass ein Ru-

---

732 Fuchs, Akten zur Geschichte des Bauernkriegs II, S. 189.
733 Siehe Kapitel 3.2 Aufruhr in unserer Gegend.
734 Gemeint ist die Schlacht am 24. Februar 1525 während der Italienkriege.
735 Mansberg, Erbarmanschaft Wettinischer Lande II, S. 547f.

dolf von Bünau[736], der 1534 das Schloss Tetschen[737] erwarben, in der Schlacht bei Pavia gekämpft haben soll. 1526 wird ein Heinrich von Bünau als „Verwalter des Amtes Weißenfels" erwähnt. Es handelt sich dabei aber nicht um den hiesigen, sondern um Heinrich von Bünau d. Ä. aus dem Hause Droyßig[738].

Im Juni 1533 sollte Heinrich von Bünau auf Befehl des Herzogs mit den Gesandten des Kardinals Albrecht verhandeln[739]. Hintergrund war ein Streit um Steuereinnahmen.

Nach dem Ende seiner Amtszeit als Amtsmann in Quedlinburg hielt sich Heinrich von Bünau öfters – auch auf Bitten der dortigen Äbtissin – in Quedlinburg auf. So sollte er Ende des Jahres 1534 in einem Streit der Äbtissin mit Quedlinburger Bürgern über einen Weinberg vermitteln[740].

Ab 1529 gehörte Heinrich von Bünau zu einer vierköpfigen Steuer-Kommission im Steuerkreis Weißenfels[741]. Zwischen 1530 und 1534 stritt sich Heinrich mit dem Naumburger Bischof wegen des Umfanges des Lehens, der Gerichte, der Dienste bzw. der Steuer u.a. in Gröbitz und Possenhain[742]. Im Frühjahr 1535 gab es einen weiteren Streit um die Zinspflicht von Gefolgsleuten zwischen Heinrich und Rudolf von Bünau zu Teuchern und Georg von Breitenbach bzw. dessen Sohn Konrad. Herzog Georg mischte sich ein und befahl den Bünaus, die verweigerten Zinszahlungen durchzusetzen[743].

1537 wird Ritter Heinrich von Bünau zu Teuchern unter denjenigen genannt, die die 24 Plätze der Landstände besetzten[744]. Die Bedingung des Herzogs war, dass alle Landstände der katholischen Kirche treu bleiben[745]. Dies hat Heinrich – zumindest bis zum Tod des Herzogs – getan. Die Treue Heinrichs zu seinem Herzog zeigt sich auch darin, dass Heinrich zu den sieben Zeugen gehörte, die

---

736   Es handelt sich dabei um Ritter Rudolf von Bünau (gestorben 1543), Herr auf Brandis, Weesenstein und Lauenstein.

737   Das heutige Děčín im Norden der Tschechischen Republik, nahe der Grenze zu Sachsen.

738   Goerlitz, Staat und Stände, S. 29, 86.

739   Jadatz/Winter, Akten und Briefe zur Kirchenpolitik III, S. 617.

740   Jadatz/Winter, Akten und Briefe zur Kirchenpolitik III, S. 812.

741   Schirmer, Kursächsische Staatsfinanzen, S. 239.

742   SHStA Dresden, Loc. 8388/28, passim.

743   Jadatz/Winter, Akten und Briefe zur Kirchenpolitik IV, S. 141.

744   Braun, Annalen, Rz. 1897; Goerlitz, Staat und Stände, S. 465, S. 571; Jadatz/Winter, Akten und Briefe zur Kirchenpolitik IV, S. 427ff.

745   Jadatz/Winter, Akten und Briefe zur Kirchenpolitik IV, S. 427.

eigenhändig das versiegelte Kodizill[746] des Herzogs am 8. März 1537 auf dem Schloss Leipzig unterzeichneten und siegelten[747]. In dem Kodizill verpflichtete Georg seinen noch lebenden Sohn und voraussichtlichen Erben zur Treue gegenüber der römischen Kirche[748].

In seinen letzten Lebensjahren wählte Heinrich wohl Gröbitz als Wohnsitz. Zumindest wird er in seinen letzten Lebensjahren mehrfach mit Gröbitz als Wohnort genannt, so am 29. Mai 1536[749] und am 4. Mai 1537 als Ritter Heinrich zur Rudelsburg und Gröbitz[750]. Auch das Verzeichnis zum Landtag am 1. und 2. Mai 1537 nennt Heinrich von Bünau zu Gröbitz, der mit sieben Pferden – und damit deutlich mehr als andere schriftsässige Ritterschaftsmitglieder – am Landtag teilnahm[751]. Wahrscheinlich etwa in der Zeit entstand der heute noch sichtbare markante spätgotische Treppenturm am Schloss Gröbitz.

Heinrich von Bünau war verheiratet, hinterließ aber wohl keine Kinder. Er starb 1539[752]. In dem Jahr wird er zuletzt urkundlich fassbar. Als Mitglied des landständischen Ausschusses wird er letztmalig am 17. März 1539 erwähnt[753]. Kurz darauf, am 13. April 1539 erhielt seine Gemahlin Anna das Leibgedinge. Bei einem Vergleich zwischen den Bischof des Hochstifts Naumburg und dem Rat der Stadt Naumburg aus dem Jahre 1539 befindet sich unter den Unterzeichnern neben dem Domdechant Günther von Bünau auch Ritter Heinrich von Bünau zu Gröbitz[754]. Zwar wird in den Visitationsprotokollen aus dem Jahr 1540 Heinrich von Bünau zu Gröbitz noch als Lehnsherr zu Gröbitz genannt[755], doch wahrscheinlich erfolgte hier die Informationssammlung noch vor dem Tod Heinrichs.

Da sich die fragmentierte Jahreszahl als 1539 identifizieren lässt, könnte der zweite Bünauische Grabstein in der Teucherner Kirche zu Heinrich gehören.

---

[746] Ein Kodizill war eine einseitige letztwillige Anordnung, die im Gegensatz zum Testament keine Erbeinsetzung, sondern lediglich andere Verfügungen enthält, z.B. wurde die politische Nachfolge geregelt.

[747] Jadatz/Winter, Akten und Briefe zur Kirchenpolitik IV, S. 743ff.

[748] Bünz/Kühne, Alltag und Frömmigkeit, S. 79.

[749] Mansberg, Erbarmanschaft Wettinischer Lande II, S. 563.

[750] Mansberg, Erbarmanschaft Wettinischer Lande II, S. 564.

[751] Goerlitz, Staat und Stände, S. 463f.

[752] Minckwitz, Hirschfelds Wallfahrt, S. 46.

[753] Braun, Annalen, Rz. 1897.

[754] Zader, Naumburgische und Zeitzische Stiffts-Chronika, Rz. 1054.

[755] LASA, A 29a, II Nr. 1c Bd. 2, fol. 106r.

Dagegen spricht seine Darstellung als jüngerer Mann[756], während Heinrich tatsächlich über 55 Jahre alt gewesen sein muss. Die Inschrift des Steines lautet: „*AO DNI MDXXXIX AM TAGE MARTE[757] IST IN GOT VORSCH.... TER ZV GROWICZ DEM GOT GNADE*"[758].

Wahrscheinlich unzutreffend ist der Bericht, dass Heinrich in Gröbitz von einem Erker erschlagen wurde[759].

Auch wenn über sein religiöses Bekenntnis nichts bekannt ist, dürfte Heinrich von Bünau zu Gröbitz bis zu seinem Tod katholisch geblieben sein. Dafür spricht sein Verhältnis zum sächsischen Herzog ebenso wie der Kontakt zur Äbtissen von Quedlinburg sowie sein Tod im Jahr 1539, mithin vor der Einführung der Reformation. Einzig die Widmung Anton Zimmermanns in dessen erster Schrift stellt eine mögliche Verbindung zur lutherischen Lehre dar[760].

5.5 Domdechant Dr. Günther von Bünau auf Teuchern

Günther von Bünau war der zweitälteste – nach anderen Annahmen der drittälteste – Sohn von Günther von Bünau und dessen Frau Margarethe. Er ist ca. 1485[761] vermutlich in Teuchern geboren. Ab dem Wintersemester 1499 studierte er in Leipzig[762] und beendete das Studium 1503 als Bakkalaureus an der philosophischen Fakultät[763]. Die schon 1409 gegründete Universität Leipzig galt zu dieser Zeit – insbesondere im Gegensatz zu den fortschrittlich orientier-

---

756 Jäger, Inschriften, S. 93f. Voigt, Die Kirche zu Teuchern, S. 46, erkennt einen barhäuptigen Mann von untersetzter Gestalt.

757 Möglicherweise auch MARIA, je nach dem wäre es der 8. September (Tag Marias Geburt) oder der 29. Juli (Jahrestag der Heiligen Martha).

758 SHStA Dresden, 12579 Familiennachlass Grafen und Freiherren von Bünau (D), Nr. 968, fol. 95v.

759 Voigt, Die Kirche zu Teuchern, S. 47.

760 Dennoch schließt Voigt, Die Kirche zu Teuchern, S. 43f., daraus, dass Heinrich ein Anhänger Luthers gewesen sei.

761 Der Rückschluss auf das Geburtsjahr lässt sich aus dem Immatrikulationseintrag ziehen. Dem steht auch nicht entgegen, dass in Akten aus dem Jahr 1540 mehrfach das hohe Alter Günthers erwähnt wird. Zur damaligen Zeit galt ein Alter von 55 Jahren durchaus als hoch. Sollte dagegen der Bericht zutreffend sein, dass Günther im Alter von 71 gestorben sei, dann müsste sein Geburtsjahr 1476 gewesen sein. In diesem Fall wäre er auch der älteste der vier Brüder.

762 Erler, Matrikel, S. 432; Mansberg, Erbarmanschaft Wettinischer Lande II, S. 523.

763 Erler, Promotionen, S. 400.

ten Universitäten Wittenberg und Erfurt – als konservativ und erstarrt[764]. Im Vergleich zu seinem Onkel Heinrich schien Günther – der ein Gegner der Reformation werden sollte – auch eher konservativen Ideen anzuhängen.

Günther wurde Scholaster[765] – Leiter der Domschule – und Domdechant zu Naumburg. Er gehört damit in eine Reihe zahlreicher geistlicher Würdenträger, die aus der Familie von Bünau stammten. Günther hatte als Domdechant erheblichen Einfluss im Stift Naumburg-Zeitz[766]. Als Dechant war er einer der höchsten Repräsentanten des Naumburger Domkapitels[767].

Das Domkapitel bestand aus zwölf, später aus 14 Domherren, darunter der Propst in Zeitz, der Dechant, der Senior und Custos, der Subsenior und Kantor und der Scholasticus. Dazu kam ein Professor der juristischen Fakultät der Universität Leipzig, der sich als dreizehnter Domherr bezeichnete, aber weder Sitz noch Stimme im Domkapitel hatte[768]. Die Mitglieder des Kapitels mussten ursprünglich von Adel sein. Im 16. Jahrhundert war es aber auch Mitgliedern der aufstrebenden Bürgerschaft möglich geworden, einen Sitz im Domkapitel zu erhalten. Das Kapitel hatte bereits in den vergangenen Jahrhunderten seine (weltliche) Macht immer mehr ausgebaut[769]. Eine der wichtigsten Aufgaben sah Günther auch darin, gegen den Lebenswandel der Pfarrer und Vikare vorzugehen, der aus Günthers Sicht sehr kritikwürdig bzw. anstößig war[770]. In seiner Funktion als Domdechant war Günther zumindest ab 1539 auch Mitglied des landständischen Ausschusses[771].

Wann Günther das Amt des Dechanten zu Naumburg übernahm, ist unklar. Erstmals wird er 1526 als solcher in den Urkunden erwähnt[772]. Vermutlich hatte er ab 1524 das Amt inne. Nach anderen Angaben übernahm er das Amt von Dr. Günther von Bünau zu Schkölen[773], der aber bereits im Oktober 1519 ge-

---

[764] So Uhlig, Geschichte des sächsischen Schulwesens, S. 68ff. Allerdings war Leipzig auch sozusagen die „Stammuniversität" der Bünaus und anderer sächsischer bzw. meißnischer Adliger; so Schattkowsky, Die Familie von Bünau, S. 20.

[765] Jäger, Inschriften, S. 97.

[766] Wießner, Bistum Naumburg I, S. 82f.

[767] Pollet, Correspondance I, S. 281, FN 6.

[768] Philipp, Geschichte des Stifts Naumburg und Zeitz, S. 310.

[769] Hoffmann, Naumburg a. S. im Zeitalter der Reformation, S. 22.

[770] Hoffmann, Naumburg a. S. im Zeitalter der Reformation, S. 49; Wießner, Bistum Naumburg I, S. 447.

[771] Braun, Annalen, Rz. 1897; Schirmer, Kursächsische Staatsfinanzen, S. 522.

[772] Albrecht, Eine Antwort Luthers vom 29. August 1540, S. 101, FN.

[773] Günther von Bünau zu Schkölen (1450 – 1517/18) wird teilweise als Onkel Günthers von Bünau zu Teuchern bezeichnet. Dies trifft aber nicht zu. Vgl. zu den Verwandtschaftsverhältnissen von Günther von Bünau zu Schkölen Wießner, Bistum Naumburg II, S. 1085.

storben ist[774]. Auch das Jahr 1517 wird in einigen Chroniken als Datum der Übernahme genannt[775], ist aber nicht belegt.

Angeblich wurde Günther von Bünau von Herzog Georg von Sachsen 1528 wegen seiner Religionsveränderung und Annahme der evangelisch-lutherischen Religion dazu gedrängt, nicht nur dessen Gut Teuchern, sondern auch die Herzogischen Lande zu verlassen. Hier liegen aber zwei Fehler vor. Zum einen wird Günther von Bünau auf Meuselwitz mit Günther von Bünau auf Teuchern gleichgesetzt[776]. Zum anderen ging Herzog Georg zwar tatsächlich auch gegen Adlige vor, die sich zum evangelischen Glauben bekannten. Er drängte diese zum Verkauf ihrer Besitzungen und zum Verlassen des Landes[777]. Günther von Bünau zu Teuchern blieb aber bis zu seinem Tod Mitbesitzer der Wasserburg Teuchern und ist – anders als eben Günther von Bünau zu Meuselwitz – dem katholischen Glauben treu geblieben. Im Gegenteil, er bekämpfte sogar zeitweise aktiv die reformatorischen Lehren. Noch 1532 sorgte Günther dafür, dass der Pfarrer Johann Kramer, der in der Naumburger Kirche „St. Othmar" das Abendmahl in beiderlei Gestalt reichte, erst verwarnt und dann aus dem Pfarramt entfernt wurde[778]. In einem an den Zeitzer Statthalter gerichteten Schreiben vom 19. Mai 1532 berichtete Günther von Bünau, dass er Kramer zur Verantwortung gezogen hat. Kramer habe aber als „überzeugter Protestant" gemeint, dass er nicht anders lehren könne und daher seinen Abschied genommen[779]. Allerdings ist anzumerken, dass Günther von Bünau nicht aus eigenem Antrieb, sondern erst auf Aufforderung der Regierung tätig geworden ist[780]. Auch der Bericht, 30 bewaffnete Reiter hätten Kramer gefangen nehmen wollen, er aber sei gewarnt worden und habe entkommen kön-

---

[774] Siehe das Epitaph im Dom zu Naumburg. Vgl. Zader, Naumburgische und Zeitzische Stiffts-Chronika, Rz. 0902.

[775] Hoffmann, Naumburg a. S. im Zeitalter der Reformation, S. 94, FN 1. Möglicherweise bezieht sich die dort genannte Angabe noch auf Günther von Bünau zu Schkölen

[776] Günther von Bünau auf Meuselwitz wird erstmals 1522 erwähnt. Er war Amtmann zu Altenburg und mit Christina von Bünau, Tochter von Rudolf von Bünau zu Droyßig, verheiratet. Er starb nach 1529 und vor 1538. Wahrscheinlich lebte er 1534 noch, da ein Günther von Bünau in diesem Jahr in Meuselwitz die Reformation offiziell „eingeführt" haben soll.

[777] Bünz/Kühne, Alltag und Frömmigkeit, S. 71; Junghans, Das Jahrhundert der Reformation, S. 56, S. 65; Schattkowsky, Die Familie von Bünau, S. 196.

[778] Wartenberg, 1000 Jahre Zeitz, S. 14; Wießner, Bistum Naumburg I, S. 158, S. 309.

[779] Hoffmann, Naumburg a. S. im Zeitalter der Reformation, S. 85, FN 2.

[780] Hoffmann, Naumburg a. S. im Zeitalter der Reformation, S. 85, FN 2.

nen[781], dürfte ins Reich der Legenden gehören[782]. Das Domkapitel unter Führung von Günther von Bünau versuchte aber weiterhin, einen katholischen Pfarrer an die Kirche „St. Othmar" zu senden, was zu Beschwerden der Bevölkerung führte, wie sich aus einem an Günther von Bünau gerichteten Brief der Gemeinde vom 11. Juni 1538 ergibt[783]. Die Angaben, Günther von Bünau hätte wegen der Annahme der neuen Religion seine Güter in Teuchern verlassen müssen, dürften vielmehr eine Verwechslung mit Anton Zimmermann sein.

Nach dem großen Brand im Jahr 1532 in Naumburg, bei dem das Domkapitel zahlreiche Dokumente verloren hatte, gehörte Günther von Bünau zu denjenigen, die versuchten, das Archiv wieder zu rekonstruieren[784].

1533 empfahl Julius Pflug, damals Propst in Zeitz, der mit Günther gut bekannt bzw. befreundet war[785], Günther von Bünau zu Teuchern dem Kardinallegaten von Imola in Brüssel, da sich Bünau zahlreiche Verdienste um die Kirche erworben hatte. Bünau soll sich die „Achtung und Liebe" des Legaten verdient haben[786].

Als Domdechant war Günther von Bünau in zahlreiche Streitigkeiten mit dem Schutzherren des Domstifts, Kurfürst Johann Friedrich I. verwickelt. Dabei zeigte sich, dass Bünau als „alter" Politiker dem weniger erfahrenen Kurfürsten auf dem diplomatischen Gebiet überlegen war[787]. Am 9. Januar 1534 fand in Leipzig ein Schiedsgespräch zwischen dem Domkapitel, vertreten durch Günther von Bünau und Julius Pflug, und dem Kurfürsten statt. Die Parteien stritten über Steuern, Klöster, die Haltung der Stadt Naumburg im Religionsstreit und natürlich um den Status des formal weiterhin reichsunmittelbaren, aber faktisch landsässigen Hochstiftes[788]. Eine tragfähige Lösung fand man

---

[781] So z.B. Dietmann, Chursächsische Priesterschaft IV, S. 207; Zader, Naumburgische und Zeitzische Stiffts-Chronika, Rz. 1043 und Zergiebel, Chronik von Zeitz II, S. 205f. Wartenberg, 1000 Jahre Zeitz, S. 14, erwähnt „nur" sechs Soldaten. Jansen, Pflug, S. 62, schreibt, dass der Hauptmann von Zeitz 30 Reiter nach Naumburg geschickt hätte, um Kramer zu vertreiben. Vor den Toren der Stadt aber hätten sie kehrt gemacht.

[782] Hoffmann, Naumburg a. S. im Zeitalter der Reformation, S. 85, FN 2.

[783] Hoffmann, Naumburg a. S. im Zeitalter der Reformation, S. 86.

[784] Zader, Naumburgische und Zeitzische Stiffts-Chronika, Rz. 1685.

[785] Hoffmann, Naumburg a. S. im Zeitalter der Reformation, S. 101; Jansen, Pflug, S. 26; Pollet, Correspondance I, S. 6; Wießner, Bistum Naumburg II, S. 991.

[786] Jansen, Pflug, S. 3.

[787] Hoffmann, Naumburg a. S. im Zeitalter der Reformation, S. 94.

[788] Hoffmann, Naumburg a. S. im Zeitalter der Reformation, S. 95; Pollet, Correspondance I, S. 282.

jedoch nicht, im Gegenteil, der Kurfürst drängte weiter auf sein Mitbestimmungsrecht bei der (nächsten) Bischofswahl[789].

Das Auftreten Günthers von Bünau gegenüber dem Kurfürsten war durch eine ruhige, sachliche Art geprägt, auch wenn sich Günther intern, z. B. gegenüber Eberhardt von Thor, mit teilweise heftigen Worten entrüstete[790]. Der Widerstand gegen den Kurfürsten war für den weltlichen Diplomaten Bünau eher politischer Natur – ihm ging es um den Erhalt des Hochstiftes – denn religiöser Art. Auch wenn Günther sein Leben lang katholisch blieb, war er den evangelischen Ideen nicht direkt feindlich gegenüber gestellt[791]. Als aber Nikolaus Medler am 11. September 1541 evangelisch in der Domkirche predigen wollte, versuchte Günther von Bünau dies vergeblich zu verhindern[792]. Als diplomatische Lösung bot Günther den Protestanten sogar die Marien(pfarr)kirche[793] an, wo sie hätten *„predigen, singen, springen und tanzen [können], wie sie wollten"*[794].

Als am 5. Januar 1541[795] der Naumburger Bischof Philipp starb, begann wahrscheinlich auch für Günther von Bünau die wichtigste und schwierigste Zeit seines Lebens. Bereits am 20. Januar 1541 wählte das Domkapitel Günthers Freund Julius Pflug zum neuen Bischof[796].
Ob der Domdechant Günther von Bünau erheblichen Einfluss auf die Wahl genommen hatte[797], ist nicht sicher. Jedenfalls hatte seine Stimme ein starkes Gewicht. Am Ende stimmte das Kapitel einstimmig für Pflug[798]. Fraglich ist, ob Günther bei der eigentlichen Wahl abgestimmt hat. Jedenfalls befand er sich am 21. Januar, also einen Tag nach der Wahl, krank in Zeitz[799]. Vielleicht war es auch ein weiterer diplomatischer Schachzug, dass Günther der Wahl ferngeblieben ist.

789 Hoffmann, Naumburg a. S. im Zeitalter der Reformation, S. 96f.
790 Hoffmann, Naumburg a. S. im Zeitalter der Reformation, S. 98.
791 Hoffmann, Naumburg a. S. im Zeitalter der Reformation, S. 112.
792 Hoffmann, Naumburg a. S. im Zeitalter der Reformation, S. 114.
793 Gemeint ist die Pfarrkirche „St. Marien" an der Südseite des Domes und nicht die Maria-Magdalena-Kirche am Marientor.
794 Hoffmann, Naumburg a. S. im Zeitalter der Reformation, S. 115.
795 Krebs, Zeitzer Chronik, S. 66.
796 Braun, Annalen, Rz. 2098ff.; Brunner, Nikolaus von Amsdorf als Bischof von Naumburg, S. 18; Drößler, Stätte der Reformation II, S. 11; Krebs, Zeitzer Chronik, S. 67; Wartenberg, 1000 Jahre Zeitz, S. 19; Wießner, Bistum Naumburg I, S. 175f.; ders., Bistum Naumburg II, S. 969.
797 So Drößler, Stätte der Reformation II, S. 11.
798 Hoffmann, Naumburg a. S. im Zeitalter der Reformation, S. 102; Jansen, Pflug, S. 110; Wartenberg, 1000 Jahre Zeitz, S. 19; Wießner, Bistum Naumburg II, S. 990.
799 Hoffmann, Naumburg a. S. im Zeitalter der Reformation, S. 103.

In den folgenden Auseinandersetzungen mit dem Kurfürsten, der gegen die Einsetzung von Pflug war, spielte Günther für das Domkapitel eine wichtige Rolle.

Der Kurfürst hatte sich auf Anraten sogar selbst an Günther von Bünau auf Teuchern, den Domdechant, mit der Bitte gewandt, das Bischofsamt zu übernehmen[800]. Sogar Julius Pflug soll mit Günther von Bünau einverstanden gewesen sein[801]. Trotz der Auseinandersetzungen mit Bünau muss der Kurfürst von ihm beeindruckt gewesen sein, sonst hätte er ihn nicht als Bischof in Erwägung gezogen. Möglicherweise hoffte der Kurfürst aber auch nur auf einen nahen Tod des „alten" Dechanten. Mehrfach wandte sich der Kurfürst, meist über Boten, an Günther von Bünau. Am 31. Januar 1541 ließ er seinen Rat Heinrich von der Planitz in einem Brief an Rudolf von Bünau zu Teuchern, Günthers Bruder, mitteilen, dass der Kurfürst mit einer Wahl von Bünau einverstanden wäre[802]. Günther von Bünau lehnte jedes Mal ab[803], da er zum einen keine neue Wahl wollte[804] und sich selbst als „viel zu alt und gebrechlich" sah[805].

Angeblich habe der Kurfürst sogar Luther persönlich und anschließend Nikolaus Medler, den Stadtprediger und Superintendenten von Naumburg, vorgeschlagen, welche beide abgelehnt hätten[806]. Dass auch Luther zu den vorgeschlagenen Personen gehörte, lässt sich aber nicht belegen. Nahezu ein Jahr zogen sich die Verhandlungen, Prüfungen von Theologen und Gespräche (auch

---

800 Dass die Wahl auf den Domdechanten fiel, war nichts ungewöhnliches. Ein Großteil der Naumburger Bischöfe war vorher Mitglied des Domkapitels. Siehe Brunner, Nikolaus von Amsdorf als Bischof von Naumburg, S. 12; Wießner, Bistum Naumburg I, S. 187.

801 Wießner, Bistum Naumburg II, S. 969.

802 Hoffmann, Naumburg a. S. im Zeitalter der Reformation, S. 111.

803 Drößler, Stätte der Reformation II, S. 18; Wießner, Bistum Naumburg I, S. 176; ders., Bistum Naumburg II, S. 990ff.; Wartenberg, 1000 Jahre Zeitz, S. 20, schreibt, Günther von Bünau sei das Amt angeboten, „falls er nur nicht gerade gegen die Reformation wäre".

804 Für Günther von Bünau war eine Neuwahl aus Rücksichtnahme auf seinen Freund Pflug ausgeschlossen. Außerdem wollte er kein Bischof von „des Kurfürsten Gnaden" sein, vgl. Hoffmann, Naumburg a. S. im Zeitalter der Reformation, S. 111f.

805 Zu diesem Zeitpunkt war Günther von Bünau in Naumburg an das Krankenlager gefesselt, vgl. Hoffmann, Naumburg a. S. im Zeitalter der Reformation, S. 111.

806 Krebs, Zeitzer Chronik, S. 88; Philipp, Geschichte des Stifts Naumburg und Zeitz, S. 239. Erste Wahl des Kurfürsten war wohl Fürst Georg von Anhalt, der sich aber nicht bewegen ließ, so auch Brunner, Nikolaus von Amsdorf als Bischof von Naumburg, S. 19. Darüber hinaus nennt Hoffmann, Naumburg a. S. im Zeitalter der Reformation, S. 112, noch Bernhardt von Draschwitz und einen von Tennstedt als mögliche Kandidaten.

mit Pflug[807]) hin[808]. Mit Pflug, den er wahrscheinlich zumindest Anfang Oktober 1541 in Freyburg traf, stimmte sich Günther von Bünau regelmäßig ab[809]. Die Einsetzung von Nikolaus von Amsdorf als evangelisch gesinnten Bischof konnten beide aber nicht verhindern.

Im Domstiftsarchiv Naumburg befindet sich ein Teil der Briefkorrespondenz von Günther von Bünau, so aus den Jahren 1541 bis 1546 mit Julius Pflug und aus den Jahren 1540-1543 mit Nikolaus Medler[810]. Aus diesen Schriftstücken lässt sich Günthers Gesinnung und Standpunkt gut rekonstruieren. Die Briefe mit Pflug[811] sprechen von Amsdorf als „eingedrungenen Amsdorf", vom „unerhörten Eingriff des Kurfürsten" usw. Obwohl er einer der höchsten Repräsentanten des Domstifts war, blieb Günther der Feier zu Amsdorfs Einweihung am 20. Januar 1542 in Naumburg fern[812]. Der unter den Gästen genannten Günter von Bünau stammte aus der Linie zu Quesnitz[813]. An dem Gottesdienst nahmen nur zwei Mitglieder des Domkapitels teil[814].

Bis zum Schluss seiner Dienstzeit blieb Günther von Bünau – wie die meisten des Meißner Adels[815] – ein Gegner von Nikolaus von Amsdorf[816]. Mit dem aus seiner Sicht rechtmäßigen Bischof Pflug hielt er nicht nur engen Kontakt, sondern unterstützte ihn auch finanziell. So machte er Pflug mindestens 200 rhei-

---

807 Luther selbst, der Pflug mehrfach als „Teufel" bzw. „Satan" bezeichnete, agierte in dem Bischofsstreit höchst ungeschickt und undiplomatisch. Vgl. zu Luthers Meinung über Pflug auch Brunner, Nikolaus von Amsdorf als Bischof von Naumburg, S. 100.

808 Patze/Schlesinger, Geschichte Thüringens III, S. 123.

809 Hoffmann, Naumburg a. S. im Zeitalter der Reformation, S. 120.

810 Albrecht, Eine Antwort Luthers vom 29. August 1540, S. 100, FN; Braun, Annalen, Rz. 2015; Hoffmann, Naumburg a. S. im Zeitalter der Reformation, S. 49, FN.

811 Bemerkenswert ist, dass Günther von Bünau und Pflug auf Deutsch kommunizierten. Pflug bevorzugte auch in Briefen Latein und wechselte nur ins Deutsche, wenn sein Briefpartner kein Latein konnte. Daraus kann man schließen, dass Günther von Bünau, anders als beispielsweise sein Onkel, kein oder nur wenig Latein konnte.

812 Albrecht, Eine Antwort Luthers vom 29. August 1540, S. 100, FN; Braun, Annalen, Rz. 2192ff. geht ebenfalls davon aus, dass Günther von Bünau zu Teuchern nicht unter den Anwesenden war.

813 Philipp, Geschichte des Stifts Naumburg und Zeitz, S. 252; Seckendorff, Luth. Hist. IV, S. 2068; Zader, Naumburgische und Zeitzische Stiffts-Chronika, Rz. 0330; Zergiebel, Chronik von Zeitz II, S. 221.

814 Nämlich der Domprobst Graf Ernst von Reinstein und der Senior Georg Forstmeister, vgl. Brunner, Nikolaus von Amsdorf als Bischof von Naumburg, S. 61.

815 Dingel, Nikolaus von Amsdorf, S. 178.

816 Wießner, Bistum Naumburg II, S. 971.

nische Gulden zum Geschenk[817]. Auch Informationen und Dokumente ließ Günther von Bünau Pflug zukommen. Im Gegenzug gab dieser ihm Anregungen, wie Günther sich zu verhalten habe. Obwohl Amsdorf als Bischof weitestgehend unbedeutend blieb[818], beschwerte sich Günther von Bünau gegenüber seinem Freund Pflug, dass Amsdorf die Rechte des Stifts nach und nach an den Kurfürsten abgeben würde[819]. Beispielsweise übernahm ein vom Kurfürsten eingesetzter Stiftshauptmann die weltlichen Regierungsgeschäfte des Stifts. Das Domkapitel wurde zudem in ein Konsistorium umgewandelt[820].

Nach dem Tod des Herzogs Georg unterzeichnete Günther mit den anderen Domherren einen Nachruf für den Herzog[821].

Obwohl Günther durch das Festhalten am alten Glauben in Gegnerschaft zum Herzog Heinrich trat, musste er keine offenen Konsequenzen befürchten. Heinrich hatte zu seinem Regierungsantritt die Mehrzahl der Adligen in seinem Herzogtum gegen sich. Um diese zu besänftigen, musste er ihnen entgegenkommen und bestätigte auch die bisherigen Privilegien – wie z.B. die Patronatsrechte[822] – und Lehen[823]. Allerdings wurde die Arbeit im Bistum nicht einfacher, da zahlreiche Gebiete mit der Einführung der Reformation im Herzogtum Sachsen „verloren" gingen[824]. Damit reduzierten sich auch die Einkünfte.

Ende des Jahres 1542 klagte Medler gegenüber dem „greisen" Günther von Bünau, dass die Vikare ihren geistigen Pflichten nicht nachkommen würden[825]. Bereits zuvor hatte Günther versucht, gegen den „anstößigen Lebenswandel" der Vikare vorzugehen. Einige hätten ihren Dienst eher wie ein geschäftliches Handeln denn einen Dienst am Glauben gesehen[826]. Günther versuchte mit

---

[817] Krebs, Zeitzer Chronik, S. 90. Nach anderen Angaben war Rudolf von Bünau zu Droyßig der Spender, vgl. Jansen, Pflug, S. 17.

[818] Teilweise wird er in der früheren Literatur als faktisch nur „Superintendent zu Zeitz" bezeichnet, so auch Hoffmann, Naumburg a. S. im Zeitalter der Reformation, S. 133. Vgl. aber auch Wartenberg, 1000 Jahre Zeitz, S. 23, der meint, dass Amsdorf durchaus als Bischof tätig geworden ist.

[819] Hoffmann, Naumburg a. S. im Zeitalter der Reformation, S. 131.

[820] Junghans, Das Jahrhundert der Reformation, S. 108; Patze/Schlesinger, Geschichte Thüringens III, S. 124; Wartenberg, 1000 Jahre Zeitz, S. 20.

[821] Pollet, Correspondance I, S. 488

[822] Das hatte Günther z.B. über Krössuln, vgl. Zergiebel, Chronik von Zeitz IV, S. 434.

[823] Junghans, Das Jahrhundert der Reformation, S. 75.

[824] Junghans, Das Jahrhundert der Reformation, S. 82.

[825] Hoffmann, Naumburg a. S. im Zeitalter der Reformation, S. 48.

[826] Hoffmann, Naumburg a. S. im Zeitalter der Reformation, S. 49.

strengen Erlassen[827] dem entgegenzuwirken[828]. Auch aufgrund dieses Vorgehens kam es zeitweise zu einem Zusammenwirken Günthers und Medlers[829]. Bereits im Herbst 1543 war es aber mit dieser Zusammenarbeit wieder vorbei[830]. Dass Amsdorf in dem nun folgenden Streit der wichtigsten Personen seines Stifts nicht tätig wurde, zeigt dessen Schwäche und Unbedeutsamkeit.

Günther von Bünau und die anderen Kapitelsmitglieder blieben bei ihrer konsequenten Ablehnung von Amsdorf[831]. 1543 gab es sogar Bestrebungen, Amsdorf abzusetzen und Pflug in sein Amt einzusetzen. Dazu hoffte das Domkapitel um Günther von Bünau zu Teuchern auf militärische Unterstützung des Kaisers[832].

Neben seinem hohen Alter plagten Günther immer mehr Krankheiten. So weilte er 1543, nicht nur wegen der Pestgefahr in Naumburg[833] sondern auch aus Gesundheitsgründen[834], in Teuchern. Ab Ende des Jahres 1542 befürchtete das Domkapitel immer mehr den Tod Bünaus, auch weil man glaubte, dass der Kurfürst keinen – zumindest keinen katholisch gesinnten – Nachfolger zulassen würde[835].

Günther resignierte und zog sich immer mehr nach Teuchern zurück. Tatsächlich lässt sich aus der Briefkorrespondenz mit Julius Pflug entnehmen, dass Günther die letzten Lebensjahre wieder in Teuchern verbracht hat. Auch aus den Rechnungsquellen des Naumburger Doms ergibt sich, dass ein Bote bezahlt wurde, um Günther von Bünau in Teuchern darüber zu unterrichten, dass Nikolaus Medler Inventarien in der Kirche St. Nikolai entfernen ließ[836]. Er

---

827 Es sind Erlasse des Domdechanten vom 22. Oktober 1542, 22. November 1542, 9. Januar 1543 und 4. März 1543 erhalten, vgl. Hoffmann, Naumburg a. S. im Zeitalter der Reformation, S. 49, FN.
828 Hoffmann, Naumburg a. S. im Zeitalter der Reformation, S. 134f.
829 Hoffmann, Naumburg a. S. im Zeitalter der Reformation, S. 135.
830 Hoffmann, Naumburg a. S. im Zeitalter der Reformation, S. 137.
831 Brunner, Nikolaus von Amsdorf als Bischof von Naumburg, S. 86.
832 Brunner, Nikolaus von Amsdorf als Bischof von Naumburg, S. 85.
833 Angeblich fielen der Pest in Naumburg 3.000 Menschen zum Opfer. So Zader, Naumburgische und Zeitzische Stiffts-Chronika, Rz. 1348.
834 Hoffmann, Naumburg a. S. im Zeitalter der Reformation, S. 135.
835 Hoffmann, Naumburg a. S. im Zeitalter der Reformation, S. 136.
836 Bünz/Kühne, Alltag und Frömmigkeit, S. 300.

starb am 28.[837] oder 29. Mai 1547[838] „im hohen Alter" in Teuchern. Bereits am 8. Juli wurde sein Nachfolger im Amt des Domdechanten gewählt[839].

Abb. 5.7: Der dritte Bünauische Grabstein in der Teucherner Kirche für Günther von Bünau

Sein Grabstein ist der dritte in der Teucherner Kirche. Er zeigt einen Geistlichen in Chorherrenkleidung, der ein (geschlossenes) Buch in den Händen hält. Ursprünglich war das – allerdings meist aufgeschlagene – Buch ein Symbol der Bischöfe[840], später auch für andere Geistliche. Das Epitaph zeigt das Wappen der Bünaus und des Bistums Naumburg.
Die Inschrift lautet: *„ANO M D XLVII AM PFINGST ABENT IST IN GOT VORSCHIDE... ...ER ERWIRDI... ... G... A "[841].*
Das Todesdatum und die Darstellung als Geistlichen lässt an der Zuordnung dieses Epitaphs keinen Zweifel.

---

[837] Mansberg, Erbarmanschaft Wettinischer Lande II, S. 570.
[838] Jäger, Inschriften, S. 97.
[839] Pollet, Correspondance I, S. 294 FN 1. Das Jahr 1547 ist neben der insoweit klaren Inschrift auf dem Grabstein auch bestätigt durch einen handschriftlichen Zusatz aus dem Jahr 1548 an dem „Verzeichnis (und Nachruf) der Domherren zum Tod des Herzogs Georg des Bärtigen, 1539", woraus sich ergibt, dass „Günter von Bünaw" 1547 verstarb, siehe Pollet, Correspondance I, S. 488.
[840] Bünz u.a., Buch und Reformation, S. 41.
[841] SHStA Dresden, 12579 Familiennachlass Grafen und Freiherren von Bünau (D), Nr. 968, fol. 95v.

5.6 Rudolf von Bünau auf Teuchern und Gröbitz

Rudolf von Bünau war der jüngste[842] – eventuell auch der zweitälteste - Sohn von Günther (d.Ä.) und dessen erster Frau Margarethe. Er ist nach 1485, wahrscheinlich um 1489, in Teuchern geboren. Ab dem Sommersemester 1504 war Rudolf an der Universität Leipzig als „Rudolfus de Bunaw in Teuchern" immatrikuliert[843]. Möglicherweise war es dieser Rudolf, der sein Studium mit Bakkalaureus der „beiden Rechte"[844] beendet[845]. Er wird in den Urkunden zwischen 1506[846] und 1550[847] erwähnt.

Ein Sohn des Ritters Günther von Bünau zu Teuchern soll Herzog Georg von Sachsen 1518 als Knappe zum Reichstag begleitet haben[848]. Wahrscheinlich handelt es sich dabei um Rudolf. Er war wie sein Bruder Günther später aber nicht nur für den Herzog, sondern auch für den Kurfürsten aktiv[849].
Anders als sein Vater und sein Onkel ist die Rolle Rudolfs in der sächsischen Politik insgesamt aber eher bescheiden. Nach dem Tod des Kurfürsten erscheint er kaum noch auf der politischen Ebene. Die Posten seiner Vorfahren konnte er jedenfalls nicht übernehmen. Ob er dies nicht wollte oder keine Gelegenheit bekam, ist nicht bekannt. Während in vorreformatorischen Zeiten die Funktionsträger ihre Ämter oft an ihre Söhne weitergeben konnten[850], änderte sich dies nun. Mit dem Tod des Regenten wurden die „altgedienten" Räte nahezu komplett abgesetzt[851]. Kurfürst Johann, Nachfolger von Friedrich, übernahm nur Hans von Taubenheim und Hans d.J. von Minckwitz[852].

Rudolf war verheiratet mit Anna Katharina von Bünau, geborene von Harras

---

842 Weder von Rudolf noch von seinen Brüdern sind die Geburtsdaten bekannt. Lediglich die Reihenfolge der Nennung in den Urkunden sowie die Immatrikulationseinträge geben Hinweise auf das Lebensalter.

843 Erler, Matrikel, S. 460; Mansberg, Erbarmanschaft Wettinischer Lande II, S. 528.

844 Gemeint sind das weltliche (Straf- und Zivil-)Recht und das kirchliche (kanonische) Recht.

845 Erler, Promotionen, S. 40.

846 Goerlitz, Staat und Stände, S. 572f.

847 Mansberg, Erbarmanschaft Wettinischer Lande II, S. 571.

848 Mansberg, Erbarmanschaft Wettinischer Lande II, S. 541. Irreführend ist hier die Nennung Günthers als Ritter. Auch Rudolf wird später nie als Ritter bezeichnet.

849 Tutzschmann, Friedrich der Weise, S. 73.

850 Schattkowsky, Die Familie von Bünau, S. 195.

851 Schattkowsky, Die Familie von Bünau, S. 193.

852 Schattkowsky, Die Familie von Bünau, S. 200.

aus dem Hause Lichtenwalde[853]. Die Hochzeit dürfte 1534 gewesen sein. Sie hatten sechs gemeinsame Kinder – vier Söhne und zwei Töchter darunter Rudolf [854] – der die Teucherner Linie fortsetzte –, Heinrich – der bereits 1554 starb und Margarethe[855]. Anna Katharina starb 1553 im Alter von 58 Jahren. Sie wäre demnach 1495 geboren. In zweiter Ehe heiratete Rudolf von Bünau 1554 Katharina von Denstedt.

Neben Teuchern[856] besaß Rudolf zumindest Gröbitz[857], Krauschwitz[858], Kroppen[859], Possenhain[860], Reußen im Grunde[861], Trebnitz[862], Schelkau[863], Schortau[864] sowie nach dem Tod seiner Brüder Lengefeld[865] und die Rudelsburg nebst Kreipitzsch[866],

In Gröbitz, wo Rudolf mit seinen Brüdern das Patronatsrecht über die Kirche hatte, ließ er 1512 den Kirchturm errichten. 1527 kaufte er ein von den Naumburger Uhrmachermeistern Nicol Zeinen und Peter Döringen gebautes Uhrwerk für den Kirchturm und schenkte es der Gemeinde. Allerdings war das

---

853 Ihre Eltern waren Georg von Harras und Margarethe von Harras (geb. von Minkwitz). Georg wurde ca. 1465 in Lichtenwalde, heute ein Ortsteil von Niederwiesa bei Chemnitz, geboren. Seine Frau Margarethe wurde ca. 1470 geboren. Anna von Harras hat fünf Geschwister: Agnes Anna Pflug (geb. von Harras), Scholastika Ziegler (geb. von Harras) und drei andere Geschwister. Das Geschlecht stirbt in der 2. Hälfte des 16. Jahrhunderts aus.

854 Rudolf wurde vermutlich um 1550 geboren. Er war in erster Ehe mit Maria Magdalena von Pflug auf Groitzsch (geboren um 1550) verheiratet und hatte mit ihr mindestens drei Kinder, Heinrich, Günther und Catharina. Heinrich von Bünau auf Teuchern und Groß-Zehlitz sollte Teuchern letztlich verkaufen. In zweiter Ehe war Rudolf von Bünau mit einer geborenen von Schmertzing vermählt. Nach 1608 starb Rudolf. Seine zweite Frau überlebte ihn und starb 1613.

855 Margarethe wurde am 4. März 1538 in Teuchern geboren und starb 1611 in Podelwitz. Sie heiratete 1556 den um 1530 in Podelwitz geborenen Hans von Schellenberg, der 1598 starb.

856 Wießner, Bistum Naumburg I, S. 648.

857 Mansberg, Erbarmanschaft Wettinischer Lande II, S. 556; Wießner, Bistum Naumburg I, S. 590.

858 SHStA Dresden, 12579 Familiennachlass Grafen und Freiherren von Bünau (D), Nr. 968, fol. 72r; Wießner, Bistum Naumburg I, S. 642.

859 Wießner, Bistum Naumburg I, S. 595.

860 Wießner, Bistum Naumburg I, S. 605.

861 Ebenso wie Krauschwitz seit 1409 im Besitz der Teucherner Familie von Bünau. Vgl. SHStA Dresden, 12579 Familiennachlass Grafen und Freiherren von Bünau (D), Nr. 968, fol. 72v; Mansberg II, S. 502. o

862 SHStA Dresden, 12579 Familiennachlass Grafen und Freiherren von Bünau (D), Nr. 968, fol. 46r.

863 Wießner, Bistum Naumburg I, S. 646.

864 Wießner, Bistum Naumburg I, S. 646.

865 Wießner, Bistum Naumburg I, S. 596.

866 Wießner, Bistum Naumburg I, S. 594.

Geschenk nicht ganz umsonst, Gröbitz musste 10 Gulden „Eigenanteil" dazu zahlen[867].

Teilweise findet sich in alten Schriften der Hinweis, dass Rudolf von Bünau auf Teuchern in der Schlacht bei Pavia 1525 dabei gewesen sei, als Oberster und Ritter des goldenen Vlies von Kaiser Karl V. Zwei Bünaus sollen in der Schlacht gefallen sein[868]. Rudolf habe sich besonders hervor getan und nach der Schlacht das Schloss Tetschen gekauft. Er sei 1549 (nach Quellen entweder in Tetschen oder Teuchern) gestorben. Dies war aber nicht Rudolf von Bünau auf Teuchern – der zu keinem Zeitpunkt Ritter genannt wurde –, sondern wie bereits erwähnt Ritter Rudolf von Bünau, Herr auf Brandis, Weesenstein und Lauenstein. Tatsächlich starb dieser Rudolf auch nicht 1549, sondern bereits 1543 in Tetschen.

Bei dem Rudolf von Bünau, der 1532 Hauptmann über eine vom Zeitzer Statthalter Eberhard von Thor „des Bistums halben dem Kaiser wieder die Türken zu Hilf" geschickte Schar, war, soll es sich um den Teucherner Rudolf gehandelt haben[869]. Belegt ist zumindest, dass auch das Stift Naumburg-Zeitz Soldaten gegen die Türken schickten[870].

Am 29. Februar 1536 nahm Rudolf von Bünau zu Teuchern an einem Rennen und Stechen[871] zur Fastnacht in Dresden teil[872]. Ein Jahr später war er auf dem Landtag in Leipzig zugegen[873]. Rudolf war – wie sein Bruder Günther – mit Julius Pflug befreundet. So richtete Günther nach einem im Domstiftsarchiv Naumburg befindlichen Brief (vermutlich aus dem Jahr 1541) Grüße an Julius nach einem Besuch in Teuchern von „Rudolf und der Hausfrau" (Ehefrau) aus. Auch Julius Pflug hatte Teuchern mehrfach besucht, wie aus der Briefkorrespondenz hervorgeht.

Im Domstiftsarchiv Naumburg befinden sich auch Briefe des Rudolfs von Bünau zu Teuchern aus dem Jahr 1547 an den Vikar Kilian Menzel in Naumburg, in welchem Rudolf darum bittet, die hinterlassene Habe seines jüngst

---

867 Büttner, Handschriftliche Chronik, S. 414.
868 Voigt, Die Kirche zu Teuchern, S. 40, erwähnt dies, zweifelt aber ebenfalls daran, dass es sich um einen Rudolf von Bünau aus dem Hause Teuchern gehandelt haben soll.
869 Albrecht, Eine Antwort Luthers vom 29. August 1540, S. 100.
870 Krebs, Zeitzer Chronik, S. 65.
871 Mit Stechen ist der Kampf mit der Lanze bei einem Turnier gemeint.
872 Mansberg, Erbarmanschaft Wettinischer Lande II, S. 563.
873 Goerlitz, Staat und Stände, S. 573.

verstorbenen Bruders, des Domdechanten Günther von Bünau zu Teuchern zu bergen[874].

Bei der Hochzeit Augusts von Sachsen mit Anna von Dänemark am 7. Oktober 1548 in Torgau gehörte Rudolf von Bünau zu Teuchern zu denjenigen, die mit Hofdiensten betraut wurden[875]. Zumindest 1553 war Rudolf von Bünau zu Teuchern auch für das Domkapitel aktiv[876]. Doch nicht nur Positives ist über Rudolf von Bünau erwähnt. Angeblich klagte die Kapitelsgemeinde über seine Gewalttätigkeit[877].

Am 3. März 1556 starb Rudolf. Er wurde, wie seine Brüder in der Teucherner Kirche begraben[878]. Die Inschrift seines Epitaphes lautet: *„DEN 3. MARTII AO56 IST DER ERNVESTE GESTRENGE RITTER RUDOLF V. BÜNAU IN GOT SELIG ENTSCHLAFFEN DEM G G A"*[879]. Die Gestaltung der Grabplatte entspricht der der anderen Steine, allerdings ist die Schriftart leicht abgewandelt. Möglicherweise ist dieser, der jüngste der Grabsteine, aus einer anderen Werkstatt. Als Hinweis auf die Werkstatt ist das Monogramm „MW" erhalten[880]. Die Darstellung zeigt Rudolf als religiösen Mann, der kniend (betend) mit einem Kruzifix dargestellt wird. Obwohl gerade eine kniende Darstellung eher zum katholischen Glauben passt, gibt es Hinweise darauf, dass Rudolf zum Ende seines Lebens Lutheraner geworden ist[881].

5.7 Heinrich (d.J.) von Bünau auf Crölpa und Thierbach

Heinrich der Jüngere wurde wahrscheinlich zwischen 1500 und 1505 geboren. Er war der jüngste Sohn Günthers und Margarethe von Bünau.

1518 nahm ein junger ungenannter Bünau mit Günther von Bünau zu Teuchern (senior) als Begleiter des Herzogs Georg auf dessen Reise zum Reichstag nach

---

874 Albrecht, Eine Antwort Luthers vom 29. August 1540, S. 101, FN.

875 Mansberg, Erbarmanschaft Wettinischer Lande II, S. 571.

876 Zader, Naumburgische und Zeitzische Stiffts-Chronika, Rz. 1691.

877 Protokolle der Kapitelsgemeinde 1533-1556, zitiert nach Langenkamp, Geschichte der Stadt Teuchern, S. 75.

878 Langenkamp, Geschichte der Stadt Teuchern, S. 75.

879 Jäger, Inschriften, S. 107.

880 Jäger, Inschriften, S. 107.

881 So Dietmann, Chursächsische Priesterschaft IV, S. 1103 FN und Langenkamp, Geschichte der Stadt Teuchern, S. 75.

Augsburg teil. Bei dem „meins gned. Hern knabe" könnte es sich um Günthers jüngsten Sohn Heinrich d. J. handeln[882]. Wahrscheinlich war es auch dieser Heinrich, der 1519 in den Matrikeln der Universität Leipzig als „hernricus de bunaw ex Teuchern" erscheint[883]. Erstmals 1525 werden alle vier Brüder gemeinsam namentlich in einer Urkunde erwähnt[884]. Vor 1530 übernahm Heinrich die Güter Crölpa[885] sowie Thierbach[886] und nannte sich nun nach diesen[887]. Wahrscheinlich starb er am 11. Mai 1543[888], jedenfalls wird er am 24. Februar 1544 als verstorben erwähnt[889]. Heinrich wurde ebenfalls in Teuchern beigesetzt. Sein Grabstein hat die Inschrift: *„A DNI MDXLIII AM FREITAG IN PFINGSTEN IST DER GESTRENGE UND VESTE .... VORSCHIDEN DEM GOT GNADE AMEN"*[890]

Ein einfaches Fazit, ob die Familie von Bünau zu Teuchern nun eher zu den Förderern oder den Gegnern der Reformation zählten, ist nicht möglich. Persönliche Bekenntnisse, beispielsweise in Briefen und Testamenten, sind nur vereinzelt überliefert. Der Naumburger Domdechant Günther von Bünau zu Teuchern bekannte sich, wie ausgeführt, auch in seinen Briefen klar zur römisch-katholischen Kirche, nahm aber gegenüber der Reformation einen vermittelnden Standpunkt ein. Er war trotz seines hohen kirchlichen Amtes mehr „weltlicher Diplomat" als ein „Feind der Reformation"[891].

Heinrich von Bünau auf Droyßig war dagegen ein offener Gegner der Reformation[892]. Überhaupt sollen die Bünaus zu Droyßig enge Anhänger der katho-

---

882 Mansberg, Erbarmanschaft Wettinischer Lande II, S. 541.
883 Mansberg, Erbarmanschaft Wettinischer Lande II, S. 542; Erler, Matrikel S. 569, liest hier „Hermannus de Bu(e)now ex Teuchern". Aufgrund der strengen Namensregeln der Familie von Bünau dürfte es sich hier um einen Lesefehler handeln.
884 Mansberg, Erbarmanschaft Wettinischer Lande II, S. 547.
885 Heute Teil der Ortschaft Crölpa-Löbschütz der Stadt Naumburg (Saale).
886 Das Rittergut Thierbach, heute Teil der Gemeinde Meineweh im Burgenlandkreis, war ein wettinisches Lehen.
887 Mansberg, Erbarmanschaft Wettinischer Lande II, S. 556.
888 Jäger, Inschriften, S. 94f.
889 Jäger, Inschriften, S. 95.
890 SHStA Dresden, 12579 Familiennachlass Grafen und Freiherren von Bünau (D), Nr. 968, fol. 78r.
891 So auch Hoffmann, Naumburg a. S. im Zeitalter der Reformation, S. 112 unter Verweis darauf, dass der Kurfürst Günther von Bünau wohl nicht als Bischof vorgeschlagen hätte, wenn er in diesem einen Feind der Reformation gesehen hätte, und Drößler, Stätte der Reformation II, S. 18.
892 Wießner, Bistum Naumburg I, S. 172.

lischen Kirche gewesen sein und – wie die Teucherner Bünaus auch – treu zu Julius Pflug gestanden haben[893]. Dies soll 1546 dazu geführt haben, dass Zeitzer aus Wut das Schloss der Bünaus in Droyßig, während Heinrich von Bünau zu Droyßig im Feldlager des Kaisers war, überfallen und geplündert haben[894]. Mit Unterstützung des nunmehrigen Bischofs Julius Pflug klagte Heinrich von Bünau gegenüber der Stadt mit Erfolg auf Schadensersatz; im wurden 1.500 Gulden zugesprochen[895].

Die Meuselwitzer Bünaus galten dagegen schon frühzeitig als reformatorisch eingestellt. Der dortige Günther von Bünau holte den evangelischen Pfarrer Anton Zimmermann nach Meuselwitz. Dieser führte dort spätestens 1528 die Reformation ein.

Auch Ritter Rudolf von Bünau auf Weesenstein, Brandis, Lauenstein und Tetschen soll sich nach 1537 zur evangelischen Lehre bekannt haben[896].

Obwohl die Familie von Bünau stark von den Auswirkungen der lutherischen Lehre betroffen war und aktiv an der Gestaltung und Entwicklung in beiden Teilen Sachsens mitwirkte, hielten jedoch die meisten Familienmitglieder noch lange am alten Glauben fest[897]. Einige Bünaus verließen sogar ihre Güter und gingen ins katholische Böhmen, um nicht die „Seiten wechseln" zu müssen[898]. Damit unterschied sich die Familie von Bünau insgesamt aber nicht von anderen Adelsfamilien in den sächsisch-wettinischen Landen.

---

893 Zergiebel, Chronik von Zeitz IV, S. 442.
894 Zergiebel, Chronik von Zeitz II, S. 210 FN; Zergiebel, Chronik von Zeitz IV, S. 442.
895 Krebs, Zeitzer Chronik, S. 267; Zader, Naumburgische und Zeitzische Stiffts-Chronika, Rz. 2688; Zergiebel, Chronik von Zeitz IV, S. 443.
896 Rogge/Schirmer, Hochadlige Herrschaft, S. 352.
897 So auch Schattkowsky, Die Familie von Bünau, S. 389f.
898 Schattkowsky, Die Familie von Bünau, S. 390.

6. Friedrich Wolschendorf – Ein überzeugte Katholik wird Teucherns erster evangelischer Pfarrer

Er war der erste evangelische Pfarrer in Teuchern – Friedrich Wolschendorf. Dabei war er zunächst ein überzeugter Katholik. Was brachte ihn dazu, seinen Glauben zu wechseln? War es eine gewonnene Überzeugung, der Druck der Mächtigen oder gar die Liebe zu einer Frau?

Über Wolschendorfs Herkunft ist nicht viel bekannt. Er wurde wahrscheinlich in Markranstädt geboren[899]. Andere Quellen geben Neustadt an der Orla als Geburtsort an[900]. Angeblich soll der Notar Friedrich Welschendorf, der 1534 eine Abschrift eines Kaufbriefes der Familie von Bünau zu Teuchern beurkundete, sein Vater gewesen sein[901].

Wolschendorf studierte an der Universität Leipzig, wie der Immatrikulationseintrag vom Wintersemester 1502 zeigt[902]. Das Besondere ist, dass er als Friedrich Wolschendorf aus *„nova civitate"*, also Neustadt eingetragen ist[903]. Auch wenn es schon damals mehrere Neustadt gab, Neustadt an der Orla wurde jedenfalls auch als „nova civitas" bezeichnet[904]. 1504 erwarb er den Bakkalaureus[905], zehn Jahre später legte er das Magisterexamen ab[906].

1515 wurde Friedrich Wolschendorf zum Priester geweiht. Von 1520 (nach anderen Angaben 1517) bis 1530 war er Pfarrer in Zipsendorf. Nachweislich

---

899   LASA, A 29a, II Nr. 1c Bd. 2, fol. 103r; Voigt, Wolschendorf, S. 2, unter Verweis auf die Visitationsakten.

900   D. Martin Luthers Werke, Briefwechsel, 9. Band, S. 223.

901   Voigt, Wolschendorf, S.2. Belege dafür gibt es nicht. Allerdings ist es auch nicht ausgeschlossen, insbesondere da 1534 Friedrich Wolschendorf und Günther von Bünau zu Teuchern sich wohl bereits kannten.

902   Erler, Matrikel, S. 450.

903   Es kann hier keinen Irrtum geben, da mehrere Personen aus der Familie Wolschendorf aus nova civitate im Matrikelverzeichnis der Universität Leipzig genannt werden, bspw. *„Henricus Wulschendorff de Nova civitate"* im Sommersemester 1513, Erler, Matrikel, S. 528, *„Hermannus Wulstorff de Novacivitate"* im Sommersemester 1447, Erler, Matrikel, S. 160, und *„Petrus Wolschendorff de Nova civitate"* im Sommersemester 1520, Erler, Matrikel, S. 576. Denkbar wäre es, dass es sich bei diesem Friedrich Wolschendorf und dem „Teucherner" Wolschendorf um zwei verschiedene Personen handelte.

904   Emig/Leppin/Schirmer, Vor- und Frühreformation in thüringischen Städten, S. 358.

905   Erler, Promotionen, S. 406. Der Eintrag lautet *„Fridiricus Wolschendorff de Nova civitate"*

906   Erler, Promotionen, S. 498. Diesmal wird er als *„Fridericus Wulschendorff de Nawstadt"* eingetragen. Aufgrund der Seltenheit des Namens und der Tatsache, dass auch der Teucherner Pfarrer Wolschendorf als Magister bezeichnet wurde, was damals keineswegs üblich war, werden diese Personen üblicherweise gleichgesetzt. Sicher ist dies aber nicht.

---

blieb Wolschendorf während seiner ganzen Zeit in Zipsendorf katholisch[907]. Ob die Umpfarrung der Dörfer Schnauderhainichen und Mumsdorf von Zipsendorf nach Meuselwitz etwas mit der katholischen Auffassung Wolschendorfs – in Meuselwitz predigte Anton Zimmermann bereits Luthers Lehre – zu tun hatten, ist nicht belegt[908]. Möglicherweise war auch die ausreichende Versorgung mit Gottesdiensten durch Wolschendorf nicht gewährleistet. Kurz danach muss Wolschendorf zudem Zipsendorf verlassen haben. Vielleicht führte sogar die Verkleinerung seines Pfarrbezirkes (und der damit verbundene Wegfall einige Pfründe) dazu, dass Wolschendorf Zipsendorf verließ[909]. 1530 wird jedenfalls bereits Georg(e) Blum als Nachfolger in Zipsendorf erwähnt[910]. Um 1529 – wahrscheinlicher 1530 – wurde Wolschendorf von der Naumburger Stiftsregierung an die Saale geholt, wo er aber angeblich keinen Anklang fand[911]. Zwar soll Friedrich Wolschendorf sehr diplomatisch vorgegangen sein, aber seinen katholischen Standpunkt aufrecht erhalten haben. Nach einer Notiz in dem im Domstiftsarchiv Naumburg befindlichen handschriftlichen *„Catalogus der Naumburgischen Bischöfe von Anno Christi 968 bis 1682"* wurde Wolschendorf der St. Wenzelsgemeinde vom Domkapitel „aufgedrängt"[912]. Vermutlich war er von 1530 bis 1532 in Naumburg an der St. Wenzelskirche[913].

Nach seiner Tätigkeit in Naumburg kam Wolschendorf durch Vermittlung oder auf Bitten des Naumburger Domdechanten Günther von Bünau nach Teuchern[914]. Möglicherweise hatten sich beide während Wolschendorfs Tätigkeit in Naumburg „kennengelernt". Wann Wolschendorf tatsächlich nach Teuchern kam, ist unklar. Nachdem Anton Zimmermann Teuchern 1525 verlassen musste, muss zunächst ein anderer Pfarrer nach Teuchern gekommen sein, da auszuschließen ist, dass dieses relativ große Kirchspiel mindestens fünf Jahre bis zum Amtsantritt Wolschendorfs ohne Pfarrer gewesen war. Allerdings gibt es keine Hinweise, wer in dieser Zeit Pfarrer war und bis wann dieser in Teuchern amtierte.

---

[907] Dietmann, Chursächsische Priesterschaft IV, S. 551; Voigt, Wolschendorf, S. 2.

[908] Dietmann, Chursächsische Priesterschaft IV, S. 551.

[909] Voigt, Wolschendorf, S. 3.

[910] Albrecht-Birkner, Pfarrerbuch 10, S. 749; Dietmann, Chursächsische Priesterschaft IV, S. 551.

[911] Wartenberg, 1000 Jahre Zeitz, S. 14. Nach Zader, Naumburgische und Zeitzische Stiffts-Chronika, Rz. 1046, habe Wolschendorf „gar wüste gepredigt", womit aber wahrscheinlich gemeint ist, dass er die reine katholische Lehre gepredigt habe.

[912] Albrecht, Eine Antwort Luthers vom 29. August 1540, S. 99.

[913] Wartenberg, 1000 Jahre Zeitz, S. 14.

[914] Langenkamp, Geschichte der Stadt Teuchern, S. 58.

Soweit in früheren Abhandlungen für diesen Zeitraum Andreas Winther („*15** und etl. 40*"), Jakob Seidel (ca. 1550)[915] oder Stephan Walter[916] genannt werden, kommen diese tatsächlich nicht in Betracht.

Wir sind von dem Bischof erwählt
Und der christlich' Gemeinde vorangestellt
Sie zu unterrichten und lehren
Mit Gottes Wort / sich abzukehren
Von Sünden / denen sie verfallen sind
Und ihnen reichen die Sakrament' /
Den Leib Christi / Taufe und die Buß'
Wie uns klar unterrichtet Paulus.

Abb. 6.1: Die Pfarrer („Pfaffen") –
Holzschnitt von Hans Sachs

Andreas Winther war Friedrich Wolschendorfs Nachfolger und erst von 1543 bis 1569 in Teuchern als (Ober-)Pfarrer aktiv[917]. Davor war er von 1532 bis 1543 Pfarrer in Grunau[918]. Der genannte Jakob Seidel konnte bislang nicht identifiziert werden[919]. Allerdings war 1555 nachweislich Andreas Winther Pfarrer in Teuchern, wie sich aus den Visitationsakten dieses Jahres ergibt[920]. Letztlich muss auch Stephan Walter ausgeschlossen werden. Zwar stammte

---

915   Dietmann, Chursächsische Priesterschaft I, Teil 3, S. 1114.
916   Heydenreich, Kirchen- und Schul-Chronik, S. 300.
917   Albrecht-Birkner, Pfarrerbuch 10, S. 36, 660; Langenkamp, Geschichte der Stadt Teuchern, S. 54.
918   Albrecht-Birkner, Pfarrerbuch 10, S. 36.
919   Albrecht-Birkner, Pfarrerbuch 10, S. 660, nennt keinen Pfarrer dieses Namens in Teuchern.
920   LASA A 29a, II Nr. 28a, fol. 172v ff.

Walter aus Teuchern, wie der Matrikeleintrag im Sommersemester 1507 an der Universität Leipzig beweist[921]. Er war von 1539 bis 1552 Pfarrer in Poserna[922] und vorher in Muschwitz[923].

Auch wenn sich sein Vorgänger bislang nicht nachweisen lässt, dürfte Friedrich Wolschendorf spätestens ab 1533 Pfarrer in Teuchern gewesen sein[924]. Soweit teilweise angegeben wird, dass Wolschendorf erst 1540 nach Teuchern gekommen ist[925], muss dies aus nachfolgenden Gründen bezweifelt werden.

Der Rat der Stadt Zeitz bat bereits 1533 darum, dass den Zeitzern lutheranische Prediger gesandt werden[926]. Mit Schreiben vom 16. Dezember 1534 bat der Rat den Statthalter Eberhard von Thor um einen Prediger für die Michaeliskirche, andernfalls werden sie andere Hilfe in Anspruch nehmen.

Eberhardt von Thor, der als ein entschiedener Gegner der Reformation galt[927], war wie schon erwähnt der Statthalter des Bischofs Philipp von der Pfalz, der zugleich Bischof in Freising war. Philipp hielt sich regelmäßig in Freising auf und besuchte das Bistum Naumburg nur sehr selten. Er ließ sich von der Stiftsregierung[928] mit einem Kanzler (Dr. Heinrich Schmiedeberger) und in Zeitz durch den genannten Statthalter vertreten[929].

In dem Antwortschreiben schreibt der Statthalter, dass er der Stadt Zeitz auf ihre erste Bitte Friedrich Wolschendorf geschickt habe, einen sehr gelehrten – gemeint ist natürlich katholischen – Prediger, welcher schon vorher in Zeitz mit allgemeinem Beifall gelehrt habe, sowie andere Vorschläge unterbreitet habe, die allesamt nicht angenommen worden seien[930].

---

921 „Stephanus Walter de Teuchern", vgl. Erler, Matrikel, S. 480.

922 Heydenreich, Kirchen- und Schul-Chronik, S. 300.

923 Albrecht-Birkner, Pfarrerbuch 9, S. 234.

924 Langenkamp, Geschichte der Stadt Teuchern, S. 54. Albrecht-Birkner, Pfarrerbuch 10, S. 660, nimmt sogar an, dass Wolschendorf bereits 1530 nach Teuchern kam.

925 D. Martin Luthers Werke, Briefwechsel, 9. Band, S. 223; wohl auch Albrecht, Eine Antwort Luthers vom 29. August 1540, S. 100, FN .

926 Jansen, Pflug, S. 67.

927 Philipp, Geschichte des Stifts Naumburg und Zeitz, S. 225.

928 Brunner, Nikolaus von Amsdorf als Bischof von Naumburg, S. 16; Wießner, Bistum Naumburg I, S. 202.

929 Hoffmann, Naumburg a. S. im Zeitalter der Reformation, S. 36; Jansen, Pflug, S. 63; Wießner, Bistum Naumburg I, S. 235; ders., Bistum Naumburg II, S. 955f.

930 Drößler, Stätte der Reformation I, S. 57; Müller, Reformationsgeschichte der Stadt Zeitz, S. 24; Voigt, Wolschendorf, S.6 ff.; Zader, Naumburgische und Zeitzische Stiffts-Chronika, Rz. 2544.

Der Rat wandte sich nach der „Absage" durch Statthalter von Thor[931] im Jahr 1535 an den Bischof in Freising und teilte unter anderem mit, dass nach 1533 ein – namentlich nicht erwähnter – Pfarrer aus Teuchern nur bisweilen in Zeitz an Sonn- und Feiertagen predigte, aber in Notfällen Kranken und Sterbenden nicht beistünde[932]. Ob es sich dabei um Wolschendorf handelt, ist nicht bekannt, liegt aber aufgrund der namentlichen Nennung im Schreiben des Statthalters nahe. Dies würde dann aber bedeuten, dass Wolschendorf spätestens ab 1533 in Teuchern tätig war.

Auch in Teuchern predigte Wolschendorf weiterhin die katholische Lehre. Allerdings war er wohl nicht nur sehr diplomatisch, sondern auch ein guter Redner, der das Kirchenpublikum zu überzeugen wusste. Auch war er keinesfalls ein katholischer Hardliner[933].

Der Regierungsantritt von Herzog Heinrich soll auch in Teuchern freudig begrüßt wurden sein[934]. Zutreffend ist, dass mehrere zeitgenössische Berichte beschreiben, dass im albertinischen Sachsen die Einführung der Reformation von der Bevölkerung wohlwollend angenommen wurde[935]. Tatsächlich dürften aber die Mehrheit der einfachen Bevölkerung die Unterschiede zwischen den verschiedenen Lehren kaum erfasst haben. Zwar fielen die reinen Messgottesdienste weg, dafür wurden die liturgischen Gewänder meist weiter genutzt[936]. Einen Unterschied dürfte aber jeder bemerkt haben: Die Predigt, die vorher nur eine Nebenrolle spielte, wurde nach der evangelischen Lehre „Herzstück" des Gottesdienstes[937].

Aus Teuchern wird berichtet, dass Wolschendorf bald nach den ersten evangelischen Predigten in Leipzig und Weißenfels seinen katholischen Standpunkt nicht mehr aufrechterhalten hätte können und die Reformation einführen muss-

---

931 Angeblich starb Eberhardt von Thor am 25. April 1536 auf einer Bank an der Kirchhofmauer sitzend. So Zader, Naumburgische und Zeitzische Stiffts-Chronika, Rz. 0632, Rz. 2280. Zu diesem Zeitpunkt soll er eine Bittschrift des Zeitzer Rates gelesen hatte. So Krebs, Zeitzer Chronik, S. 367; Zergiebel, Chronik von Zeitz IV, S. 430; Zader, Naumburgische und Zeitzische Stiffts-Chronika, Rz. 2912.
932 Müller, Reformationsgeschichte der Stadt Zeitz, S. 25; Wartenberg, 1000 Jahre Zeitz, S. 14f
933 Voigt, Wolschendorf, S. 6.
934 Langenkamp, Geschichte der Stadt Teuchern, S. 58.
935 Junghans, Das Jahrhundert der Reformation, S. 77.
936 Junghans, Das Jahrhundert der Reformation, S. 212.
937 Junghans, Das Jahrhundert der Reformation, S. 175; Patze/Schlesinger, Geschichte Thüringens III, S. 129. Entgegen der landläufigen Meinung wurde die Predigt auch im Mittelalter in den deutschen Landen auf Deutsch gehalten, „nur" der restliche Gottesdienst wurde in Latein oder Griechisch gehalten.

te[938]. Dies passt aber nicht dazu, dass 1540 Wolschendorf wohl noch katholisch war und deswegen vom Dienst entfernt werden sollte, wie sich aus den nachfolgend aufgezeigten Visitationsakten ergibt.

Bei der ersten Kirchenvisitation im albertinischen Thüringen, die im Sommer 1539 durchgeführt wurde, wurde weitestgehend nur der Bestand in den Kirchen erfasst. Zwar sollten die katholischen Pfarrer zur Abstellung der alten Bräuche ermahnt werden[939], Konsequenzen gab es aber nicht, obwohl es viele Klagen über den Sittenverfall der Pfarrer gab. Nur etwa 5 % seien „gute" (also evangelische) Pfarrer gewesen[940].

Bereits ein Jahr später wurde unsere Region erneut visitiert. Der Hintergrund war, dass die erste Visitation aus Sicht des Herzogs Heinrich von Sachsen etwas „eilig" betrieben wurde[941]. Daher ordnete er eine erneute – gründlichere – Visitation an[942]. Diese zweite Visitation fand zwischen dem 4. August und dem 11. Oktober 1540 statt[943].

Die Protokolle der „Visitation im ampt Weißenfels, angefangen montag nach Ciriaci (8. August) im 1540" enthalten unter der Pfarrei Teuchern folgenden Eintrag:
„Pfarrer magr. Fridericus Wolschendorf, vom der Ranstadt[944] vonn Zipsendorf dohin komenn, 10 jar do gewesen, 25 jar prister". Oben befindet sich ein in anderer Handschrift verfasster Zusatz: *„ diezer pfarrer ist enthsetz, den er hat 3 christmesz gehalten und das sacrament zu einer und beider gestalt gereicht"[945]*. Dieser Vermerk, wonach Wolschendorf die Christmesse (nur?)

---

938 Langenkamp, Geschichte der Stadt Teuchern, S. 58 und im Ergebnis auch Voigt, Wolschendorf, S. 8f. .

939 Langenkamp, Geschichte der Stadt Teuchern, S. 58; Voigt, Die erste evangelische Kirchenvisitation, S. 5.

940 Heydenreich, Kirchen- und Schul-Chronik, S. 23.

941 Patze/Schlesinger, Geschichte Thüringens III, S. 101. Es wurden nur die größeren Städte besucht, die Pfarrer der umliegenden Dörfer mussten dort erscheinen und berichten, vgl. Voigt, Die erste evangelische Kirchenvisitation, S. 4. Visitiert wurde in unserer Region daher nur Weißenfels, weder Teuchern noch Hohenmölsen, Stößen oder Schkölen wurden besucht, Voigt, a.a.O., S. 8. Wolschendorf musste am 10. September 1539 in Weißenfels erscheinen, Voigt, a.a.O., S. 9.

942 Albrecht, Eine Antwort Luthers vom 29. August 1540, S. 107; Burkhardt, Kirchen- und Schulvisitationen, S. 242

943 Burkhardt, Kirchen- und Schulvisitationen, S. XXVIII. Nach Junghans, Das Jahrhundert der Reformation, S. 110, zog sich die zweite Visitation „nur" bis Juli 1540 hin.

944 Albrecht-Birkner, Pfarrerbuch 9, S. 449, liest "von der Naustadt", irrt aber, da eindeutig ein „R" am Anfang des Ortsnamens erkennbar ist.

945 LASA, A 29a, II Nr. 1c Bd. 2, fol. 103r.

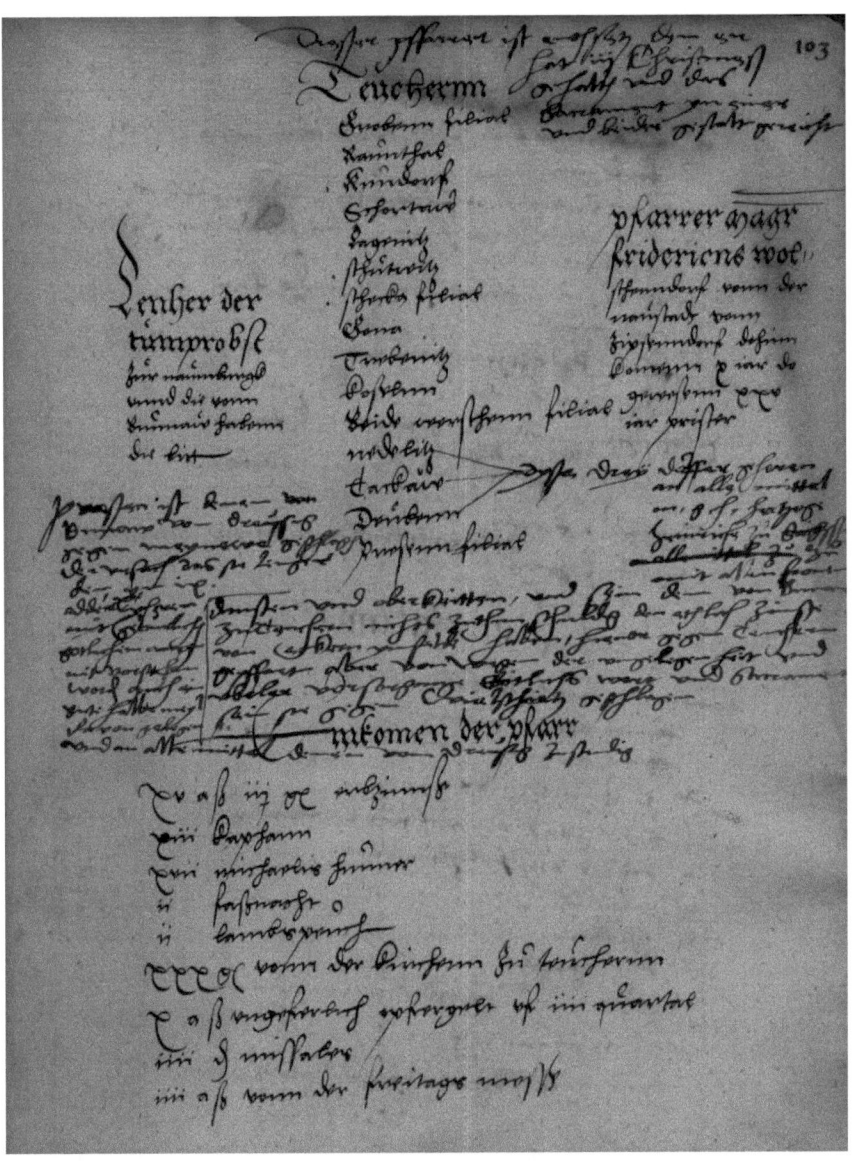

*Abb. 6.2: Die erste Seite des die Pfarre Teucherns betreffenden Visitationspro-
tokolls aus dem Jahr 1540 mit dem Zusatz zur „Entlassung" Wolschendorfs.*

dreimal gehalten habe und das Abendmal sub una und untraque[946] gereicht habe, zeigt, dass Wolschendorf wohl trotz der Einführung der reformatorischen Lehre an seinem katholischen Standpunkt festhielt. Unklar ist, wer diesen Vermerk anbrachte, aber es spricht dafür, dass Wolschendorf entlassen werden sollte, da er katholisch blieb. Nach der Durchführung der Visitation wurden die getroffenen Entscheidungen den jeweiligen (Kirchen-)Gemeinden übersandt[947].

Nicht nur auf Wolschendorf und Teuchern traf dies zu. Über die vielen „papistischen Geistlichen" beklagten sich die Visitatoren. Da in den umliegenden Regionen die Reformation schon früher eingeführt worden war, entwickelte sich das Herzogtum Sachsen zu einem Rückzugsgebiet katholischer Geistlicher[948].

Wolschendorf wollte seine Entlassung nicht hinnehmen und bat den Naumburger Domdechanten Günther von Bünau um Hilfe. Doch diesem waren die Hände gebunden. Zwar hatten die Adligen gegenüber Herzog Heinrich ein Mitspracherecht bei der Neuordnung der Kirchenorganisation gefordert, waren aber mit dieser Forderung gescheitert[949].

Auf Anregung seiner Gönner, der Gebrüder Rudolf und Günther von Bünau, beide aus der Teucherner Linie der Bünaus[950], wandte sich Friedrich Wolschendorf direkt an Martin Luther. In Begleitung von Magister Burkard Andree, dem Zeitzer Stiftsbaumeister[951], reiste er am 27. August 1540 nach Wittenberg[952] bzw. kam nach anderen Angaben am 27. August 1540 dort an[953].

---

[946] Sub utraque ist ein Ausdruck, womit man das Abendmahl bezeichnet, welches in beiderlei Gestalt gereicht wird, im Gegensatz zu sub una, wo das Abendmahl nach Vorschrift des Costuitzer und Trideutinischen Conciliums nur unter einerlei Gestalt gereicht wird, das heißt, dass die Gläubigen nur das Brot genossen, der Kelch mit Wein aber der Geistlichkeit allein überlassen wird.

[947] Junghans, Das Jahrhundert der Reformation, S. 76.

[948] Vgl. Wartenberg, Landesherrschaft und Reformation, S. 97.

[949] Junghans, Das Jahrhundert der Reformation, S. 75.

[950] Nach Wartenberg, Wittenberger Reformation und territoriale Politik, S. 145. FN. 116, unterstützten die Bünaus Wolschendorf, weil er eine Nonne aus ihrer Familie geheiratet habe. Tatsächlich war Wolschendorf zu diesem Zeitpunkt sicher noch nicht verheiratet, da er sich noch der katholischen Lehre verpflichtet fühlte – dies war ja auch der Vorwurf der Visitatoren – und demnach noch am Zölibat festhielt.

[951] Albrecht, Eine Antwort Luthers vom 29. August 1540, S. 101. Nach D. Martin Luthers Werke, Briefwechsel, 9. Band, S. 223, traf Wolschendorf erst in Wittenberg auf Andree bzw. Andreä.

[952] D. Martin Luthers Werke, Briefwechsel, 9. Band, S. 223.

[953] Albrecht, Eine Antwort Luthers vom 29. August 1540, S. 102.

Wolschendorf hatte ein Empfehlungsbrief von Rudolf von Bünau und der Gemeinde Teuchern bei sich[954]. Ziel der Reise war es, Luthers Fürsprache bei den Visitatoren zu erlangen, um einer drohenden Amtsenthebung zu entgehen. Am 29. August 1540 traf Friedrich Wolschendorf auf Luther. Wolschendorfs Hoffnungen Martin Luther predigen zu hören und seine Hilfe zu erlangen, erfüllten sich nicht.

Desillusioniert kehre Friedrich Wolschendorf zurück, erstattete dem Domdechanten schriftlich Bericht und bat – da er nun die Entlassung fürchtete – um anderweitige Verwendung. Die Antwort Martin Luthers wurde von dem Zeitzer Stiftsbeamten Magister Andree aufgezeichnet. Wolschendorf schrieb diese Aufzeichnung ab und fügte sie seinem Bericht bei. Das Original dieses Briefes ist im Domstiftsarchiv Naumburg erhalten.

Aus dem Schreiben ergibt sich die Enttäuschung über die nicht gehörte Predigt, dass er Martin Luther nach der Kirche getroffen hat und Andree die Schreiben übergeben konnte sowie für den Nachmittag ein Gespräch vereinbart werden konnte. Aus der übermittelten Antwort Luthers ergibt sich zum einen, dass die Visitatoren die Entsetzung angekündigt haben. Zu diesem Zeitpunkt war also Wolschendorf – anders als die Ergänzung in den Visitationsakten vermuten lässt – noch nicht entlassen.
Luther soll zwar freundlich, aber bestimmt das Anliegen zurückgewiesen haben, da er aus dem ernestinischen Kursachsen sich nicht (mehr) in Belange des albertinischen Herzogtums Sachsen einmischen wolle[955]. Für vergleichbare Einmischungen in die Belange des Herzogtums aus dem Bereich der Ernestiner bei der vorherigen Visitation hätten sich die Räte des Herzogs und andere Untertanen bereits beschwert[956]. Luthers Ratschlag, selbst wenn er ihn erteilen würde, würde vom herzoglichen Sachsen unerhört bleiben[957].
Mit dieser Einschätzung dürfte Luther richtig gelegen haben. Auch wenn sich der Reformator eine ernestinische Unterstützung der Visitation im albertinischen Sachsen sehr gewünscht hätte, legte Herzog Heinrich großen Wert darauf, dass die Visitation mit eigenem Personal durchgeführt wurde[958]. Die

---

954 Nach D. Martin Luthers Werke, Briefwechsel, 9. Band, S. 223; Albrecht, Eine Antwort Luthers vom 29. August 1540, S. 102.

955 Nach D. Martin Luthers Werke, Briefwechsel, 9. Band, S. 223. Die erste Visitation im albertinischen Sachsen wurde noch mit viel ernestinischem Einfluss durchgeführt. Vgl. Junghans, Das Jahrhundert der Reformation, S. 73.

956 Tatsächlich zog Herzog Heinrich bei der ersten Visitation im albertinischen Herzogtum kursächsische, also ernestinische Theologen dazu, Patze/Schlesinger, Geschichte Thüringens III, S. 101.

957 Wartenberg, Wittenberger Reformation und territoriale Politik, S. 145.

958 Junghans, Das Jahrhundert der Reformation, S. 73.

Spannungen zwischen den beiden Sachsens blieben offenkundig bestehen, auch wenn beide Herrscher nun der selben Religion angehörten[959].

Wolschendorf jedenfalls zeigte sich über Luthers (Ent-)Haltung enttäuscht und befürchtete ohne Unterstützung des Domdechanten „im Elende" unterzugehen. Aus dem Empfehlungsschreiben der Gemeinde, geht – wie Luthers Antwort zeigt – hervor, dass man Wolschendorff „gern hat" und er einen guten Lebenswandel hatte. Der Grund für die beabsichtigte Entlassung des Pfarrers kann also nur an dessen Festhalten an katholischen Leeren zu sehen sein[960]. Welchen Vorwurf ihm die Visitatoren konkret gemacht haben, schien Wolschendorf Luther verschwiegen haben[961]. Dass sich ein – noch katholischer – Pfarrer auf Anregung eines katholischen Domdechanten an Martin Luther wandte, zeigt Luthers Ansehen auch bei vielen Katholiken[962].

Obwohl die Hilfe Luthers nicht kam, konnte Wolschendorf Pfarrer in Teuchern bleiben, allerdings – höchstwahrscheinlich war das die Bedingung – wurde er evangelisch[963]. Letztlich war es aber wohl der Mangel an geeigneten Pfarrern, der auch bei Wolschendorf dazu führte, dass er im Amt bleiben durfte[964].

Friedrich Wolschendorf wurde nicht nur evangelisch, er heiratete sogar. Seine Ehefrau wurde Brigitta von Bünau auf Teuchern. Brigitta, Tochter von Günther und Anna von Bünau, war Nonne im Chorfrauenstift Lausnitz. In der ersten Hälfte des 16. Jahrhunderts wurde das Kloster aufgelöst. Kurz nach 1525 gab es erste Auflösungserscheinungen. Teilweise wird berichtet, dass bereits zu dieser Zeit die Reformation Einzug hielt und das Kloster geschlossen wurde[965]. Offensichtlich handelt es sich dabei aber um einen Irrtum, da das Kloster noch 1541 existierte[966]. Zumindest bei der Visitation um 1533 in Thüringen war das

---

[959] Wartenberg, Landesherrschaft und Reformation, S. 98.

[960] Albrecht, Eine Antwort Luthers vom 29. August 1540, S. 107. Auch der oben zitierte Vermerk spricht dafür.

[961] Wartenberg, Wittenberger Reformation und territoriale Politik, S. 145. FN. 116

[962] So auch Albrecht, Eine Antwort Luthers vom 29. August 1540, S. 107.

[963] Langenkamp, Geschichte der Stadt Teuchern, S. 54.

[964] Nach Wießner, Bistum Naumburg I, S. 450, blieben viele Pfarrer trotz größerer Verfehlungen im Amt, weil kein geeigneter Ersatz zur Verfügung stand. So auch Junghans, Das Jahrhundert der Reformation, S. 76.

[965] So Voigt, Die Kirche zu Teuchern, S. 52 und Wießner, Bistum Naumburg I, S. 161. Richtig ist, dass viele Frauenklöster in dieser Zeit untergingen. Siehe Patze/Schlesinger, Geschichte Thüringens III, S. 92.

[966] LATh – StA Altenburg, 1-99-0018, Sig. 84, passim. Herzog Georg von Sachsen sorgte dafür, dass Klöster nach dem Bauernkrieg wieder mit Leben gefüllt wurden. Dies dürfte auch auf das Kloster Lausnitz zugetroffen haben. Vgl. Wartenberg, Landesherrschaft und Reformation, S. 89.

Kloster jedenfalls noch aktiv[967]. Unklar ist, wann Brigitta das Kloster verließ. Es ist jedoch anzunehmen, dass sie bis zur endgültigen Schließung durch die Einführung der Reformation im Kloster verblieb. Dafür spricht zum einen, dass sie, wenn sie bereits deutlich vorher nach Teuchern gekommen wäre, wahrscheinlich schon deutlich früher verheiratet worden wäre. Zum anderen war das Verlassen eines Klosters in den 1520er Jahren keineswegs eine Selbstverständlichkeit. Über sogenannte „Klosterfluchten" wurde berichtet, wie am Beispiel der berühmtesten Klosterflucht aus dem Kloster Nimbschen, bei dem Katharina von Bora das Kloster verließ, zu sehen ist. Über das Kloster Lausnitz gibt es aus dem Winter 1525/26 Berichte über den Austritt von zwei namentlich bekannten Nonnen[968].

Spätestens nach der endgültigen Schließung des Klosters, wahrscheinlich aber um 1539/40 muss Brigitta nach Teuchern zurückgekommen sein. Ihre Brüder Günther, Rudolf und Heinrich hatten also ein großes Interesse daran, dass sie versorgt ist. Das Eingehen einer Ehe war ein möglicher Weg[969]. Nach dem Erb-Einigungs-Vertrag von 1517, der für alle Bünaus galt, mussten aber die Brüder mit der Ehe ihrer Schwester einverstanden gewesen sein[970].

Karl Gottlob Dietmann schreibt in der „Chursächsischen Priesterschaft" dazu: *„[...] M[agister] Friedrich Wolschendorf, war der erste evangel. Prediger zweener Herren von Bünau zu Teuchern, welche ihm auch, zu sonderbarer Dankbarkeit, daß er sie zum Lichte des Evangelii gebracht, eine Jungfer ihres Geschlechts erheyrathet."*[971]
Danach hätten die Bünaus, aus Dank, dass Wolschendorf sie zum Evangelium gebracht hat, ihm Brigitta zur Frau gegeben. Allerdings ist zumindest Günther von Bünau bis zu seinem Tod katholisch geblieben[972]. Die zwei Herren könnten also allenfalls Heinrich d.J. und Rudolf von Bünau sein[973]. Da Heinrich 1543 starb, müsste die Hochzeit vor dieser Zeit gewesen sein. Möglicherweise musste Wolschendorf Brigitta als „Dank" für die Hilfe der Bünaus heiraten.

Verwunderlich ist, dass Brigitta einen bürgerlichen Pfarrer heiraten durfte. Derartige unstandesgemäße Hochzeiten waren für adlige Familien der damali-

---

967 Burkhardt, Kirchen- und Schulvisitationen, S. 127, 132.
968 Dietze, Geschichte des Klosters Lausnitz, S. 5.
969 Die Versorgung durch eine Ehe für ehemalige Nonnen war nach der Einführung der Reformation nicht ungewöhnlich. Katharina von Bora und Martin Luther sind nur ein prominentes Beispiel. Vgl. dazu auch Junghans, Das Jahrhundert der Reformation, S. 44.
970 Von Bünau, Der Erb-Einigungs-Vertrag von 1517, S. 11.
971 Dietmann, Chursächsische Priesterschaft IV, S. 1103 FN.
972 Langenkamp, Geschichte der Stadt Teuchern, S. 75.
973 So Langenkamp, Geschichte der Stadt Teuchern, S. 75 und Voigt, Wolschendorf, S.11.

gen Zeit die Ausnahme. Gerade die Familie von Bünau hatte diesbezüglich strenge Regeln. Zumindest von den männlichen Verwandten wurden Ehen mit „rittermäßigen" oder „edlen" Frauen gefordert[974]. Allerdings machte die Geschlechtsordnung selbst auch Ausnahmen mit Zustimmung der anderen Familienmitglieder[975].

Friedrich Wolschendorf konnte mit der offiziellen Eheschließung die Aufgabe seines katholischen Standpunktes „beweisen". Darüber hinaus gab es für einen einfachen Pfarrer einen weiteren Grund, eine ehemalige Nonne zu ehelichen. Mönche und Nonnen, die die Klöster mit ihrer offiziellen Auflösung verließen, erhielten im Herzogtum Sachsen eine finanzielle Abfindung. Auch in den kursächsischen Landesteilen, in denen das Kloster Lausnitz lag, gab es vergleichbare Regelungen[976]. Möglicherweise verfügte Brigitta also über ein gewisses Vermögen, das vielleicht nicht für einen Adligen, aber zumindest für einen bürgerlichen Pfarrer durchaus ein attraktiver Grund zum Heiraten war. Doch vielleicht war auch alles ganz anders. Vielleicht waren es romantische Gründe, die Brigitta und Friedrich dazu brachten, eine offizielle Beziehung einzugehen. Anhaltspunkte dafür gibt es allerdings nicht.

Brigitta wurde als erste evangelische Pfarrfrau von Teuchern auch noch nach ihrem Tod lange verehrt. Sie und Friedrich Wolschendorf hatten mindestens einen Sohn[977]. Dabei handelt es sich aber eher nicht um Bartholomäus Wolschendorfer bzw. Wolschendorf oder Wolschendorffer, der 1540 in Neustadt an der Orla geboren sein soll. Zwar wird auch dort als Vater ein Friedrich Wolschendorf angegeben, es handelt sich dabei aber mit hoher Wahrscheinlichkeit nicht um Wolschendorf aus Teuchern[978], da dieser noch bis 1543 in Teuchern Pfarrer war. Bei dem gemeinsamen Sohn könnte es sich um Friedrich Wol-

974 Schattkowsky, Die Familie von Bünau, S. 229.
975 Von Bünau, Der Erb-Einigungs-Vertrag von 1517, S. 11. Schattkowsky, Die Familie von Bünau, S. 229.
976 Vgl. Wießner, Bistum Naumburg I, S.165f.
977 Voigt, Wolschendorf, S.11.
978 Anders Albrecht-Birker, Pfarrerbuch 9, S. 449; Simon, Ansbachisches Pfarrerbuch, S. 560, gibt diese Vermutung ebenfalls an, meint aber, dass Friedrich Wolschendorf nur bis 1540 Pfarrer in Teuchern war. Wenn der Teucherner Wolschendorf tatsächlich Verbindungen nach Neustadt an der Orla haben sollte, wäre dies nicht ausgeschlossen.

schendorf handeln[979], der später Pfarrer in Pötewitz im Stift Zeitz gewesen sein soll[980].

1543 wurde Magister Andreas Winther Pfarrer[981]. Er fand angeblich verfahrene kirchliche Verhältnisse wieder und musste wohl erst langsam evangelische Verhältnisse einführen. Ob dies so zutreffend ist, da Wolschendorf wohl sehr beliebt war, ist unklar. Vielleicht gab es einen anderen Grund, für den sich Winther rechtfertigen musste.

Die Spuren von Wolschendorf verlieren sich indes. 1545 war er vermutlich evangelischer Pfarrer in Kayna[982]. Das Gebrechenbuch, also das Visitationsprotokoll des Hochstifts Naumburg-Zeitz, aus dem Jahr 1545 nennt Magister Friedrich Wolschendorf als Pfarrer in Kayna. Auch soll das Pfarrhaus baufällig gewesen sein[983].

Wann Wolschendorf starb, ist ebenfalls nicht bekannt. Seine Frau Brigitta starb am 30. März 1547. Ihr Grab befand sich in Teuchern. Ihr Grabstein ist wahrscheinlich der heute noch teilweise erhaltene „sechste" der Bünauischen Grabsteine an der Innenwand der Kirche. Die Inschrift lautet: *„ANO MDXLII MITTWOCH NACH IVDICA[984] IST IN GOT VORSCHIDEN DIE E... BVNAW... ZV KL LAVSNICY D G G"[985].*
Eine Besonderheit ist die Darstellung der Auferstehung Christi und gleichzeitig der drei Marien am Grabe[986]. Die Verstorbene wird als kniende Nonne dargestellt. Das dargestellte Bünauische Wappen und der Zeitpunkt das Todes lassen nur den Schluss zu, dass die Abgebildete eine Schwester der damals „herrschenden" Bünaus war.

---

979 Voigt, Wolschendorf, S. 12
980 Dietmann, Chursächsische Priesterschaft IV, S. 1103. Allerdings findet sich weder bei Dietmann, Chursächsische Priesterschaft IV, S. 469, noch bei Albrecht-Birkner, Pfarrerbuch 10, S. 537, ein Hinweis auf diesen Friedrich Wolschendorf. Da Dietmann aber in vielen Fällen nur die Zuarbeit der jeweiligen Pfarrer eingearbeitet hat und deren Angaben kaum hinterfragt oder abgeglichen hat – Dietmann gibt zum Beispiel selbst (Chursächsische Priesterschaft I, Teil 3, S. 1114) bei Teuchern Friedrich Wolschendorf nicht an – und Albrecht-Birkner häufig nur Dietmanns Angaben wiedergibt, kann daraus nicht zwingend folgen, dass die Angaben fehlerhaft sind.
981 Albrecht-Birkner, Pfarrerbuch 10, S. 36.
982 Albrecht-Birkner, Pfarrerbuch 9, S. 449; Albrecht-Birkner, Pfarrerbuch 10, S. 357.
983 LASA, A 29d, I Nr. 1956/1, fol. 3r.
984 Dies wäre der 27. oder 30. März 1547, vgl. Jäger, Inschriften, S. 96f.
985 SHStA Dresden, 12579 Familiennachlass Grafen und Freiherren von Bünau (D), Nr. 968, fol. 83v, 100v.
986 Jäger, Inschriften, S. 97.

Abb. 6.3: Der stark beschädigte Grabstein für eine
Nonne in der Teucherner Kirche

Eine eindeutige Zuordnung des Grabsteins zu Brigitta kann aufgrund der starken Beschädigung des Steins nicht mehr erfolgen. Teilweise wird der Stein auch Margarethe von Bünau zugeschrieben[987]. Diese war Priorin im Stift Lausnitz. Es ist unklar, ob sie zur Teucherner Linie der Familie von Bünau gehörte. Allerdings war Margarethe 1547 schon verstorben, womit sie als mögliche dargestellte Person ausscheidet. Auch müsste sie nach den Lebensdaten deutlich älter als die abgebildete Person gewesen sein. Daher kommt wohl – trotz der Darstellung als Nonne, was bei einer evangelischen Pfarrersfrau etwas verwunderlich ist – nur Brigitta von Bünau in Betracht.

---

[987]   Jäger, Inschriften, S. 97.

7. Hans von Teuchern zu Halle - Ein Gegner der Reformation

Die adlige Familie von Teuchern hatte ihren namensgebenden Stammsitz ursprünglich auf der Wasserburg Teuchern, die um 1500 der Familie von Bünau gehörte. Unklar ist, ob alle Adligen, die mit dem Zusatz „von Teuchern" in alten Urkunden erwähnt werden, zur Linie des Hans von Teuchern gehören. Ziemlich sicher nicht zu den Vorfahren von Hans von Teuchern gehört der in den Pegauer Annalen um 1080 erwähnte Bederich von Teuchern[988]. Realistischer ist, dass entweder der in Urkunden von 1171 und 1174 als Zeuge aufgeführte Edle Goswin von Teuchern oder der ab 1184 mehrfach erwähnte Edle Hermann von Teuchern der Stammvater dieses Adelsgeschlechts ist. Mitte des 13. Jahrhunderts hat die Familie von Teuchern wahrscheinlich ihren namensgebenden Stammsitz verlassen. Das Geschlecht wurde in zahlreichen Urkunden erwähnt und ist vermutlich im 17. Jahrhundert ausgestorben[989].

Abb. 7.1: Das Wappen der Familie von Teuchern

Hans von Teuchern wurde vor 1495 geboren und starb vermutlich 1543. Seine Eltern sind nicht bekannt. Er hatte mindestens einen Bruder, Georg von Teuchern[990]. Hans war mit Anna von Teuchern[991] verheiratet und hatte mit ihr mindestens zwei Söhne[992], darunter Georg von Teuchern, der wie sein Vater auf dem Gut Dehlitz residierte.

Hans von Teuchern war ein Lehnsmann des Merseburger Bischofs Thilo von Trotha (1466 – 1514) bzw. von dessen Nachfolgern Adolph von Anhalt-Bernburg (1514 – 1526) und Vinzenz von Schleinitz (1526 – 1535), später (auch)

---

[988] Langenkamp, Geschichte der Stadt Teuchern, S. 38.

[989] Langenkamp, Geschichte der Stadt Teuchern, S. 39.

[990] LASA, H 53, Nr. 2362, fol. 1v

[991] Langenkamp, Geschichte der Stadt Teuchern, S. 39.

[992] Da später Erben (Mehrzahl) erwähnt werden, muss von mindestens zwei männlichen Nachfahren ausgegangen werden.

des Kardinals Albrecht von Brandenburg (ab 1513 Erzbischof von Magdeburg mit Sitz in Halle).

Für ein Mitglied einer niederadligen Familie scheint Hans von Teuchern gut begütert gewesen zu sein. Als Beispiele für den umfangreichen Besitz des Hans von Teuchern seien hier folgende Lehen und Besitztümer genannt: 1514 wird Hans von Teuchern vom Bischof von Merseburg mit dem Sattelhof[993] in Schkeuditz belehnt[994]. Nach dem Gutsarchiv Dehlitz war das Rittergut Dehlitz spätestens seit 1518 im Besitz der Familie von Teuchern[995]. 1527 erhielt er vom Merseburger Bischof das Dorf Kölsa[996]. Ab 1530 war er von Kardinal Albrecht mit einem Rittergut in Niemberg belehnt.

Hans von Teuchern musste 1532 das hallische Bürgerrecht und ein Haus in der Stadt erwerben, nachdem ihm Ludwig von Deven 1532 „Talgut" verkauft hatte. Im 16. Jahrhundert zog es viele Adlige in die Städte. In der Regel wollten sie aber nicht das jeweilige Bürgerrecht annehmen, um sich nicht der städtischen Gerichtsbarkeit unterwerfen zu müssen. Auch Hans von Teucherns ursprüngliche Absichten waren so. Allerdings sah die Talordnung, deren Einhaltung der Rat streng achtete, dies nicht vor[997]. Halle gehörte damals zu den Städten mit einer hohen Wirtschaftskraft und war daher auch für Adlige attraktiv. Hans von Teuchern besaß ein Haus in der Kleinen Ulrichstraße (vielleicht war es dieses Haus, welches Hans auf Druck des Rates erwerben musste) in Halle, welches nach seinem Tod von seinen Erben[998] an Dr. Johannes Stahl verkauft wurde[999].

1540 erwarb Hans von Teuchern zu Dehlitz das halbe Dorf Lösau[1000] von Heinrich von Mutzschau.

---

[993] Ein Bauern- oder Ritterlehen, das von Fronabgaben befreit war.

[994] Wilde, Ritter-und Freigüter, S. 432f.

[995] Gutsarchiv Dehlitz H 53, zitiert nach Adelsarchive im Landeshauptarchiv Sachsen-Anhalt, S. 111. Eine 1516 gegossene Glocke in der Kirche Treben, deren Patronat mit dem Rittergut Dehlitz verbunden war, trägt das Wappen der Stadt Halle, vgl. Jäger, Inschriften, S. 75f. Vielleicht war es Hans von Teuchern, der dafür sorgte, dass diese Glocke für Treben gegossen wurde – dann wäre er schon 1516 im Besitz von Dehlitz gewesen – oder später nach Treben kam.

[996] LASA H 105, Nr. 56. Kölsa gehört heute zur Gemeinde Wiedemar im Landkreis Nordsachsen.

[997] LASA, Abt. Magdeburg, Rep. Db Halle A II Nr. 2, zitiert nach Freitag/Ranft, Geschichte der Stadt Halle I, S. 278. Vgl. allgemein Goerlitz, Staat und Stände, S. 15f.

[998] Neuß, Geschichte der Apotheke "Zum Blauen Hirsch", S. 14.

[999] Neuß, Geschichte der Apotheke "Zum Blauen Hirsch", S. 13 f.

[1000] Lösau gehört heute zur Ortschaft Dehlitz der Stadt Lützen. Vgl. Wießner, Bistum Naumburg I, S. 643, der den Ort schon 1529 als Lehen derer von Teuchern annimmt.

In den Visitationsakten der ersten Visitation in den Albertinischen Landen Thü-ringens 1539 (3. August)[1001] wird „H. von Teuchern" als Patron der Kirche Treben – und nicht Gröben, wie teilweise angegeben wird[1002] - geführt[1003]; 1540 bei der zweiten Visitation als „Hans von Teuchern"[1004]. Aus diesen zahl-reichen Besitztümern ergaben sich aber auch Verpflichtungen. So war bei-spielsweise das Gut Dehlitz mit einem Ritterdienst von drei Pferden belastet.

Abb. 7.2: Kardinal Albrecht von Branden-burg, einer der Lehensherren von Hans von Teuchern

1509 wird Hans von Teuchern als Schenk des Herzogs Georg von Sachsen erwähnt, später wurde er erzbischöflicher (Hof-)Rat des Kardinals Albrecht. Im Mai 1517 war Hans von Teuchern ein Gesandter des Bischofs von Samland – Günther von Bünau – und nahm in dieser Form einen schriftlichen Tadel des Herzogs Georg von Sachsen bezüglich des Verhaltens des Bischofs mit den Ablassgeldern entgegen[1005]. Auch dies zeigt, dass Georg dem Ablasshandel mehr als kritisch gegenüberstand[1006].

1001 Burkhardt, Kirchenvisitationen, S. XXVII.

1002 Burkhardt, Kirchenvisitationen, S. 247 bzw. S. 277. Das Patronatsrecht über Treben hat Hans von Teuchern mit dem Rittergut Dehlitz erworben. Ein Patronatsrecht über Gröben kann Hans von Teuchern zudem gar nicht erworben haben, da Gröben nur eine Filialkirche von Teuchern war. Hier zeigt sich die Unzuverlässigkeit der Arbeit von Burkhardt.

1003 Voigt, Die erste evangelische Kirchenvisitation, S. 23.

1004 Burkhardt, Kirchenvisitationen, S. 277.

1005 Gess, Akten und Briefe zur Kirchenpolitik I, S. 13f.

1006 Junghans, Das Jahrhundert der Reformation, S. 40.

Zumindest von 1522 bis 1535 war er Hauptmann der Moritzburg in Halle – damals Schloss St. Moritzburg - und ab 1534 Haupt- bzw. Amtmann der Burg Giebichenstein.

Abb. 7.3: Die Ruine der Moritzburg in Halle

Obwohl er als Lehnsmann des Kardinals Albrecht die Missstände in der Kirche aus erster Hand erfahren konnte – gerade Albrecht von Brandenburg ist das Negativbeispiel für die Geldbeschaffungspolitik der (Vor-)Reformationszeit –, war Hans von Teuchern ein Gegner der Reformation. Auch bei seinen Lebensgewohnheiten wurde Kardinal Albrecht unter anderem von Luther kritisiert. So hatte der Kardinal mehrere Geliebte, allerdings immer nur eine Geliebte gleichzeitig. Erst nach ihrem Tod suchte er sich eine Neue.

In Kenntnis dieser Umstände blieb Hans von Teuchern ein „strenger" oder „guter" Katholik. So bat er als Rat des Kardinals 1528 den Herzog Georg von Sachsen um seinen Rat, wie ein Aufruhr im Erzbistum Magdeburg bzw. in der Stadt Magdeburg, vermutlich von Anhängern der Täufer, zu verhindern sei. Der Herzog versicherte dem Kardinal seine Unterstützung und verwies auf die Stadt Erfurt, in welcher einige Täufer (hin?)gerichtet worden seien[1007]. Die Täufer waren eine reformatorische Strömung; ob es sich hier wirklich um Täu-

---

[1007] Jadatz/Winter, Akten und Briefe zur Kirchenpolitik III, S. 62.

fer handelte oder man abschätzig alle reformatorischen Bewegungen so nannte, ist nicht bekannt.

Auch über den Abt von Pegau, Simon Blick, beschwerte sich Hans von Teuchern bei Herzog Georg, wie ein Brief des Herzogs an den Abt vom 22. Februar 1528 beweist. Hans von Teuchern habe sich über die „ungeschickten Worte" des Abtes beklagt[1008].

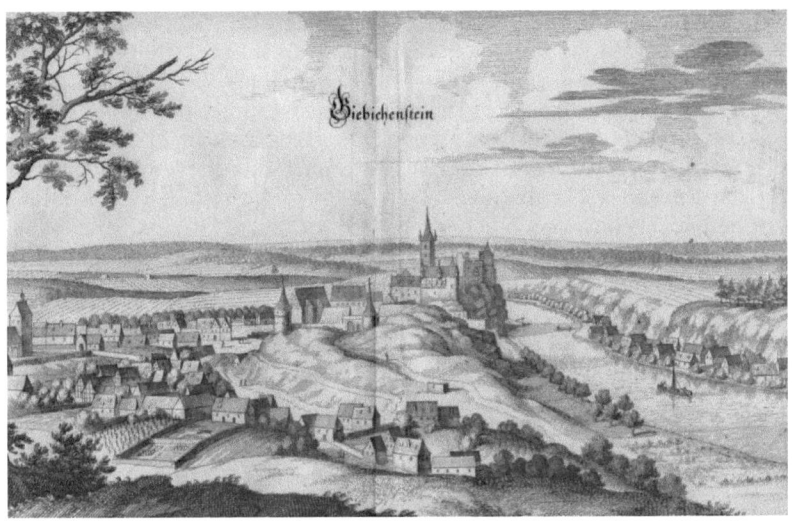

Abb. 7.4: Burg und Dorf Giebichenstein

Am 27. Januar 1535 verhandelten Hans von Teuchern und Dr. Eberhausen als erzbischöfliche Räte in Wittenberg mit dem Kurfürsten Johann Friedrich von Sachsen. Hintergrund war ein Streit des Erzbischofs auf der einen und des Kurfürsten, der zugleich als Burggraf von Magdeburg oberster Gerichtsherr in Halle war, auf der anderen Seite über die jeweiligen Rechte[1009]. Kardinal Albrecht hatte Räte aus Halle und deren Familien, die sich zur lutherischen Lehre bekannten, ausweisen wollen. Hans von Teuchern nahm auch in diesem Streit einen klar römisch-katholischen Standpunkt ein und verteidigte seinen Herrn gegenüber dem Kurfürsten. Johann Friedrich konnte sich hier nicht durchsetzen und musste sich der Herrschaft des Erzbischofs insoweit beugen.

1008 Jadatz/Winter, Akten und Briefe zur Kirchenpolitik III, S. 76.
1009 Patze/Schlesinger, Geschichte Thüringens III, S. 236.

Die Rolle von Hans von Teuchern im Prozess gegen den in Ungnade gefallen früheren Günstling und Finanzverwalters des Kardinals Albrecht, Hans von Schönitz (bzw. Schenitz), bzw. bei dessen Hinrichtung am 21. Juni 1535 ist umstritten. Der Prozess gegen von Schönitz wird teilweise bis heute kritisiert. An einigen Stellen ist sogar von „Justizmord" die Rede. Selbst Luther bemängelte den Prozess. Hans von Schönitz wurde Untreue vorgeworfen. Er soll Gelder des Kardinals, nämlich 50.000 Gulden, eigenmächtig verwendet haben. Allerdings tat er dies wahrscheinlich auf Weisung des Kardinals.

Tatsächlich verlief der Prozess nach dem damals im Erzbistum Magdeburg, zu dem die Stadt Halle gehörte, geltenden Recht. Hans von Schönitz wurde auf der Burg Giebichenstein gefangen gehalten und dort auch von dem Hauptmann Hans von Teuchern mehrfach verhört. Ob Hans von Teuchern von Schönitz auch gefoltert hat, ist nicht belegt[1010]. Aber auch dies hätte nicht gegen die damaligen Rechtsvorschriften verstoßen. Schönitz hat sich etwa acht Monate in Haft befunden. Hans von Teuchern soll den Prozess als Richter geleitet haben. Der Prozess fand am 21. Juni 1535 zwischen 7.00 und 8.00 Uhr statt, in dessen Ergebnis Schönitz zum Tode verurteilt wurde. Noch im Anschluss wurde er hingerichtet.

Bei der Hinrichtung soll Hans von Teuchern, um des Geschrei von Schönitz zu übertönen, als Gesang „Jesus unser Heiland" angestimmt haben. Dies wird in den „alten Chroniken" schon als bemerkenswert erwähnt, da es sich um ein lutherisches Lied handelte.

Mit der Verurteilung war die Angelegenheit aber noch nicht ausgestanden. Hans von Teuchern setzte sich auch im Auftrag des Kardinals bei Herzog Georg von Sachsen für dessen Unterstützung beim Vorgehen gegen die Verwandtschaft des Hans von Schönitz, die sich in Leipzig und damit im Territorium des Herzogs befand, ein. Albrecht schickte von Teuchern im September 1535 persönlich zum Herzog, um dessen Meinung in Erfahrung zu bringen[1011]

Ein Jahr nach dem Zusammentreffen mit dem Herzog traf Hans von Teuchern in Leipzig erneut auf ihn und warb um ein Geschütz für den Kardinal. Dieses ließ der Herzog kurz darauf dem Kardinal zukommen[1012]. Im Dezember 1535

[1010] Schönitz, Warhafftiger Bericht, S. 36, berichtet, Hans von Teuchern habe seinen Bruder gedrängt, zu gestehen. Auch soll er mit Folter und Qualen gedroht haben. Eine tatsächliche Folter erwähnt er nicht.

[1011] Jadatz/Winter, Akten und Briefe zur Kirchenpolitik IV, S. 205f.

[1012] Jadatz/Winter, Akten und Briefe zur Kirchenpolitik IV, S. 376. Nach dem a.a.O. erwähnten Brief des Kardinals an den Herzog fehlte es dem Kardinal auch noch an Kugeln. Er bat daher den Herzog um Übersendung von Kugeln, die dieser noch in Leipzig hatte.

war Hans von Teuchern als Rat des Kardinals auch bei der Einigung um den Grenzstreit mit dem Bistum Merseburg zugegen.

Hans von Teuchern begleitete Kardinal Albrecht in seiner Funktion als Rat auf den Reichstag zu Regensburg 1541, in dessen Zuge das sogenannten Regensburger Religionsgespräch, welches ein friedliches Mittel zur Einigung von Altgläubigen (Katholiken) und Protestanten sein sollte, stattfand. Der Reichstag wurde vom römisch-deutschen Kaiser Karl V. einberufen, der angesichts der drohenden „Türkengefahr" nicht auf die militärische Unterstützung der protestantischen Fürsten verzichten konnte und daher eine Einigung in der Religionsfrage erreichen wollte. Dies gelang jedoch nicht.

Die Reformation in Halle wurde im Verhältnis zu anderen umliegenden Städten erst etwa 1541 eingeführt. Vorher sollen keine Wünsche der Stadtbevölkerung, den lutherischen Gottesdienst einzuführen, an den Rat herangetragen worden sein[1013]. Dies scheint mit Blick auf die obigen Ausführungen zur Ausweisung nicht zu stimmen. Allerdings ist es möglich, dass dieser Streit entsprechende Begehren zeitweise verdrängt hat.

Auch weiterhin tat sich Hans von Teuchern hervor, um die Einführung der Reformation zu verhindern. In manchen Schilderungen der damaligen Ereignisse wird erzählt, bereits 1539 habe Hans von Teuchern durch „Anschläge" verhindert, dass der Leipziger Superintendent (das wurde er erst 1540) Pfeffinger, der bereits die Lehren des „reinen Evangeliums" verkündete, auch auf den Kanzleien der Stadt Halle predigen durfte[1014]. Nach anderen Quellen sollte Pfeffinger aber erst 1541 in Halle predigen. Um dies zu verhindern, habe Hans von Teuchern mehrere hundert Mann aufgebracht, um Pfeffinger daran zu hindern, nach Halle zu kommen[1015]. Der Leipziger Rat entschloss sich daraufhin, keinen Prediger nach Halle zu schicken. Letztlich kam Justus Jonas aus Wittenberg und predigte in Halle die reformatorische Lehre[1016]. Wahrscheinlich trafen vier städtische Gesandte bei Großkugel auf den Reitertrupp von Hans von Teuchern. Dieser wollte die Reise dieser Gesandten nach Halle verhindern.

Am Ende seines Lebens hinterließ Hans von Teuchern trotz seiner guten Begüterung einige Schulden. Dies lag auch daran, dass er für seinen Lehnsherren, den Erzbischof, gebürgt hatte. So wurde Hans von Teuchern am 19. Mai 1540

1013 Freitag/Ranft, Geschichte der Stadt Halle I, S. 271.

1014 Gretschel, Beschreibung der Feierlichkeiten, S. 20.

1015 Förstemann, Kleine Beiträge, S. 885.

1016 Wartenberg, Landesherrschaft und Reformation, S. 254.

von Wolf von Schönburg an eine verbürgte Schuld in Höhe von 5.000 Gulden erinnert[1017].

1543[1018] ist Hans von Teuchern wahrscheinlich gestorben, da in diesem Jahr – noch vor Ablauf der fünfjährigen Amtszeit – ein neuer Hauptmann für die Burg Giebichenstein bestimmt wurde.

[1017] Schön, Geschichte des Hauses Schönburg VII, S. 156.
[1018] Jadatz/Winter, Akten und Briefe zur Kirchenpolitik III, S. 902 bzw. Jadatz/Winter, Akten und Briefe zur Kirchenpolitik IV, S. 803, geben 1542 als Todesjahr – ohne nähere Erläuterung – an.

8. Anhang – Briefe und Dokumente

In dem folgenden Kapitel sollen einige Briefe und Dokumente, auf die im Text Bezug genommen wurde, vollständig oder ausschnittsweise wiedergegeben werden. Sie dienen als Ergänzung zu den vorherigen Kapiteln. Teilweise sind die Briefe der besseren Lesbarkeit wegen der heutigen Sprache angepasst.

Der nachfolgende Brief Heinrichs von Bünau datiert vom 5. Dezember 1498. Es ist der in Kapitel 5.1 erwähnte Brief an den Kurfürsten Friedrich von Sachsen, in welchem Heinrich über das Gespräch mit dem Erzbischof von Mainz von Anfang Dezember 1498 berichtet:

„Durchluchter, hochgeborner furst. Mein undertengh gancz willige gehorsame vorpflichte dienste sein e.f.g. alczeit zevoran. Gnedigster liber herre, ich habe mein g.h. von Mencze (Mainz) noch der lenge bericht, e.f.g. entpfhel noch anfenghlen (anfänglich?) von dem guten regiment in den krigsleufften, auch das vornamen (Vornehmen) wider eyd briffe und sigil etc. und dor engegen (entgegen) e.f.g. gerechten getrauen radt, und da man schyr e.g. dor durch verdechtig gehalden und was etlich ander sich als oren krauer (Ohrenkrauer) haben vornemen lassen, auch aus was redlichn ursachen (weshalb) solch contract briff und sigil auffgericht sein worden; auch wie sich babst, Hispania, Engelant, Venedig, Neapolis und gancz Ytalia mit Frangkreich verbunden haben, besunder Meylant ein merklich summa, 300 000 fl, als e.g. glaubwirdig underricht were worden, Frangkreich jerlich gebn solde, da er fride het. Mit solcher macht besunder sein eygen grosses kongkreich sich des Remschen konigk mit gottes hilff wol zu erweren gedechte. Auch wolde er etlichen fursten und Herrn, den er pension gebe, mergklich abbrechen, das ein grosse summe tragen werde.
Item dy weißheit, die gebraucht ist, der witwen von Frangkreich, geborn von Britanie (Anna von Bretagne), geschriben und das der konig von Frangkreich (Ludwig XII.) dy briff gelesen, hat sein f.g. mit beswertem gemut vornommen und in grosser vorwunderunk und gancz freunthtlich von wegen e.f.g. gehort. Ich habe auch des bundes halben etc. e.g. meynungk seiner g. ze vorstehn geben; gefelt dermas sein g. gancz wol und wil dorauff weiter bedacht sein.
Item ich habe auch angeczeit, aus was ursach e.f.g. anheim sein geritten, mergklichen e.f.g. selber, auch landt und leuthe betreffen, besunder in betrachtunk obenangeczeiter vornemen, auch das sich in beysein zweyr person, dy vortreulich (vertraulich) genent, e.f.g. wenig besserungk vormutten mochte; hat sein f.g. ein grosse beswer, das sich e.f.g. aus dem hoffe begeben, den er vorwar wisse, das vil durch e.g. beysein vorhuttet worden ist. Auch het sein g. ein rugken und besunder trost an e.f.g. gehabt; doch so e.g. uff den tag (wohl

Reichstag) in eygener person komen, wer allen den sachen mit zeittigen rat wol ze begegenn, darzue er seins vermogens helffen will.

Ich habe auch nicht vorgessen der dreyr sloss und wy dy landtschafft nicht derein willigen; und wen es fugt zeu schreibn dem betrug oder dolum (Täuschung? Besser Absicht?) der grossen person etc. Hat sein g. gesagt, mocht wol darzeu dynen, das ein teutz leut aus dem hoff komen. Item dem (den) Swaben (Schwaben) nicht gelonbt; hab wol so vil vorgemergk, was sein g. dorzeu helffen mag, das sy wegk komen werdt, nicht gespart werdenn. Item ich hab auch angeczeigt des bestandt (Waffenstillstand) halben czwischen den beyden konigen (von Deutschland und Frankreich) und wy e.f.g. und der konigk von Hierusalem (= der deutsche König) gehandelt, auch des leczten briff, den der konigk von Hierusalem e.g. wider geschigkt und dan dy briff seyn f.g. gelesn, um seyner g. rat gebeten etc. Ist glich der meynungk, wy dan e.f.g. selber darvon geratslagt, den konig e.g. absein ze vorkundigen.

Item das e.g. auff antwort gewart, besonder so er den frid in Frangkreich geschigkt etc. in entschuldigunkweise und das man anher verstandts (Verständigung) erlangen mochte, als dan e.f.g. das selber ze ermessen wusten. Sein g. hat auch besunder gefallen an doctor Teuffl (?) enneyn zweu schigken, vil zeu erfaren. Solchs alls (hab ich) seyner g. getan e.f.g. aus besunder lib und frundtschafft aus grossen vortrauen als den vorstendigen und vater im besten zeu erkennen, das beste hyryne zu bedenken, doraus dem heiligen reich auffnemen moge erwachsen etc. E.g. halden es auch zuevor, das Kollen und Trir hyrynne ze raten und helffen auch der Margkgraff willig sein werde. E.g. gedecht auch nach doctor Diska (?) zu schigken, mit ym dorvon zeuhandeln etc. Hat sich sein g. auff hochste erbotten; mit e.f.g. hilff und rat hofft seyn g., dy sache ze besten noch wol zeu fugen, mit vil vorstendigen worten, daz ich dermas nicht ze schreiben weiß.

E.g. sollen ye uff den tag zeukomen nicht aussen bleiben, sein g. laz es auch bey gesacztn tag ze Wormas bleibn, hat auch derhalben der konigklich Mt. geschribn und des ursach gesagt, was unrat, so er soldt verrugkt (verschoben) werde, hyraus erwachsen mochte. Ytem ich hab sein g. auf gesagt, dass e.f.g. auch der meynungk sey, daran er ein besunders gefallen gehabt. Der irrungk czwischen byden landtgraffen (von Hessen) und Kollen gefelt sein g. e.f.g. vornemen gancz wol; wil auch darze, das er mag ein forgangk (Fortgang) haben, ein fleissiger verfuger sein.

Ich hab auch ze leczt mein rede dor mit beslossen, daz ich von wegen e.f.g. bey den hendel des reichs seyn sold und in alweg seiner f.g. rat vernemen und dem folgen, das yn besunder wol gefill. Sein g. ist noch ... krangk, bedeucht mich, redt stergker dan nechst (letztens), get wider, aber loczlich in der stubn; sein f.g. hat fest mit her Herman und mir (?) ander hendel, das reich anlangen, gehandelt. Dermit wil ich e.f.g. ze disen mal nicht besweren ze lassen; ist auch nichts besonder. Ich hab auch e.f.g. briffe ken Kollen bestalt, den czanczler darneben beschribn. Ich bin bey 8 stunden oder langer bey meyn g.h. von Menczs gewest. E.f.g. ze undertenikeit ... ich ... nicht vil. Gott der almechtig behut uns amen.

E.g. hundt hat man wider funden, wil ich ken Wormas furen. E.g. aldann ... ze eynen knechte. Uff deutss bitt e.f.g. welle mir disse mein ungeformbt schreibn, ich hab ... vielleichter erger ider besser geworben, in gnaden vermergken und mich in gnediger entpfhel haben und ab sich was vorlediget, mein gnedigklich nicht ze vergessen. Hyrmit sein e.f.g. dem allmechtigen got befolen und wir alle. Heut ist die botschafft von Trir auch herkomen, fart ken Wormas. Morgen, wil got, werden wir erheben (aufbrechen). Aber mols got befolen! E.g. wollen mich mit gnedigen schrifften nicht verlassen und in den freudn bey den scho-nen frauen und jungffrauen nicht vergessen. Ich wolde an masse gerne bey e.f.g. ze der beche (? Pirsch?) sein, muss pacienz haben! E.f.g. gehorsamer dyner H(EINRICH) V(ON) BUNOW etc. Datum am ab(en)t sa(nct) Nic(olai) 1498 aus Menczs stadt.

PS

E.f.g. haben mir allen handel veißlich und wol befolen, besorg aber, es hab dermas nicht geworben, aber doch also, das ich hoffe, das mein g.h. von Menczs besunders gefallens e.g. guten vertrauens nicht meiner rede halben gehort ... Gesten worden der sigel in der herberg vergessen, hab ich wider zeruck ein botten geschigkt, er sol auch wol gewart werden. Des baues (Bau-es?) wil ich ze Wormas auch nicht vergessen. E.f.g. wellen mein armen dyner auch gnedigk entpfhel haben; befind mich e.f.g. mit leib und gut willig darin-nen. Ich schigke e.f.g. den franczosischen handel gancz wider, wy ich yn ent-pfhangen habe. Abermals got befolen und syner lieben mutter. Ich habe auch meynen g.h. von Mencze czu erkenne geben in grosser geheim, das e.f.g. nicht zcweiffl wollen, wol (wenn) von etlichen e.g. verwanthen, was vorgenommen worden, bericht werden wollen, als dan e.f.g. syn g. so es etwas were, unvor-kundigt nicht lassen, wen sich sein g. auch also halden wolt. Wil sein g. gerne thun und hat yn besunder gefallen doran.

PS

Ich hab auch syner g. gesagt, ... e.f.g. gehort het, das man den herczogen von Meylant dy tochter (Margarethe?) geben etc. Hat sein g. gesagt, neme yn fremb, er west auh das wol, wy e.f.g. der mher den eins vorwenet wer (erwähnt war?), das sein g. gerne sege (sähe?) etc. Ich hab mich ... lassen mergken.

PS

Aus dissen allen hoff ich, ob gott will, es sol sich wol fugen und schigken, der von art e.f.g. in der camer zu Friborg, auch ze Frangfort geret. Ich hab auch nicht chönen klar mergken lassen wer zeu vil vordechtig. Der almechtig got fug es zeu besten. "[1019]

[1019] Zitert nach Ludolphy, Friedrich der Weise, S. 170f.

Friedrich Wolschendorf berichtete mit folgenden Brief über seine Begegnung mit Martin Luther (siehe dazu Kapitel 6). Empfänger war der Naumburger Domdechant Günther von Bünau zu Teuchern:

„DEm Ehrwyrdigenn Edelenn unnd Ernvhhestenn Herrn Gunther von Bunaw Thumdechanth zcw Naumburgk etc. meyben grossgunstigen lieben Herrnn.
Gottes gnad und fride in Christo: fulgende Meyn gantz wyllig unthertenige dinst alleczeyth zennor. Erwirdiger Edeler und Ernvhester grosgunstiger lieber Herr und patron. Nach Ewr Erwirde, auch der selbigen bruder, auch meines grosgunstigen Lieben Herren und patron, Rath und guth duneken byn ich vergangen freytags nach wyttenbergk gereyst zcw Doctori Martino vmb vorhoer vnd vorschreybung an furstliche visitatores zcw Thuringen. Hab auch wolgedachtes meyns Herren und der gemeyn zcw Teuchern, wy woll sy yhr sygel vorloren wolden haben, vberantworth. Dar zcw mir magister Burckardus Andree, des Styffts zcw Zceytz bawmeyster, fleyssig gedieneth. Zcw dem ich angeseher am Sontag yhn der predig kam vnd meyner sache unterrycht that. Wy woll ich heth gehoff, D. Martinus wurde predigeth Haben, Ezo hath er zcvvor am Sonnabenth zcvr Vesper predigeth, vnd szo yhm eyn schwachwyt oder schwyndel zcw komen, hath er müst auffhoren, Ehr dy stunde verlossen, darvmb prediget eyner des Namen Cordatus, aber gedachter D. Mar. war yhn der selbigen prediget, Vnd szo er dy selbige fleyssig aufs stunde, darnach Sunge dy gantz Kirche Veni sancte spiritus etc., do trath Doc. Mar. Fur den Höhe altar vnd weyhet funff pfaffen. Szo das ampt alszo verbracht vnd vylgemckter Doc. aufs der Kirchen gieng, trath der Magister zew yhm vnd vberantworth yhm dy brieff, dy dan der Doc. Fruntlich an Nham vnd dem Magistro vnd mir Nach Essens wyder beschied. Nach gehaltner malczeyth sey wir beyde wyder zew yhm komen. Hath der Doc mir mundtlich antwort gebe, wy eyngelegt, also hab ich meyn abschiedt myt dancksagung genommen. Susten hath es allenthalben, Goth lob, wol zew gangen.
Dan ich zew eynem Licenciaten von Zcwycka, Mulpffort genant, Zcwr Herbrigen war etc. Auch Hath den selbigen Sontag eyn Newr Doctor ~~ex~~ aufs gallia ader Franckreych vom Churfursten geschickt angeschlagen in iure zcü lesen, Heyst Michael Nigoueus: denn man sehr lobet, fall eyn man bey xxii Jharen sey, trefflichen im rechten erfahren Vnd gerumter Orator, kan aber nicht deutsch, dem lauffen vyll anditores zew. Dann vyl Studenten Do selbs seyn etc. Erwyrdiger Herr, weyss Nuhn meyner sachen keyn rath. Befehls dem almechtigen Goth und E.E., auch derselbigen bruder, byth E.E. Wolden Helffen zew Rathen, das ich auch mocht vor mynters myt Etwas vorsorget Vnd nicht yhm Elende vmbschweben. Das werden E.E. Sampft meynem Herren Rudolph dy belonung bey dem almechtigen Goth fynden. Szo wyll ichs auch yhn alle wege fleyssig verdiennen. Datum dornstags Nach decollatcionis S. Joannis anno etc. pp.

E.E.
vntheniger wylliger cappellan Fridericus wolschendorff pfharher eyn wenig[1020]
zeu Teuchern."[1021]

Die dem Brief beigefügte Antwort Luthers, die Wolschendorfs Begleiter Andree aufschrieb, lautete wie folgt:

„Antworth Doctoris Martini durch Magistrum Burchardum Andree mundthlich
entpfangen vnd vorzeychenth.
Alszo, Herr pfharher, Es hath Ewr Herre, der von Bunaw, sampt der gemeyn
von Teuchern an mich geschrieben mith byth, euch kegen meyner g. Hern der
Herczog zew Sachssen etc. Visitatorn yhn ampt weyssenfels zevvorschreyben,
Welche Euch Eurs pfharampts do selbst zcwentsetzen furhaben. Nün were ich
auff Ewres Herren Bunaw begere vnd auch sonst Euch dieses falhs zevvor-
schreyben vnd do selbst bey Ewr pfharr ampt, Do man euch gern hath Vnd
auch Euch Ewrs Wandels vnd lebens gut Zceugnis gybt, zcw Erhalten vmbe-
schwerth. Nuhn weyss ich aber Euch nicht zcw bergen, Nach dem Wir Erstlich
zcw erhebung vnd anrychtung des hayligen Ewangelii Auff befelh vnser gnedi-
gisten Hern, des Churfursten zcw Sachssen etc., vyll fleyss vorgewandth, Ha-
ben sich dy rethe vnd andere vntherthan Herzcog Heinreichs zcw Sachssen etc.
dieses beclagt, myth an zeychung, Es weren, Goth Lob, Ihn Hochgedachtes
Herzcog Heinrichs von Sachssen etc. yhres g. Hern [lande] auch woll leuth, dy
ane dy Wyttenberger vnd andere des Churfursten von Sachssen Leuth Zcw die-
ser Sache wusten zew rathen, das man also vnsers Raths vnd ragiments Lau-
ters nichts bedurffte. Solchs haben sy vns zewgeschreben vnd auch zcw Entbo-
then. Welchs wir sehr woll zcw friede. Dan wir an das mehr zcw Schycken, dan
vns lieb ist. Auch wyssen wir von Gotts gnaden, das sy das Evangelium von vns
haben vnd wir nicht von yhnen. Vnd wollen, ab Goth wyll, yhr mehr entberen
dan sy vnser. Dem nach, Lieber Herr pfharrer, Wy woll ich euch zcw dienen
genaigt vvnd von warheit an dem wyllen nicht fehlt, Doch weyll sye von vns
vngeweyseth vnd vngelereth vnd vnregirth wollen sein, Szo wys ich euch dieses
valhs, der gestalt wy ich gesucht wirt, Nicht zcw Helffen. dan wan ich gleich
von wegen Ewr Auff dy vorschryfft, dy yhr mir habt zcw gestalthm kegen den
Visitatorn vorschriebe, Szo wayss ich doch, das sy Es nicht an Nemen wurden,
vylweniger wurden sy darnach thun. Dar vmb ist es vyll besser, Ich lass es un-

---

1020 Albrecht, Eine Antwort Luthers vom 29. August 1540, S. 100, FN, „"übersetzt""" eyn wenig
      mit seit kurzem. Dies kann aber mit Blick auf die in Kapitel 6 gemachten Ausführen nicht
      stimmen Vielleicht bezieht sich diese Einschränkung auf die (beabsichtigte) Absetzung und
      bedeutet so viel wie „noch".
1021 Zitiert nach Albrecht, Eine Antwort Luthers vom 29. August 1540, S. 102-105.

terwegen. Wan ich Euch aber sonst zew dienen wuste, das wyll ich gern thun. Actum Sontags decollacionis Joannis baptiste anno etc. pp."[1022]

Brief vom 24. Januar 1541 von Julius Pflug aus Mainz an Günther von Bünau (auf Teuchern), Heinrich von Bünau (wahrscheinlich auf Droyßig) und Bernhard von Draschwitz:

„Ich habe mit betrübtem Gemüt vernommen, dass unser gnädiger Herr zu Freisingen und Naumburg wegen Todes von seinem Amt abgetreten ist. Der Allmächtige verleihe seiner gnädigen Seele die ewige Ruhe! Nun befürchte ich, dass das ehrwürdige Domkapitel zu Naumburg an seiner Möglichkeit der freien Wahl durch den Kurfürsten gehindert wird, denn ich erinnere mich, was deshalb schon vorgefallen ist. Und auch wenn ich nicht bezweifle, dass Euer Ehrwürden samt den anderen, meinen Herren sich in diesem Fall gebührlich zu verhalten wissen werden und darauf achten werden, dass der Kirche zu Naumburg Gerechtigkeit und und Freiheit widerfährt, so ist es doch meine Pflicht und meine gute, treue Meinung, Euch nicht vorzuenthalten, dass die Römische Kaiserliche Majestät in Speyer angekommen ist und vorhat, nach Regensburg zu ziehen und dort den Reichstag zu eröffnen. Weil dann Seine Majestät so in Eurer Nähe ist und ohne Zweifel das Stift und die Kirche Naumburg bei ihrer Gerechtigkeit, Befreiung und ihrer von alters her bestehenden Art zu erhalten, werden Euer Ehrwürden und andere, meine Herren des Kapitels wissen, wie sie die Sache angehen können, um von seiner Majestät eine Handhabe zu bekommen, wenn sie in der angedachten Wahl gehindert würden. Das wird der gnädigste Herr, der Kardinal, Kurfürst und Erzbischof zu Mainz und Magdeburg etc. einem Domkapitel zweifellos unterstützen. Und was ich für meine Person tun soll und kann – wenn ich auch nur Geringes vermag – so soll man mich als treues Mitglied des Kapitels sehen. Und ich habe keinen Zweifel, dass Gott seine Gnade verleiht, wenn wir treu zusammenhalten und standhaft bleiben, und das erwarte ich von Euer Ehrwürden und den anderen, meinen Herren gar nicht anders."

Der Naumburger Domdechant Günther von Bünau auf Teuchern hatte über viele Jahre Briefkontakt mit Julius Pflug. Insbesondere als sich Pflug in Mainz befand, nach dessen Bischofswahl und auch nach der Ernennung von Nikolaus von Amsdorf zum Bischof. Der folgende Brief datiert vom 18. Februar 1541, also kurz nach der Wahl Pflugs zum Bischof durch das Domkapitel[1023]:

[1022] Zitiert nach Albrecht, Eine Antwort Luthers vom 29. August 1540, S. 105-106; so auch bei D. Martin Luthers Werke, Briefwechsel, 9. Band, S. 224 – 225.

[1023] Vgl. dazu auch Kapitel 5.5 Domdechant Dr. Günther von Bünau auf Teuchern.

„Unseres gnädigen Herren zu Freisingen und Naumburg Abschied von dieser Welt habe ich schweren Gemüts vernommen. Der barmherzige Gott verleihe ihm die ewige Ruhe. Und was die Wahl angeht, kann ich es meinem Herren des Domkapitels nicht verdenken, dass es Ihre Erwürden damit eilig hatten. Dass ein ehrwürdiges Domkapitel aber mich wählt, das zeigt, dass meine Herren mir ausgesprochen wohl gesonnen sind. Wollte Gott, ich wäre zu dieser angesehenen und wichtigen Regierung so sehr geeignet, wie ich es gerade nicht bin, so hätte ich diesbezüglich weniger Bedenken. Ich gehe davon aus, dass Euer Ehrwürden aus meiner Antwort an das Domkapitel entnommen haben, wie die Dinge stehen.
[...]
Ich zweifle nicht daran, dass sich Euer Ehrwürden das arme Stift anvertraut sein lassen würden. Darum will ich für meine Person gebeten haben. [...][1024]*"*

Auch nach der Ernennung von Nikolaus von Amsdorf blieben Pflug und Bünau in regen Briefkontakt. Als Beispiel soll hier ein Brief vom 12. September 1542 wiedergegeben werden:

„Zuerst meinen freundlichen Dienst, ehrwürdiger und ehrbarer, lieber Herr Domdechant, lieber Oheim. Ich denke, meine Briefe zur Nürnberger Angelegenheit und allen (weiteren) Dingen werden euch zugekommen sein. Deshalb halte ich es für unnötig, dies zu wiederholen. Weil der Kurfürst sein unpassendes und ungerechtes Handeln gern abstreitet, bitte ich euch nur darum, dass Ihr mir sagt, was er mit den Stiftständen in Naumburg, wo er Amsdorf eingesetzt hat, verhandelt hat.
[...]
Ich höre, dass man etliche von ihnen zum Gehorsam getrieben hat. Und obwohl ich davon schon mehrfach gehört habe, wollte ich den Grund dafür dennoch gern erfragen.[1025]*"*

[1024] Pollet, Correspondance II, S. 216f.
[1025] Pollet, Correspondance II, S. 404f.

9. Quellen

9.1 Urkunden, Archive

9.1.1 Landesarchiv Sachsen-Anhalt (LASA)

Altes Magdeburger Rep. LIX C, Nr. 34 — Flur-Buch übers Städtlein Teuchern de ao. 1787

A 29a, II Nr. 1b — Kirchenvisitation im Thüringischen Kreis (1539)

A 29a, II Nr. 1c Bd. 2 — Kirchenvisitation in den Ämtern Weißenfels, Freyburg, Eckartsberga, Wendelstein (z.T.), Sangerhausen, Quedlinburg, Volkerode, Langensalza (1540)

A 29d, I Nr. 1956/1 — Gebrechenbuch in des Stifts Naumburg und Zeitz gehaltener Visitation (1545)

A 29a, II Nr. 28a — Visitation zu Weißenfels (1555)

H 228, Nr. 1 — Erb- und Zinsbuch von Teuchern, angelegt vom Verwalter Christof Schaller mit späteren Nachträgen (1586-1669)

H 53, Nr. 2362 — Obligation in Abschrift, u.a. Briefschaften über die von Hanns von Teuchern zu Dehlitz im Jahre 1518 von der Prokuratur Lützen entlehnten 200 Rheinischer Gulden (1518-1663)

H 105, Nr. 56 — Bischof Vincenz zu Merseburg belehnt den Hauptmann Hans von Teuchern mit dem Dorf Kölsa und zugehörigen Zinsen.

9.1.2 Sächsisches Hauptstaatsarchiv Dresden (SHStA Dresden)

Rep. A 24 a I, Nr. 562 — Geheimes Konsilium – Den Jahrmarckt zu Teuchern bb. 1488.

Loc. 8383/05 — Geheimer Rat (Geheimes Archiv) – Irrungen zwischen dem Amt Weißenfels und Günther von Bünau zu Teuchern wegen der Gerichte im Dorf Schelkau u.a.

Loc. 8388/28 — Geheimer Rat (Geheimes Archiv) – Gebrechen zwischen Bischoff Philippen zu Naumburg einer: Denen von Bünau zu Grobitz u. Teuchern anderen Theils. wegen der Lehen, Gerichte, Obrigkeit, Folge und Steuer zu Gröbitz, Pfaffendorf, Obschütz, Babendorf, Kathewitzsch, Plotha, Pordorf, Pölnitz, Possenhain und des Wassers der Wethau

Loc. 10594/01 — Geheimer Rat (Geheimes Archiv) – Register der Klöster, Städte, Pfarren und Filialen, 1540.

12579, Nr. 968 — Familiennachlass Grafen und Freiherren von Bünau (D)

9.1.3 Landesarchiv Thüringen – Hauptstaatsarchiv Weimar (LATh – HStA Weimar)

Ernestinisches Gesamtarchiv, Reg. Bb, 2735

Ernestinisches Gesamtarchiv, Reg. Bb, 4180

Ernestinisches Gesamtarchiv, Reg. E, 45

Ernestinisches Gesamtarchiv, Reg. E, 52

Ernestinisches Gesamtarchiv, Reg. Kk 765 (= pag. 94, Nr. 40.4)

Ernestinisches Gesamtarchiv, Reg. Kk 766 (= pag. 94, Nr. 41.5)

Ernestinisches Gesamtarchiv, Reg. Kk 771 (= pag. 94, Nr. 41.10)

Ernestinisches Gesamtarchiv, Reg. Oo, pag. 792, Nr. 523

9.1.4 Landesarchiv Thüringen – Staatsarchiv Altenburg (LATh – StA Altenburg)

1-99-0018, Sig. 84   Maschinenschriftlicher Auszug mit Namen aus den Klosterrechungen von (Kloster-) Lausnitz 1525/26 bis 1558/59

9.1.5 Universitäts- und Landesbibliothek Sachsen-Anhalt in Halle (Saale) (ULB Halle)

Yo 2° (1)   Matrikel der Universität Wittenberg (1502 – 1811)

Yo 2° 12   Verzeichnis der Examina der Universität Wittenberg

9.1.6 Fundstellen- und Planarchiv des Landesamtes für Denkmalpflege und Archäologie Sachsen-Anhalt (LDA-FPA)

G 2003/144   Grabungsdokumentation Teuchern, Fundstelle 16

OA-ID 2278   Ortsakte Gröbitz

OA-ID 2291   Ortsakte Krössuln

OA-ID 2327   Ortsakte Teuchern

9.1.7 Domstiftsarchiv Naumburg

Urk.-Nr. 208   Der Naumburger Bischof Ulrich von Colditz beurkundet die Schenkung eines Waldes an die Kirche St. Gertrudis in Teuchern

Urk.-Nr. 230   Der Naumburger Bischof Heinrich von Grünberg beurkundet den Kauf des Patronatsrechts über die Parrochialkirche St. Gertrud in Teuchern und die Kapelle St. Johannis babtiste durch Dietrich und Ulrich v. Freckleben

9.2 Literatur

Albrecht, Otto   Eine Antwort Luthers vom 29. August 1540 und ihre Veranlassung in: Theologische Studien und Kritiken: Beiträge zur Theologie und Religionswissenschaft, 1899, S. 99 - 108

Albrecht-Birkner, Veronika   Pfarrerbuch der Kirchenprovinz Sachsen / hrsg. vom Verein für Pfarrerinnen und Pfarrer in der Evangelischen Kirche der Kirchenprovinz Sachsen e.V. in Zusammenarbeit mit dem Interdisziplinären Zentrum für Pietismusforschung der Martin-Luther-Universität Halle-Wittenberg in Verbindung mit den Franckeschen Stiftungen zu Halle (Saale) und der Evangelischen Kirche in Mitteldeutschland, Band 9 – Biogramme Tr - Z, Leipzig, 2009.

dies.   Pfarrerbuch der Kirchenprovinz Sachsen / hrsg. vom Verein für Pfarrerinnen und Pfarrer in der Evangelischen Kirche der Kirchenprovinz Sachsen e.V. in Zusammenarbeit mit dem Interdisziplinären Zentrum für Pietismusforschung der Martin-Luther-Universität Halle-Wittenberg in Verbindung mit den Franckeschen Stiftungen zu Halle (Saale) und der Evangelischen Kirche in Mitteldeutschland, Band 10 – Biogramme Series Pastorum, Leipzig, 2009.

Angermeier, Heinz (Bearb.)   Deutsche Reichstagsakten unter Maximilian I. = Deutsche Reichstagsakten – Mittlere Reihe, Fünfter Band, Reichstag von Worms 1495, Göttingen, 1981.

Badstübner-Gröger, Sibylle; Findeisen, Peter   Martin Luther, Städte, Stätten, Stationen: eine kunstgeschichtliche Dokumentation, Leipzig, 1983.

Bauch, Gustav   Der sächsische Rat und Humanist Heinrich von Bünau, Herr in Teuchern in: Neues Archiv für Sächsische Geschichte und Altertumskunde, 1905, S. 41 - 62.

Blaschke, Karlheinz; Haupt, Walther; Wießner, Heinz   Die Kirchenorganisation in den Bistümern Meißen, Merseburg und Naumburg um 1500, Weimar, 1969.

Boehme, Paul (Bearb.) Urkundenbuch des Klosters Pforta – Zweiter Teil – Zweiter Halbband (1501 - 1543), Halle a. S., 1915.

Borkowsky, Dr. Ernst Die Geschichte der Stadt Naumburg an der Saale, Stuttgart, 1897.

Braun, Sixtus Annales Numburgenses von 799 bis 1613, Naumburg, 2009.

Brückner, Jörg; Adelsarchive im Landeshauptarchiv Sachsen-Anhalt, Übersicht
Erb, Andreas; über die Bestände, Magdeburg, 2012.
Volkmar, Christoph (Bearb.)

Brumme, Carina Das spätmittelalterliche Wallfahrtswesen im Erzstift Magdeburg, im Fürstentum Anhalt und im sächsischen Kurkreis – Entwicklung, Strukturen und Erscheinungsformen frommer Mobilität in Mitteldeutschland vom 13. bis zum 16. Jahrhundert, Frankfurt am Main, 2010.

Brunner, Peter Nikolaus von Amsdorf als Bischof von Naumburg – Eine Untersuchung zur Gestalt des evangelischen Bischofsamtes in der Reformationszeit, Gütersloh, 1961.

Buchwald, Georg Cyriakus Gans
in: Neues Archiv für Sächsische Geschichte und Alterthumskunde, Band XXXVIII, 1917, S. 75 - 84.

Bünau, Dr. Günther von Der Erb-Einigungs-Vertrag von 1517 – die älteste, zur Zeit vorhandene Geschlechts-Ordnung der von Bünau'schen Familie – mit seinen Ergänzungen und Abänderungen aus den Jahren 1533, 1568, 1588 und 1650, Dresden, 1937.

Bünz, Enno; Buch und Reformation – Beiträge zur Buch- und Bibliotheksge-
Fuchs, Thomas; schichte Mitteldeutschlands im 16. Jahrhundert, Leipzig, 2014.
Rhein, Stefan (Hrsg.)

Bünz, Enno; Alltag und Frömmigkeit am Vorabend der Reformation in
Kühne, Hartmut (Hrsg.) Mitteldeutschland, Leipzig, 2015.

Büttner, Johann Christian Handschriftliche Chronik der Stadt Weissenfels und der angrenzenden Länder, um 1700,
zitiert nach dem Transkript von Silke Künzel, Weißenfels, 2010.

Burkhardt, Carl August Hugo Geschichte der sächsischen Kirchen- und Schulvisitationen von 1524 bis 1545, Leipzig, 1879.

Clemen, Otto Beiträge zur Reformationsgeschichte aus Büchern und Handschriften der Zwickauer Ratsschulbibliothek, Zweites Heft, 1902.

ders. Beiträge zur Reformationsgeschichte aus Büchern und Handschriften der Zwickauer Ratsschulbibliothek, Drittes Heft, 1903.

Dietmann, Karl Gottlob	Die gesamte der ungeänderten Augspurgischen Confeßion zugethane Priesterschaft in dem Churfürstenthum Sachsen und einverleibten Landen - Des I Theils Dritter Band, Dresden, Leipzig, 1755.
ders.	Die gesamte der ungeänderten Augspurgischen Confeßion zugethane Priesterschaft in dem Churfürstenthum Sachsen und einverleibten Landen, Vierter Band, welcher E. H. Consistorium der Churstadt Wittenberg und dessen unterhabende Superintenduren; imgleichen die Stiftsconsistorien Merseburg, Zeitz-Naumburg und Wurzen, wie auch die Henneberg-Mansfeld-Stollberg-und Glauchauischen Consistorien begreift, Dresden, Leipzig, 1755.
Dietze, Paul	Geschichte des Klosters Lausnitz in: Mitteilungen des Geschichts- und Altertumsforschenden Vereins zu Eisenberg, 1903 (Heft 18), S. 3 - 63.
Dingel, Irene (Hrsg.)	Nikolaus von Amsdorf (1483 – 1565) zwischen Reformation und Politik, Leipzig, 2008.
Drößler, Rudolf	Zeitz – Stätte der Reformation I, Vom Beginn der Reformation 1517 bis zum Tod Bischof Philipps 1541, Zeitz, 1995.
ders.	Zeitz – Stätte der Reformation II, Vom Tod Bischof Philipps 1541 bis zum Tod Bischofs Julis von Pflugs 1564, Zeitz, 1995.
ders.	Zeitz – Verbrechen und Skandale, 2. Auflage, Zeitz, 2006.
Emig, Joachim; Leppin, Volker; Schirmer, Uwe (Hrsg.)	Vor- und Frühreformation in thüringischen Städten (1470 – 1525/30), Köln, Weimar, Wien, 2013.
Erler, Georg	Die Matrikel der Universität Leipzig - I. Band: Die Immatrikulationen von 1409 – 1559, Leipzig, 1895.
ders.	Die Matrikel der Universität Leipzig - II. Band – Die Promotionen von 1409 – 1559, Leipzig, 1897.
Förstemann, Karl Eduard	Kleine Beiträge zur dritten Jubelfeier der öffentlichen Einführung der Reformation zu Halle. in: Hallisches patriotisches Wochenblatt zur Beförderung gemeinnütziger Kenntnisse und wohlthätiger Zwecke, 09. Juli 1836, S. 881 - 887.
Fuchs, Walther Peter (Hrsg.)	Akten zur Geschichte des Bauernkriegs in Mitteldeutschland, Band II, Jena, 1942.
Freitag, Werner; Ranft, Andreas (Hrsg.)	Geschichte der Stadt Halle – Band I: Halle im Mittelalter und in der Frühen Neuzeit, Halle (Saale), 2006.

Gerhardt, Friedrich	Geschichte der Stadt Weißenfels a. S. mit neuen Beiträgen zur Geschichte des Herzogtums Sachsen-Weißenfels, Weißenfels, 1907.
Gess, Felician (Hrsg.)	Akten und Briefe zur Kirchenpolitik Herzog Georgs von Sachsen, Erster Band 1517 – 1524, Nachdruck, 1985, Köln, Wien.
Gießler, Manfred	Geschichtlicher Abriss über die Stadt Teuchern in: Teucherns Historia 2001, S. 5 - 21.
Glafey, Adam Friedrich	Kern der Geschichte des Hohen Chur- und Fürstlichen Hauses zu Sachsen, 4. Auflage, Nürnberg, 1753.
Goerlitz, Woldemar (Bearb.)	Staat und Stände unter den Herzögen Albrecht und Georg 1485 – 1539, Leipzig, Berlin, 1928.
Gollwitzer, Heinz (Bearb.)	Deutsche Reichstagsakten unter Maximilian I. = Deutsche Reichstagsakten – Mittlere Reihe, Sechster Band, Göttingen, 1979.
Gretschel, Carl Christian Carus	Beschreibung der Feierlichkeiten, mit welchen das dritte Säcularfest der Einführung der Kirchen-Reformation am Pfingstfeste (den 19. Mai) des Jahres 1839 in Leipzig und am 21. Mai in Zuckelhausen, Holzhausen und Eicha begangen wurde; Leipzig; 1839
Gussmann, Wilhelm (Hrsg.)	Quellen und Forschungen zur Geschichte des Augsburgischen laubensbekenntnisses, Zweiter Band, D. Johann Ecks vierhundertvier Artikel zum Reichstag von Augsburg 1530, Kassel, 1930.
Halm, Christian (Bearb.)	Europäische Reiseberichte des späten Mittelalters, Teil 1 – Deutsche Reiseberichte, 2. Auflage, Frankfurt am Main, 2001
Haupt, Barbara; Busse, Wilhelm G (Hrsg.)	Pilgerreisen in Mittelalter und Renaissance, Düsseldorf, 2006.
Heil, Dietmar	Deutsche Reichstagsakten unter Maximilian I. = Deutsche Reichstagsakten – Mittlere Reihe, Achter Band, München, 2008.
Herzog, Markwart (Hrsg.)	Höllen-Fahrten – Geschichte und Aktualität eines Mythos, Stuttgart, 2006.
Heydenreich, Gustav Heinrich	Kirchen- und Schul-Chronik der Stadt und Ephorie Weißenfels seit 1539, zur Erinnerung an die 300jährige Jubelfeier der Einführung der Reformation in Weißenfels und Umgegend, Weißenfels, 1840.
Hoffmann, Ernst	Naumburg a. S. im Zeitalter der Reformation – Ein Beitrag zur Geschichte der Stadt und des Bistums, Leipzig, 1901.

Jadatz, Heiko; Winter, Christian	Akten und Briefe zur Kirchenpolitik Herzog Georgs von Sachsen, Dritter Band 1528 – 1534, Köln, Weimar, Wien, 2010.
dies.	Akten und Briefe zur Kirchenpolitik Herzog Georgs von Sachsen, Vierter Band 1535 – 1539, Köln, Weimar, Wien, 2012.
Jäger, Franz (Bearb.)	Die Inschriften des Landkreises Weißenfels, Wiesbaden, 2005.
Jansen, Dr. Albert	Julius Pflug – Ein Beitrag zur Geschichte der Kirche in Politik Deutschlands im 16. Jahrhundert, Teil 2 in: Neue Mittheilungen aus dem Gebiet historisch-antiquarischer Forschungen, Zehnter Band, Zweite Hälfte, 1864, S. 1 - 212.
Junghans, Helmar (Hrsg.)	Das Jahrhundert der Reformation in Sachsen, 2. Auflage, Leipzig, 2005.
Krebs, Julius	Zeitzer Chronik, Zeitz, 1836.
Kretschmann, Christian G.	Geschichte des Churfürstlich Sächsischen Oberhofgerichts zu Leipzig, Leipzig, 1804.
Kohnle, Armin; Schirmer, Uwe (Hrsg.)	Kurfürst Friedrich der Weise von Sachsen – Politik, Kultur und Reformation, Stuttgart, 2015.
Langenkamp, Heinrich	Die Geschichte der Stadt Teuchern und Umgegend, Teuchern, Nonnewitz, 1935/1941.
Lingke, Johann Theodor	D. Martin Luthers merkwürdige Reisegeschichte, zu Ergänzung seiner Lebensumstände und Erläuterung der Reformationsgeschichte, Leipzig, 1769.
Ludolphy, Ingetraut	Friedrich der Weise – Kurfürst von Sachsen (1463-1525), Göttingen, 1984.
Luther, Martin; Komission zur Herausgabe der Werke Martin Luthers (Hrsg.)	D. Martin Luthers Werke, kritische Gesamtausgabe, Briefwechsel, 9. Band, Weimar, 1941.
Mansberg, Richard von	Erbarmanschaft Wettischer Lande. Urkundliche Beiträge zur Obersächsischen Landes- und Ortsgeschichte in Regesten vom 12. bis Mitte 16. Jahrhunderts, II. Band: Die Mark Meissen, Dresden, 1904.
ders.	Erbarmanschaft Wettischer Lande. Urkundliche Beiträge zur Obersächsischen Landes- und Ortsgeschichte in Regesten vom 12. bis Mitte 16. Jahrhunderts, III. Band: Thüringen, Dresden, 1905.

Mende, Kurt	Der Bauernkrieg in der Gegend von Weißenfels und Zeitz in: Forschung und Leben, Heimatblätter des Schönburgbundes, Arbeitsgemeinschaft für Heimatpflege im Regierungsbezirk Merseburg (Hrsg.), 1927, S. 373 - 377.
Minckwitz, August von	Des Ritters Bernhard von Hirschfeld im Jahre 1517 unternomende und von ihm selbst beschriebene Wallfahrt zum heiligen Grabe in: Mitteilungen der Deutschen Gesellschaft zur Erforschung Vaterländischer Sprache und Alterthümer, 1. Band, Leipzig, 1856, S. 31 - 106
Müller, Christian Gottfried	Reformationsgeschichte der Stadt Zeitz, Leipzig, 1817.
Müller, Thomas	Eine Teucherner Persönlichkeit – Pfarrer Anton Zimmermann in: Teucherns Historia 2004, S. 26 - 29.
Mülverstedt, G. A. v. (Bearb.)	Der abgestorbene Adel der Provinz Sachsen (ausschließlich der Altmark); Nürnberg; 1884.
Neudecker, Christian Gotthold; Preller, Ludwig (Hrsg.)	Georg Spalatin's historischer Nachlaß und Briefe, Band 1, Jena, 1851.
Neuss, Dr. Erich	Geschichte der Apotheke "Zum Blauen Hirsch" in Halle a. d. Saale; Mittenwald (Bayern); 1935.
Nier, Alfred	Das Sagenbüchlein des Kreises Weißenfels, Halle (Saale), 1937.
Otto, Georg Ernst	Historischtopische Nachrichten von der ganzen Pflege Weißenfels in Sachsen und andern angränzenden Orten, Weißenfels, 1795.
Patze, Hans; Schlesinger, Walter (Hrsg.)	Geschichte Thüringens, Dritter Band: Das Zeitalter des Humanismus und der Reformation, Köln, Graz, 1967.
Paulus, Nikolaus	Johann Tetzel der Ablassprediger, Mainz, 1899.
Philipp, Johann Paul Christian	Geschichte des Stifts Naumburg und Zeitz oder allgemeine Nachrichten von dem ältesten bekannten Zustande der hiesigen Gegenden, von der Gründung des Stifts und der Veranlassung dazu, von der ersten Einrichtung und Verfassung und darauf erfolgten mancherley Veränderungen, wie auch von den Bischöffen und Regenten desselben bis in unsre Zeiten, nebst einigen literarischen Nachrichten von den Schriftstellern zur Geschichte des Stifts N. und Z., Zeitz, 1800.
Pollet, Jacques V	Julius Pflug – Correspondance, Tome I (1510 – 1539), Leiden, 1969.
ders.	Julius Pflug – Correspondance, Tome II (1539 – 1547), Leiden, 1973 .

Röhricht, Reinhold; Meisner, Heinrich	Die Jerusalemfahrt des Herzogs Heinrich des Frommen von Sachsen in: Zeitschrift des Deutschen Palästina-Vereins, Band XXIV, 1901, S. 1 – 25.
dies.	Hans Hundts Rechnungsbuch (1493-1394) in: Neues Archiv für Sächsische Geschichte und Altertumskunde, 1883, S. 37 – 100.
Rogge, Jörg; Schirmer, Uwe (Hrsg.)	Hochadlige Herrschaft im mitteldeutschen Raum (1200 bis 1600), Formen - Legitimation – Repräsentation, Stuttgart, 2003.
Ruppich, Hans (Hrsg.)	Der Briefwechsel des Konrad Celtis, München, 1934.
Saal, Walter	Steinkreuze und Kreuzsteine im Bezirk Halle, Halle (Saale), 1989.
Schattkowsky, Martina (Hrsg.)	Die Familie von Bünau – Adelsherrschaften in Sachsen und Böhmen vom Mittelalter bis zur Neuzeit, Leipzig, 2008.
Schirmer, Uwe	Kursächsische Staatsfinanzen (1456 – 1656), Strukturen – Verfassung – Funktionseliten, Stuttgart, 2006
Schön, Theodor	Geschichte des Fürstlichen und Gräflichen Gesammthauses Schönburg – VII. Band des Urkundenbuches der Herren von Schönburg (1534 – 1566), Waldenburg, 1905.
Schönitz, Anton	Warhafftiger bericht Antohnii Schenitz / wie sich die sachen zwisschen dem Cardinal von Meintz & vnd seinem Bruder Hansen Schenitz zugetragen / vnd er vom Cardinal on recht getödtet / vnd seine güter mit gewalt eingezogen vnd zur vnbilligkeit gehemmt wird &, Wittenberg, 1538.
Schorn-Schütte, Luise	Die Reformation – Vorgeschichte, Verlauf, Wirkung, 5. Auflage, München, 2011.
Seckendorff, Veit Ludwig von	Herrn Veit Ludewigs von Seckendorff, Ausführliche Historie des Lutherthums, Und der heilsamen Reformation, Welche der theure Martin Luther binnen dreyßig Jahren glücklich ausgeführet: Aus dem Lateinischen ins Deutsche mit allem Fleiß übersetzet, in eine gantz neue bequeme Ordnung gebracht, und mit vielen Anmerckungen, nebst einigen neu eingerückten Documenten, vollständiger Nachricht von denen Wercken des Herrn Lutheri, und einem dreyfachen sehr nützlichen Register versehen, Leipzig, 1714.
Seyboth, Reinhard (Bearb.)	Deutsche Reichstagsakten unter Maximilian I. = Deutsche Reichstagsakten – Mittlere Reihe, Zweiter Band, Reichstag zu Nürnberg 1487, Göttingen, 2001.

Simon, Matthias	Ansbachisches Pfarrerbuch: Die evangelisch-lutherische Geistlichkeit des Fürstentums Brandenburg-Ansbach, 1528-1806, 1955.
Sommer, Gustav	Archäologische Wanderungen in den Königlich Preussischen Landräthlichen Kreisen Zeitz, Weissenfels und Merseburg während der Jahre 1856 bis 1866 in: Neue Mittheilungen aus dem Gebiet historisch-antiquarischer Forschungen, Elfter Band, 1867, S. 289 - 334.
Stewing, Frank-Joachim (Hrsg.)	Handschriften und frühe Drucke aus der Zeitzer Stiftsbibliothek, Haldensleben, 2009.
Straube, Carl	Stößen in: Unser Heimatkreis Weißenfels, Beiträge zur Heimatpflege in Schule und Haus, Heimatkundliche Arbeitsgemeinschaft im Schulaufsichtsbezirk Teuchern (Hrsg.), Teuchern, 1926, S. 162 - 165.
Sturm, Carl August Gottlieb	Chronik der Stadt Weißenfels, Weißenfels, 1846.
Tutzschmann, Maxim. Moritz	Friedrich der Weise, Kurfürst von Sachsen, ein Lebensbild aus dem Zeitalter der Reformation, Grimma, 1848.
Uhlig, Gottfried	Geschichte des sächsischen Schulwesens bis 1600, Dresden,1999.
Vogler, Günter (Hrsg.)	Bauernkrieg zwischen Harz und Thüringer Wald, Stuttgart, 2008.
Voigt, Friedrich Albert	Anton Zimmermann, der Vorkämpfer der Reformation in Teuchern in: Aus Teucherns Vergangenheit, Separatabdrücke der im Wöchentlichen Anzeiger für Teuchern und Umgegend in den Jahren 1887 – 1889 veröffentlichten Beiträge, Teuchern, 1889.
ders.	Das Wappen der Stadt Teuchern in: Aus der Chronik von Teuchern, Erweiterter Separatabdruck aus dem Wöchentlichen Anzeiger für Teuchern und Umgegend, Teuchern, 1886.
ders.	Die Capitulsgemeinde zu Teuchern - Ein Beitrag zur Geschichte der Stadt Teuchern in: Neue Mittheilungen aus dem Gebiet historisch-antiquarischer Forschungen, Vierzehnter Band, 1875, S. 28 - 98.
ders.	Die erste evangelische Kirchenvisitation 1539 in: Aus Teucherns Vergangenheit, Separatabdrücke der im Wöchentlichen Anzeiger für Teuchern und Umgegend in den Jahren 1887 – 1889 veröffentlichten Beiträge, Teuchern, 1889.

ders.   Die Kirche zu Teuchern
in: Aus der Chronik von Teuchern, Erweiterter Separatabdruck aus dem Wöchentlichen Anzeiger für Teuchern und Umgegend, Teuchern, 1886.

ders.   Die St. Johannis-Kapelle in Teuchern
in: Aus der Chronik von Teuchern, Erweiterter Separatabdruck aus dem Wöchentlichen Anzeiger für Teuchern und Umgegend, Teuchern, 1886.

ders.   M. Friedrich Wolschendorf, der erste evangelisch Pfarrer in Teuchern
in: Aus Teucherns Vergangenheit, Separatabdrücke der im Wöchentlichen Anzeiger für Teuchern und Umgegend in den Jahren 1887 – 1889 veröffentlichten Beiträge, Teuchern, 1889.

Wartenberg, Günther   Landesherrschaft und Reformation – Moritz von Sachsen und die albertinische Kirchenpolitik bis 1546, Weimar, 1988.

Wartenberg, Kurt   1000 Jahre Zeitz, Notizen zur Kirchengeschichte dieser Stadt
in: Herbergen der Christenheit – Jahrbuch für Kirchengeschichte, Band VII, 1969, S. 9 - 46.

Weissenborn, Dr. Herrmann; Hortzschansky, A. (Bearb.)   Acten zur Geschichte der Universität Erfurt – Teil 1 (1392 - 1492), Halle (Saale), 1881.

Wießner, Heinz (Bearb.)   Das Bistum Naumburg 1,1, Berlin, New York, 1997.

ders.   Das Bistum Naumburg 1,2, Berlin, New York, 1998.

Wilde, Manfred   Die Ritter- und Freigüter in Nordsachsen – ihre verfassungsrechtliche Stellung, ihre Siedlungsgeschichte und ihre Inhaber, Limburg, 1997.

Wintermann, Klaus-Dieter; Bruno J. Sobotka (Hrsg.)   Am Hofe derer zu Bünau
in: Burgen, Schlösser, Gutshäuser in Sachsen, Witten, 1996. 228 - 235.

Zader, Johann   Naumburgische und Zeitzische Stiffts-Chronika – übertragen von Karl-Heinz Wünsch, Naumburg, 2015.

Zergiebel, Ernst   Chronik von Zeitz und den Dörfern des Zeitzer Kreises nach Urkunden und Akten aus den Jahren 968 bis 1895 in drei Bänden – Band 1 (Teil I und II); Zeitz 1896.

ders.   Chronik von Zeitz und den Zeitzer Dörfern – Band 3 (Teil IV), Zeitz, 1894.

9.3 Abbildungsverzeichnis